清水晋作
Shinsaku Shimizu

公共知識人ダニエル・ベル

新保守主義とアメリカ社会学

Daniel Bell as a Public Intellectual:
Neoconservatism and American Sociology

勁草書房

まえがき

本書は、新保守主義とは何か（何だったのか）という問いを追究しようとしている。

翻ってみれば、一九七〇年代に財政赤字の増大による福祉国家の行き詰まりに先進国が直面し、レーガン、サッチャー、中曽根といういわゆる新保守主義政権が、ほぼ同時期に登場した。多くの批判を浴びたにもかかわらず、これらの政権は、一九八〇年代の世界を席巻し、総じて新自由主義的経済政策と道徳主義的社会政策、タカ派的外交政策を推し進めようとした。特に「福祉依存」と批判された人々への風当たりは強く、福祉国家の終焉が叫ばれた。

本書が主な対象とするアメリカ社会についていえば、レーガン政権の後、ブッシュ政権、クリントン政権を経る中で、新保守主義の影響力が弱まったかに思われたが、しかしブッシュ・ジュニア政権の登場により、新保守主義というより「ネオコン」という略称がメディアで盛んに取り上げられるようになった。大きな流れでみると、一九七〇年代から新保守主義思想は、脈々と影響力を保持してきた。日本でも小泉＝安倍政権に代表されるような新保守主義が影響力をもってきた。

はたしてこの思想は、いったい何であり、何だったのか。なぜ新保守主義勢力は、多くの批判を受けながらも政権につき、世界にその影響力を行使してきたのか。本書は、この点を批判的に捉えようと考えている。ブッシュ政権に代わりオバマ政権が誕生したとはいえ、一九七〇年代から数えて約四〇年間にわたる現代思想史を振り返るときに、本書は、新保守主義がいつまた新たに息を吹き返すのではないかという危惧をもちつつ、これからの政治・社会状況を見据えたいという思いがある。実際、ネオコンは、政権の中枢から去ったとはいえ、その思想を捨て去ったとは考えにくく、ネオコンという勢力が雲散霧消したと言い切るわけにはいかないであろう。

この新保守主義を考察するうえで、本書が注目するのは、アメリカ社会学がこの思想形成に大きく関わっているのではないか、という点である。一九七〇年代の新保守主義をめぐる議論をみると、新保守主義者として社会学者が数多く批判されている。現在のネオコンと一致しているわけではないが、新保守主義者とみなされているのは、ベル、リプセット、グレイザー、バーガー、ニスベットなどである。本書では、学術的な社会学知と、政治権力を掌握した新保守主義勢力との関係をみていこうと思う。したがって本書は、アメリカ社会学史の一断面を切り取ることとなり、「現在性」をもったアメリカ社会学史研究という特徴を含むこととなる。

本書は、新保守主義者とみなされているダニエル・ベルを公共知識人として位置づけることによって、知識人論への貢献をも企図している。「脱工業社会」論においていち早く知の構造変動を指摘したのは、まさにダニエル・ベルであった。その変動への対応を自らいかに実践したのか、この点を問いながら、現在の知のあり方について考察を深めていきたい。事業仕分けがおこなわれ、知性の発展が安易に切り捨てられる状況を目の当たりにするなかで、事業仕分けでは仕分けられない価値や意義を析出しなければならない。しかしこの状況は、知的専門職は大量生産されつつも、知識人の不在という現状をみるとやむを得ないものかもしれない。本書は、戦後アメリカの学界・言論界をリードし、「公共知識人」という呼称によって特徴づけられてきたダニエル・ベルや他のニューヨーク知識人を分析対象としながら、知識人の現在と未来を見据えていきたい。

本書は、ダニエル・ベルという誰もがその名を知る社会学者についての再評価を企図している。ベルの視点で現代アメリカ社会をみることは、アメリカ理解に資すると考えているし、その理論的視座は、近代・現代社会理解にとって示唆に富んでいる。さらにベルは、新保守主義者とみなされているがゆえに、不当に低い評価しか受けていないが、本書が明らかにするところでは、「経済における社会主義、政治におけるリベラル、文化における保守主義」という一見、矛盾をはらんでいると思われる立場は、新保守主義と定義されるならば、それはあまりにも単純化のしすぎであり、一九七〇年代当時の文脈をこえ、混沌とした現在の思想状況においてこそ重視されるべき豊穣な思想的立場である。

本書の結論からいえば、一般的な評価とは異なって、ダニエル・ベルは新保守主義者ではない。よりバイアスのない視点でベルを読み直すことによって、新保守主義者ではない、ベル像を提示したいと思う。それによってダニエル・ベルの評価は、これまで不当に低く見積もられていたということを明らかにし、ベルを再評価したい。さらに新保守主義者だとみなされてきたベルが新保守主義者ではない、という結論が導き出されるとすると、新保守主義（者）とは何か、という問いに再び返っていかざるを得ない。本書は、こうした問題意識にたって、新保守主義の内実に迫っていく。

目次

凡例

一、引用文献は、巻末に一括してかかげる。

一、ダニエル・ベルの著書は略記号、論文は、公刊年によって示される。その他の文献については、著者名と刊行年とが示されている。

一、引用文献註のなかにある漢数字は、邦訳書のページを示している。ただし訳文は、必ずしも邦訳書にしたがっていない。

一、引用文中［ ］はすべて、引用者の挿入を示す。

一、引用文中、、、、、は、原文イタリック。……は、中略を意味する。

一、。。。。。はすべて、筆者が付したものである。

公共知識人ダニエル・ベル

——新保守主義とアメリカ社会学

序章　アメリカ新保守主義とダニエル・ベル

第一節　新保守主義とは何か?

本書は、七〇年代後半から現在まで広範な影響力をもった新保守主義という思想を考察の対象としている。新保守主義は、その発祥の地、合衆国においてのみならず、日本においても影響力をもってきた。(1) 二〇〇九年、合衆国においては、ブッシュ政権からオバマ政権へと政権が移行し、ネオコンの影響力も下火になってきたようにみえる。しかし本書は、新保守主義が「保守」思想の要素を含む限り、アメリカ思想の底流にあり続けると考えている。新保守主義思想は、政権が代わったからといって、雲散霧消するようなものではないであろう。それゆえこれまでのブッシュ政権の八年を総括するうえではもちろんであるが、今後のアメリカ社会の動向を理解するうえで、「新保守主義とは何だったのか」、という問いを追究することは重要である。この新保守主義を外在的に批判することは、現在では比較的容易である。しかし新保守主義を内在的に分析し、その特質やそのイデオロギーの影響力の源泉を突き止めるという作業が必要なのではないかと本書は、考えている。そのさい様々なアプローチが考えられうるが、本書は、表題のとおり、新保守主義思想形成に関わったアメリカの社会学者に注目したいと思う。この問題設定についてまずは説明しておきたい。

新保守主義思想は、一九七〇年代後半からレーガン政権期に注目を浴びた。その後、民主党のクリントン政権が誕生し、二期八年の任期を全うする中で、「新保守主義」への注目度は、下火になっていった。しかしブッシュ政権の誕生と、その後の「テロとの戦い」が展開されるに及んで、新保守主義は、「ネオコン」という略称を付与され、再び関心を集めてきた。九・一一以降、取りざたされてきたネオコン＝新保守主義は、外交的タカ派、具体的にはイラク戦争支持派と同一視されている。ネオコンとして名前が挙がるのは、ウォルフォウィッツ、ラムズフェルドといったブッシュ政権に参加した政府高官であったり、ウィリアム・クリストルといったイラク戦争を支持し続けるジャーナリストであったりする（たとえば、田原 2003）。レーガン政権が誕生した際も、カーター政権時のイラク大使館人質事件の影響により、安全保障上の問題がクローズアップされ、「強いアメリカ」を求める世論の支持を受けた。それゆえ現在の国際情勢を鑑みれば、外交・安全保障上の問題を中心に、新保守主義が論じられることも当然であろう。ただし新保守主義は、外交・安全保障上の内容を含むだけでなく、内政上の問題についても一定の立場を含意している。一つは、ネオリベラリズム的市場原理主義である。レーガン政権期にも、福祉国家批判が高まり、「小さな政府」というスローガンが声高に提唱された。他方で経済・財政政策のみならず、文化的な側面についても、宗教や道徳の重要性を説くという傾向がみられた。新保守主義というイデオロギーが意味するところは、おおよそこのように理解されている。

しかし本書は、新保守主義に関わる議論のなかでも、これとは別の系譜の議論に光を当てようとしている。すなわちそれは、「社会学」における新保守主義の問題である。「社会学」という領域に目を向ければ、一九七〇年代後半に最初に新保守主義が批判的に取り上げられたとき、その批判の矛先は、ダニエル・ベルをはじめとする社会学者たちに向けられた。かなり早い時期に新保守主義批判をおこなった社会学者として、ハーバーマスがあげられる。彼の新保守主義解釈は、彼の理論的影響力のゆえに、今でも広範に受容されている。ハーバーマスは、ベルの他にもリプセット、グレイザー、バーガー、シルズらを新保守主義者とみなしている。彼らが新保守主義者とみなされた理由は、特にベルやバーガーが展開した文化批判にある。カウンター・カルチャーやニューレフト、若者文化、ポスト・モダニズムといった文化潮流に対する批判が、これらの社会学者から寄せられた、というわけである。一九七〇年代当初の新保守主義をめぐる社会学的議論は、先に挙げた社会学者たちがタカ派かどうか、当時の文脈でいえば反共・反ソかどうかという点をめぐっておこなわれたのではなくて、文化批判をめぐっておこなわれていた。それゆえこの社会学的新保守主義批判は、上記で述べた文化的側面に関連するとはいえ、外交・安全保障の領域、経済・財政政策の領域とは異なる領域でおこなわれていた。つまり一般に想起される新保守主義をめぐる議論と、社会学的議論とは、微妙なズレをもって展開してきた。本書は、こうしたズレを意識しつつ、かなり著名なアメリカの社会学者が新保守主義に与したというハーバーマスの指摘を足がかりに、アメリカ社会学と新保守主義との関連を考察の中心にする。これは、いうまでもなく、これほどまでに影響力をもった新保守主義思想の内実を探求したいがためであり、新保守主義を批判的に捉えるさいにもこのことは必要であるからである。もちろん新保守主義思想研究という課題は、一般に政治学的テーマとして取り扱われる。しかし本書は、先に述べた事情により、新保守主義思想にアメリカの社会学者はいかに関わったのかという点から、新保守主義思想に迫っていく。このように本書は、政治学的テーマを社会学の側から考察しようとしている。それゆえ課題は、きわめて学際的となり、境界領域に設定されざるを得ない。

本書が対象の中心に据えるのは、このような社会学者の文化批判であるので、彼らの議論の性質や領域から考えて、外交・安全保障上の議論は、前面に出てこない。それゆえ現在の新保守主義＝ネオコンをめぐる議論とは、本書の論調は、異なるものになるかもしれない。しかし新保守主義思想の系譜から考えて、外交・安全保障上の問題のみで新保守主義が語り尽くされるわけでもなく、内政上の問題もそれと同様の比重をもっている。先に文化的側面にのみ関わると述べたが、社会学的保守主義者の議論は、文化批判であると同時に、六〇年代の「偉大な社会」の下で形成された福祉国家に再考を迫るものにもなっており、それゆえ最初に提起した領域区分でいけば、経済・財政の領域、文化の領域に関わる議論を本書において全面的に展開する。

第二節　ダニエル・ベルは新保守主義者か？

社会学的新保守主義批判をおこなったハーバーマスは、その代表としてダニエル・ベルを取り上げている。おそらくそれゆえにダニエル・ベルを典型的な新保守主義者と捉える理解は、広範に広まっている。ハーバーマスが当初批判した際に依拠した文献は、シュタインフェルズのものであるが、シュタインフェルズは、ベル＝新保守主義者という理解を広めた人物である。こうした経緯からみて、社会学的新保守主義を考察するさいにまずもってダニエル・ベルを中心とすべきであると考える。このことは、ベルの知的ネットワークの観点からも妥当である。ネオコンの「ゴッドファーザー」という異名をとるアーヴィング・クリストルは、ベルと非常に深い知的交流関係にあり、ニューヨーク市立大学在学当時から日常的に知的・政治的議論を続けていた。両者は、一九六五年、『パブリック・インタレスト』誌を創刊し、共同で編集していた。この他にも大学紛争に関する論文集

『コンフロンテーション』、『資本主義の文化的矛盾』と同様のテーマを論じた『今日の資本主義文化』など、共同で論考を執筆・編集してきた。さらに新保守主義の思想家として著名なガートルード・ヒンメルファーブは、クリストルの配偶者であり、その子、ウィリアム・クリストルは、『ウィークリー・スタンダード』の編集長を務め、ネオコンの論客として現在も活躍中である。こうした人脈とベルは結びついているがゆえに、彼は、新保守主義者とみなされてきた（佐々木 1993, 永井 2006, 奈良 1991）。

しかしこれだけの理由で、ベルを新保守主義の典型と捉えられるか否か、疑問の余地がある。ベルを真っ先に批判した当のハーバーマスでさえ、いくつかの留保をつけている。たとえばハーバーマスは、ベルを一方的に批判しているというよりも、ベルを「複雑な精神」をもった「優れた社会理論家」として評価している。あるいは「文化的危機の諸原因についての分析では、かれ［ベル］は、まったく新保守主義的ではない態度をとっている」と述べられている（Habermas 1985, p. 36. 四七頁）。こうしたハーバーマスの叙述をみると、ベル＝新保守主義の典型と単純に捉えることはできそうにない。本書が注目する点は、まさにこの点である。ベルは、一九七六年刊行の『資本主義の文化的矛盾』に新たな序文を七八年に附している。そこでは自分は、新保守とよばれることを不本意に思い、自らを新保守ではないと明確に主張している。ベルは、ここで自らの立場を「経済における社会主義」、「政治におけるリベラル」、「文化における保守主義」と規定している。この意味するところは、本論において明らかにするとして、この三つの立場を「新保守主義」と呼べるのかという疑問が、ただちに生じる。先に述べた知的ネットワークという視点からみても、クリストルとの盟友関係は、少なくとも一九七二年には変化している。一九七二年の大統領選挙において、それまで両者とも民主党支持者であったが、クリストルは、共和党のニクソンを、ベルは、民主党のマクガヴァンを支持した。この両者の見解の相違を説明した論考は、『ニューヨークタイムズ』に掲載される予定であったが、実際には『ニューヨークタイムズ』の都合で掲載されなかったという（Lepenies 2006）。しかもこの当時、『パブリック・インタレスト』が急速に保守化したことについてベルは、不満に思い、編集長の職を辞して、後任にグレイザーが就くこととなった。知的ネットワークという点からみても、ベルは、クリストルと同様な新保守主義ではないことがいえそうである。こうしたベルの思想を踏まえて、実際にベルが新保守主義者ではないのではないか、といった指摘もすでにある（堀 2000, 大杉 1986）。

このようにベル＝新保守主義者という図式が崩れるとしたら、新保守主義とは何か、という問題やなぜ新保守主義は現代社会においてこれほどまで大きな影響力をもちえたか、という問題にアプローチできそうにない。しかしまずここで考えなければならないことは、なぜベルは、典型的な新保守主義とみなされるようになったのであろうかということである。一つには、確かにベルの思想には、新保守主義の要素が含まれている点があげられる。ハーバーマスが分析しているように、ベルがある種の文化批判を展開していることは事実である。それに加えて「文化における」という限定はついているにせよ、「保守主義」という立場をとっていることは、ベル自身、自認している。二つめに、知的ネットワークの点からみても、一九七二年にクリストルと対立関係にあったとはいえ、その後も『パブリック・インタレスト』に寄稿するなど関わり続けたし、「政治的見解が異なるからといって私たちの友情にひびが入ることはなかった」と述べ、ネットワークが完全に断絶したわけではない（Lepenies 2006, p. 174）。こうしたネットワークの継続性や七二年の対立があまり知られていなかったという事情が、ベルを新保守主義者にみせた要因であろう。

こうした事実からみえてくることは、新保守主義の創始者であり、「ゴッドファーザー」であるクリストルと比べても、ベルは、典型的な新保守主義ということはできなさそうであるが、新保守主義台頭の過程に身をおいた同時代人であることは疑いない。本人が「新保守主義」とみなされるほどに、その渦中に身をおいていたのである。しかも新保守主義に完全に同調するというよりも、その創始者である盟友、クリストルとかなり早い段階で対立しており、新保守主義との「接近戦」を演じたと形容することが可能である。このようにベルは、新保守主義を全く反対のラディカルな陣営から外在的に批判するというよりも、かなり近い立場に立ちつつも、それと異なる視点から、いわば内在的に新保守主義を批判している。こうした彼の思想性は、遠くから眺めれば、新保守主義と共同歩調をとっているようにみえた。本書は、こうしたベルのおかれた立ち位置を利用して、ベルというアメリカの社会学者の目を通して、至近距離から新保守主義を批判的に捉えてみようと企図している。それと同時に本書は、新保守主義分析にとどまらず、ベルという知識人の実像を浮き彫りにし、一般的にイメージされている以上に、有効な社会分析と豊穣な思想を提供していることを示そうと思う。こうした二兎を追うという方法によって本書は、新保守主義の内実の一端を明らかにしたいと考えている。

第三節　ダニエル・ベルとは何者か？

先にダニエル・ベルは、新保守主義者ではないのではないか、という見解を紹介した。しかしこうした論者たちは、それではベルは何者か、何主義者か、といった問題に明確に答えているわけではない。ここでベルは、いったいどのように捉えられてきたのか、またベル＝新保守主義者というイメージは、どのように形成されてきたのか、先行研究を概観しておきたい。

そもそもベルの名は、『イデオロギーの終焉』、『脱工業社会の到来』、『資本主義の文化的矛盾』という三冊の著作によって知られているが、その内容の理解がなされているとは言い難い。しかもいずれの著作も否定的に受け取られており、それゆえ社会学者ベルの評価も、おのずと否定的なものになっている。

冷戦というイデオロギー対立のただ中の一九六〇年に刊行された『イデオロギーの終焉』では、ソ連に対する自由主義陣営の勝利により、イデオロギーは終焉した、と主張している、と理解された。それゆえこうした立場に批判的な人々からは、「イデオロギーの終焉」こそ「イデオロギー」である、という批判を受けた。それに続く『脱工業社会の到来』（一九六四年刊）では、「イデオロギーの終焉」後の世界では、社会問題は、技術的問題となり、科学技術に基づいたテクノクラートが重要な位置を占める、と主張したとされた。しかもベルは、それを楽観的に受けとめていると批判された（Kumar 1978, Webster 1995）。続く『資本主義の文化的矛盾』では、先にみたように近現代文化批判をおこない、新保守化し、宗教や道徳の重要性を強調した、と受け取られた。こうした一般的なイメージは、ベルがかつてアメリカ社会党員であったことを重ねあわせると、彼は、一時的に心酔していたマルクス主義に幻滅して転向し、右傾化・新保守化したというベル像に行き着く。あるいは三著作の整合性・一貫性は、全くなく、思想的変遷は、蛇行しているという見解に至る（中野 1982）。こうした一般的な否定的見解は、冷戦の最中にマルクス主義批判をおこなうことは、反共主義者にみえるし、リベラルの時代であった六〇年代にリベラルな文化を批判する者は、新保守にみえるという、時代制約的な側面が大きいように思われる。しかしこうした否定的な見解にもかかわらず、アメリカのみならず、日本においてもベルの影響力は、計り知れないものがある。先の三著作が邦訳されたことは、理解できるにしても、それ以外の著作も、かなりの程度、邦訳されている。しかも日本の雑誌に掲載された論考を集めた論文集やインタビューも刊行されており、否定的イメージとはあまりにも不釣り合いに、ベルの著作は、日本において紹介されてきた。こうした事実は、イメージとは反対に、彼の議論の魅力と影響力とを伝えているように思われる。結局のところダニエル・ベルとはいったい何者かが不明な状況にあることから考えて、本書は、先行研究を乗り越え、ポスト・イデオロギーという現在の視点から、イデオロギー過剰なダニエル・ベル像を排して、ダニエル・ベルの実像に迫っていこうと思う。

第四節　「公共社会学者」ダニエル・ベル

本書は、ベルを通して新保守主義にアプローチするが、ベルを取り上げるさいに、いくつかの留意が必要である。ベルを分析するさいに、これまでの社会学史・理論研究と異なった手法をとらなければならない。というのも本書は、社会学者ダニエル・ベルの社会学理論のみならず、政治思想を扱おうとするからである。しかも最終的な目標は、アメリカ新保守主義の実像を描くことにあるがゆえに、本書の分析の力点は、ベルの政治思想の側にある。それゆえ本書は、社会学史や社会学理論研究という従来の領域を越えて、社会学と社会学者の思想史という手法を採用する。そこで本書は、以下のような構成をとる。まずベルが新保守主義か否かを確定するために、彼の思想を明確にする必要がある。それゆえ彼の思想を問題とする必要がある。しかも先行研究において彼の「転向」や保守化が論じられているがゆえに、彼の思想史を辿ることが必要だと考える。特に本論で明らかにするように、第二次大戦以来のベルの思想的変遷が、彼が保守化したとされる七〇年代や『資本主義の文化的矛盾』に大きな影響を与えているので、通史的にベル像を析出する必要がある。

こうした思想史的手法を採用することは、ベルの知的スタイルからしても妥当であると考える。ベルは、本論

表1　最も威信のある現代アメリカ知識人

1～10位（10位は2名）	
ダニエル・ベル	ノーマン・メイラー
ノーム・チョムスキー	ロバート・シルヴァース
ジョン・K・ガルブレイス	スーザン・ソンタグ
アーヴィング・ハウ	ライオネル・トリリング
ドワイト・マクドナルド	エドモンド・ウィルソン
メアリー・マッカーシー	
11～20位	
ハンナ・アーレント	ハーバート・マルクーゼ
ソール・ベロー	ダニエル・P・モイニハン
ポール・グッドマン	ノーマン・ポドレッツ
リチャード・ホフシュタッター	デーヴィッド・リースマン
アーヴィング・クリストル	アーサー・シュレシンジャー・ジュニア

Kadushin 1972, p. 123をもとに一部省略のうえ作成．
※この表は，誰が何位にあたるかという詳細な順位を示したものではない．トップ10およびトップ20にどの知識人が含まれるかが示されている．

で扱うようにアメリカ社会党右派の機関誌『ニュー・リーダー』の編集者として知的キャリアを開始し、『フォーチュン』、『パブリック・インタレスト』など雑誌編集に携わりながら、アカデミズムの世界で著名な存在となった。それゆえ彼の議論は、理論的であると同時に、極めて時論的であり、時代ごとの社会的・政治的争点を取り扱っている。こうした知的スタイルにより、彼は、「イデオロギーの終焉」、「脱工業社会」、「資本主義の文化的矛盾」という時代の潮流を捉える「サウンドバイト」の名手となった。ベルの知的スタイルは、アカデミズムのみに向けられた言論活動ではなくて、アメリカの「公衆」に向けてのそれであった。このベル独自のスタンスに留意すれば、本書は、ベルが生きてきた二〇世紀アメリカ現代史に即して、ベルの思想を解析することに努めなければならない。

上記のスタイルによってベルは、アメリカ社会に知的影響力を広範に示した。その影響力を示すよく知られた指標がある（Kadushin 1972）。表1は、一九七二年に発表されたエリート知識人のランキングである。主要な雑誌編集者へのアンケート結果に基づいて、当時の影響力ある知識人を序列化している。ベルは、ハウやチョムスキーと共にトップ一〇に入っており、当時のベルの知的影響力の一端をうかがうことができる。

本書は、こうした知的スタイルをとったベルを「公共社会学者」と位置づける。「公共社会学」とは、二〇〇五年当時のアメリカ社会学会会長、ビュラウォイが提唱したものである。ここでは社会学に限ったことではないであろうが、専門分化が進展し、たこつぼ化しつつある社会学的知の現状に対して、より公衆に向かって社会学的知を発信すべきである、と主張されている（Burawoy 2005）。ビュラウォイは、アメリカ社会学における伝統的「公共社会学者」として、ミルズやベラー、リースマンを取り上げている。本書の視点からすれば、なぜここでアメリカ社会学史を回顧しておきながら、ダニエル・ベルという社会学者を取り上げないのかが疑問に思われる。その理由は、おそらくラディカル社会学に傾斜するビュラウォイ自身の政治的立場によると思われる。ここで本書に関連のある限りで、ビュラウォイの「公共社会学」に関する議論を取り上げておこう。

表2　社会学における分業

	研究者内部	研究者外部
道具的知識	専門社会学	政策社会学
再帰的知識	批判社会学	公共社会学

Burawoy 2005, p. 34 より作成.

ビュラウォイは、社会学的知を、その性質によって「道具的」・「再帰的」知識と区分し、他方で知識を発信する対象が「研究者内部」か「研究者外部」かという軸をたてる。表2に示すように、二つの軸によって構成された四象限に、それぞれ四つの社会学的知が対応している。「道具的」で「研究者内部」に向けられる社会学は、「専門社会学」であり、それが「研究者外部」に向けられると「政策社会学」となる。「再帰的」で「研究者内部」に向けられると「批判社会学」であり、それが「研究者外部」に向けられると「公共社会学」となる。「専門社会学」は、「厳密で、検証された方法」を洗練し、「集積された知識の体系」と「概念枠組み」を提供する（Burawoy 2005, p. 32）。この領域は、社会学という科学が高度化するにつれて、より大きな比重を占めてきた。それに付随して、過度に専門分化した社会学的知の断片化と、たこつぼ化が問題視されることとなる。「政策社会学」は、社会問題を解決するために、政策科学化した社会学である。具体例として、人種間の教育格差の実態を調査したコールマンやインナーシティの「アンダークラス」を調査したウィルソンがあげられる。「公共社会学」は、「公衆」に向けて社会学的知見を発信し、「公衆」を社会問題解決に活動的に方向づける。ビュラウォイは、「公共社会学の擁護者」としてミルズを取り上げる（Burawoy 2005, p. 31）。「批判社会学」は、「専門社会学の研究プログラムの基礎づけ」を再帰的に考察する領域である。ここでもミルズが取り上げられているし、グールドナーは、代表的な「批判社会学者」と位置づけられている。グールドナーもミルズも、当時、社会学のエスタブリッシュメントであったパーソンズ社会学への根本的批判をおこなったことが、「批判社会学者」として特徴づけられる根拠であろう。社会学の領域では、マイノリティ研究やジェンダー論などが、既成の社会学のあり方にラディカルに異議申し立てをおこなってきた。こうした社会学のあり方をビュラウォイは、「批判社会学」と位置づけている。

ビュラウォイは、現在の社会学的知の有り様を批判的に考察するさいに、ミルズやグールドナーといったいわゆる「ラディカル社会学」を高く評価する傾向がある。この傾向は、「マルクス主義社会学」や「社会学的マルクス主義」という政治的偏向に基づくのではないか、という疑問がすでに提出されている（Deflem 2006, 長谷川 2004）。本書の視点からすれば、アメリカの「公共社会学」の議論をしていながら、なぜダニエル・ベルをそこに加えないのか、疑義が呈せられる。やはりビュラウォイの暗黙の前提とされた政治的コミットメントが反映しているとしか推測できない。ベルを公共社会学者としてふさわしくないとするならば、それは、ベルの新保守主義的立場によると推測される。このこと自体、本書が明らかにすることの一つであるが、ダニエル・ベルがアメリカの社会学者の中でも随一の知的影響力を誇ってきたことを考えれば、ビュラウォイの議論は、アメリカ社会学史の一面しかみていないことになる。新保守であれラディカルであれ、政治的志向を問わずに、その知的影響力を指標にすれば、ベルをミルズやグールドナーの同時代人として、「公共社会学者」と捉えることが可能であると思われる。

その際、「公衆」への影響力という点だけをみて、「公共社会学」を論じればよいのか、という点にも本書は、批判的である。ビュラウォイは、社会学的知の四領域のうち「公共社会学」の意義を指摘したが、本来、四領域は、相互に連関しながら発展し、相互依存的関係の中でそれぞれが意義を発揮するものである。(2)しかしビュラウォイは、その中でも特に「公共社会学」のみを取り上げ、単独でその意義を論じる傾向がある。そうすると「公衆」への影響力がありさえすれば、その発信すべき知識や内容は、不問にふされることになる。ビュラウォイが「公共社会学の擁護者」と位置づけたミルズについていえば、『パワー・エリート』は、彼の知的影響力を示す広く知られた著作であるが、しかしその妥当性は、学術的に認められているだろうか。ベルを含め、パーソンズや政治学者ダールが批判したように、「パワー・エリート」がアメリカ社会を動かしているという単純な図式では、アメリカ社会を分析できていないと理解されている。それゆえ本書は、ベルの「専門社会学」的側面にも拘り、社会分析としての有効性を示すことにも努めたいと思う し、さらにはアメリカ福祉国家の公共政策に関するベルの議論を取り上げ、「政策社会学」としてのベル社会学の側面にも光を当てる。具体的には、アファーマティヴ・アクションや社会保障施策などがその対象となる。ビュラウォイが政策社会学者と位置づけるコールマンは、一九六三年当時『パブリック・インタレスト』に『コールマン・レポート』に関する論考を寄稿しており、人種間共学問題についても『パブリック・インタレスト』は、政策社会学の一端を担っていたと考えられる。「批判社会学」という側面についても、ベルの社会学理論は、パーソンズ社会学批判を端緒としており、この意味において当時の主流派社会学への異議申し立てという側面をもっていた。このように本書は、ベルを「公共社会学者」と位置づけながら、コロンビア・ハーバードの社会学で教鞭をとった「専門社会学者」、社会政策を論じ実践的問題提起をおこなった「政策社会学者」、既成の社会学への異議申し立てをおこなった「批判社会学者」という側面にも光をあてていく。

第五節　ニューヨークのユダヤ系知識人と新保守主義

本書は、ダニエル・ベルの思想を解析する過程で、ニューヨーク知識社会の文脈を、各所で強く意識している。ニューヨーク知識人・知識社会は、様々な論者によって各方面において議論されているテーマであるが、ダニエル・ベルがこの知的サークルに含まれ、その中でも中心的人物の一人であることは、衆目の一致するところである。先ほどダニエル・ベルに関わる社会学の領域における先行研究をいくつか参照したが、実際には近年、ダニエル・ベルに言及されるのは、このニューヨーク知識人・知識社会研究の文脈においてである。(3) その当のベル本人は、このニューヨーク知識社会を内在的に分析している。ベルがこのサークルに含まれるとみなす知識人は、表3のとおりである。新保守主義とみなされる知識人は、この知的サークルに属している。名前を列挙すれば、クリストル、ベル、グレイザー、リプセット、シルズ、ヒンメルファーブなどがあげられる。もちろんこの知的サークルは、新保守という政治勢力に集ったわけではなく、それと対立する立場をとる人々をも含んでいる。この陣営には、コーザー、ハウ、セルズニックなどが集った。ハウ、コーザーは、マッカーシズムが吹き荒れる時

表 3　ニューヨーク知識人

第一世代（1920 年代後半から 1930 年代前半の時期に成年に達した世代）	
ライオネル・トリリング Lionel Trilling	ハンナ・アーレント Hannah Arendt
シドニー・フック Sidney Hook	ダイアナ・トリリング Diana Trilling
フィリップ・ラーヴ Philip Rahv	
非ユダヤ系の「いとこ」たち※	
エドモンド・ウィルソン Edmund Wilson	ドワイト・マクドナルド Dwight MacDonald
ラインホールド・ニーバー Reinhold Niebuhr	
第二世代（1930 年代中頃から後半にかけて成年に達した世代）	
アルフレッド・ケイジン Alfred Kazin	ハロルド・ローゼンバーグ Harold Rosenberg
ソール・ベロー Saul Bellow	ポール・グッドマン Paul Goodman
リチャード・ホフシュタッター Richard Hofstadter	
非ユダヤ系の「いとこ」たち	
メアリー・マッカーシー Mary McCarthy	
エリザベス・ハードウィック Elizabeth Hardwick	
アーサー・シュレシンジャー・ジュニア Arthur Schlesinger, Jr.	
一定の距離をおいて影響を与えた知識人	
エドワード・シルズ Edward Shils	
第三世代（1930 年代後半から 1940 年代前半の時期に成年に達した世代）	
ダニエル・ベル Daniel Bell	アーヴィング・クリストル Irving Kristol
アーヴィング・ハウ Irving Howe	レスリー・フィードラー Leslie Fiedler
ネイサン・グレイザー Nathan Glazer	セイモア・M・リプセット Seymour M. Lipset
ガートルード・ヒンメルファーブ Gertrude Himmelfarb	
非ユダヤ系の「いとこ」たち	
マレー・ケンプトン Murray Kempton	C・ライト・ミルズ C. Wright Mills
第四世代（1940 年代後半から 1950 年代前半にかけて成年に達した世代）	
ノーマン・ポドレッツ Norman Podhoretz	ロバート・シルヴァース Robert Silvers
スーザン・ソンタグ Susan Sontag	ジェイソン・エプスタイン Jason Epstein
フィリップ・ロス Philip Roth	
非ユダヤ系の「いとこ」たち	
マイケル・ハリントン Michael Harrington	

WP, pp. 127-129 をもとに作成.

※ニューヨーク知識社会のメンバーの多くは，ユダヤ系であるが，エスニックな出自を異にしながらも，ニューヨーク知識人たちと深く交流した知識人を，ベルは「いとこ」にあたる関係として位置づけている.

代に『ディセント』を立ち上げ、それに対抗していった。この雑誌の編集には、現在、マイケル・ウォルツァーがたずさわっている。セルズニックは、現在、「コミュニタリアン」という立場をとるとみなされているが、彼の「コミュニタリアニズム」は、トロツキストであったクリストルなどかつての「同志」が「新保守主義」に転向したことへの対抗として位置づけられている。それゆえ少なくともセルズニックの一連のコミュニタリアニズムは、ニューヨーク知識社会の文脈から立ち上げられた。セルズニックの思想的告白をみると、コミュニタリアニズムを含めた政治哲学的論争のある部分は、ニューヨーク知識社会の知的・政治的対立を抜きには議論できないことがわかる。その他にも歴史学者のホフシュタッターもこのサークルに含まれる。

彼らのうち、特にベル、クリストル、グレイザー、リプセット、ハウらは、当時トロツキズムや社会主義運動に様々な形で関わっており、ニューヨーク市立大学の時代から知的交流関係をもっていた。彼らのこうした交流関係は、後のベルの知的活動にも大きな影響を与えている。それゆえここに挙げたすべての知識人を詳細に取り扱うことは本書の範囲を大きく越えてしまうが、ベルとの思想的関連に限定して、可能な限りニューヨーク知識人の文脈を分析の視野に収めていく。

ここに挙げた他にもニューヨーク知識人には、多くの知識人が含まれる。しかも先に挙げたエリート知識人に関する論考によれば、多くのニューヨーク知識人は、そのランキングの上位に位置づけられている。表4に示したとおり、ランキングの上位の多くは、太字で記したニューヨーク知識人と認められる知識人によって占められている。それゆえベルは、単独で「公共知識人・社会学者」として活躍していたというよりも、周辺にいた多くの「公共知識人」たちとその知的スタイルを共有しながら、知的活動をおこなっていたということができる。こうした知的影響力は、彼らがアカデミズムの世界だけではなく、「公衆」に向けて知見を発信し続けたことに支

表4　ニューヨーク知識人の知的影響力

1～10位（10位は2名）	
ダニエル・ベル	ノーマン・メイラー
ノーム・チョムスキー	ロバート・シルヴァース
ジョン・K・ガルブレイス	スーザン・ソンタグ
アーヴィング・ハウ	ライオネル・トリリング
（ドワイト・マクドナルド）(※1)	（エドモンド・ウィルソン）
（メアリー・マッカーシー）	
11～20位	
ハンナ・アーレント	ハーバート・マルクーゼ
ソール・ベロー	ダニエル・P・モイニハン
ポール・グッドマン	ノーマン・ポドレッツ
リチャード・ホフシュタッター	デーヴィッド・リースマン
アーヴィング・クリストル	（アーサー・シュレシンジャー・ジュニア）
21～25位(※2)	
ジェイソン・エプスタイン	アルフレット・ケイジン
レスリー・フィードラー	マレー・ケンプトン
マイケル・ハリントン	
26～27位（同順位を複数含む）	
ネイサン・グレイザー	（ラインホールド・ニーバー）
（エリザベス・ハードウィック）	フィリップ・ラーヴ
シドニー・フック	ハロルド・ローゼンバーグ
セイモア・M・リプセット	フィリップ・ロス
ダイアナ・トリリング	

WP および Kadushin 1972 をもとに一部抜粋して作成．
※1　（　）は，ベルが「非ユダヤ系」であるが，ニューヨーク知識人たちと「いとこ」のような関係にあたると位置づけている知識人を指している．
※2　21位以下は，ニューヨーク知識人と位置づけられる人名のみ抜粋している．
※　この表は，誰が何位にあたるかという詳細な順位を示したものではない．トップ10およびトップ20にどの知識人が含まれるかが示されている．

えられている。そのさいのメディアとして、知的ジャーナルを創刊したことが重要である。ベル、クリストルが創刊し、グレイザーやモイニハンの他にも多くの知識人が関わった『パブリック・インタレスト』、コーザー、ハウによって創刊され、現在はウォルツァーが編集を務める『ディセント』、グレイザーが創刊から編集にたずさわった『コメンタリー』といった雑誌が彼らのメディアであった。ベルに典型的にみられるように、*American Sociological Review* のようないわゆる学術的専門誌に掲載されることは、極めて稀であり、ベルの中心的な論考は、『パブリック・インタレスト』をはじめとする、アカデミズム外部の「公衆」に向けられた「知的ジャーナル」において発表された。

このニューヨーク知識人に関する研究は、日本でもいくつか提出されている。その中でも本書に比較的近い時期を扱ったものとして、堀（2000）があげられる。しかし堀の分析の焦点は、あくまでも文学者や文芸評論家にしぼられており、社会科学の分析にさいしては、矢澤（1996）が多く参照されている。矢澤は、ベル、グレイザー、セルズニック、コーザーの知的背景とその関連を視野に収めた、この分野における先駆的・画期的業績を提出している。社会学という視点からみた場合、この四者の共通項や知的ネットワークを背景にしながら、彼らの位置づけをおこなうという作業は、本書にとっても非常に有益である。しかも矢澤は、彼らを「公共社会学」という視点から考察しており、ビュラウォイに先んじつつ、同様の問題意識からアメリカ社会学史を分析している。(4)ただし本書の視点が異なるのは、ベルとの関連でいえば、本論で詳述するように、クリストル、ヒンメルファーブ、ホフシュタッター、シルズなどの知識人との思想的交流の方が重要である、と考えている点にある。本書は、こうした先行研究に多くを負いつつ、ダニエル・ベルの思想形成過程におけるニューヨーク知識社会の文脈を視野におさめている。

矢澤が示すようにビュラウォイの「公共社会学」論と「公共知識人」が集ったニューヨーク知識社会論とは、問題を共有している。ビュラウォイが「公共社会学の擁護者」としたミルズは、実際、ニューヨーク知識人に含まれる社会学者であり、その「公共性」は、ニューヨーク知識社会という背景をもっていた。「社会批評家 social essayist」としてコロンビア大学を拠点に活躍した知識人の知的スタイルに共通性をみるバーグセンは、ベル、ミルズ、トリリング、ホフシュタッターにアカデミシャンというよりは、社会批評家としての特徴を見いだしている（Bergesen 2002）。政治的立場がいかにも対極にあるミルズとベルは、同じ範疇に括ることができないように思われるが、しかしこうしたニューヨーク知識社会の文脈を踏まえ、「公共社会学」という観点からみれば、その知的スタイルには共通点が見受けられる。この点でいえば、アメリカ社会学会会長を務めたコーザーは、一九七四年の会長講演において、過度の専門分化に伴う弊害をテーマにしており、ビュラウォイに先んじて同様の問題提起をおこなっていた。

こうした専門化という時代の知的潮流に逆行したスタイルは、この知的サークル特有であった。ベルが定義する「ニューヨーク知識人」とは、三分準備すれば、一五分間世界のあらゆる問題について議論ができる知識人を示している。ベル自身もこのような知的スタイルを採用していると思われるが、それは、彼の学生時代のエピソードに示されている。ベルは、コロンビア大学の院生であったとき、T・H・マーシャルの講義を受けていた。マーシャルから「君の専門は何だ」と質問を受けたさい、ベルは、「総合化」です、と答えたという。マーシャルは、そこで話を打ち切り、ベルのレポートの題目について質問した。ベルは、そのとき「ギリシアにおける道徳的紐帯」についてレポートを書こうと思っている旨を告げると、マーシャルは、それをどの側面から論じるのかを尋ねた。ベルは、「全ての側面です」と答えた。マーシャルは、顔を真っ赤にして「おー」と声をあげるのが精一杯であった。結局、このときのレポートは、A判定であったというのであるが、いかにもベルの誇らしげな知的スタイルを示すエピソードである。このように専門分野に全く拘泥しない姿勢は、少なくともアメリカ社会学の専門分化がまだ進んでいない状況で許容されたものであろう。しかし彼は、アメリカ社会学の制度化・専門分化の潮流に迎合することなく、ニューヨーク知識人に典型的な知的スタイルを貫徹している。それゆえ専門社会学の視点からみれば、大風呂敷を広げた、総覧的な議論にみえ、それは、見方を変えれば、中身の薄い大ざっぱな分析と理解されてしまう。本書は、こうしたベルの知的スタイルに付随しがちな印象を覆すべく、ベルに即して知的スタイルの特色とその議論の内実とを明らかにしようと思う。

第六節　本書の構成

本書は、ダニエル・ベルの思想形成過程をその幼少期からたどり、主題ごとにその結節点を明らかにしていく。それゆえ本書は、次のように構成されている。

第一章では、ベルの幼少期の生い立ちまでさかのぼり、ニューヨークのロウアー・イースト・サイドでのベルの幼少期から彼の思想形成過程に迫っていく。実際に彼の幼少期からの体験が、後の思想に大きな影響を与えているからである。ベルは、一三歳からアメリカ社会党の青年組織に参加し、アメリカ社会党右派の機関誌『ニュー・リーダー』の編集長として活躍し始める。そのうち第二次大戦に合衆国が参戦し、ベルは、ニューディール＝戦時体制の出現を目の当たりにし、それを理論的に分析しようと試みる。ベルの最初の理論的試みこそ、彼の「独占国家」論であった。第一章では、マルクス主義者ベルが構想した「独占国家」論の内容を、当時の戦時体制の実態に即して考察していく。

第二章では、戦後、ベルが、マルクス主義を相対化する過程を取り上げる。ベルは、マルクス主義を批判的に考察するさいに、自らが関わったマルクス主義、特にアメリカのマルクス主義がなぜ政治的影響力を保持することができなかったのか、という問題に取り組む。そこでは単にベルのマルクス主義批判にとどまらず、ベル独特のアメリカ社会論を析出することが可能である。アメリカ社会には、ヨーロッパ的な意味における階級対立があったわけではなく、地理的多様性、エスニックな多様性にアメリカの社会主義政党は、対応する必要があった。それにもかかわらず、アメリカの社会主義政党は、教条主義的態度に固執し、政治的に有効に対応できなかった。ここにベルの社会主義分析の要があるし、この分析は、ベルの思想的転回にも決定的に影響を与えた。当時のベルの思想変容を一言で表せば、マルキストからウェーヴェリアンへという変容であり、特に『職業としての政治』における「心情倫理」と「責任倫理」との対比にベルの思想変容は集約される。ここにはラインホールド・ニーバーの思想の影響もみられる。本章では、特にニューヨーク知識人であるリプセットのアメリカ社会主義分析をも考察の対象とし、リプセットのアメリカ社会主義理解を比較対象とし、両者の相違点とベルの独自性とを析出する。

第三～五章において、ベルの「イデオロギーの終焉」論を取り上げる。『イデオロギーの終焉』は、第二章のアメリカ社会主義分析に基づいて、マルクス主義的な階級論のみによっては、現代（アメリカ）社会の変動を捉えることはできない、という認識のもとに展開された議論であった。

第三章では、『イデオロギーの終焉』第一部に配置されている一九五〇年代当時の一大事件、マッカーシズム論を取り上げる。新保守主義者といわれるベルが当時のマッカーシズムに対してどのようなスタンスをとっていたかを明らかにすることは、彼の思想形成過程を追いかける上で、極めて重要である。「イデオロギーの終焉」を提唱したベルに対するイメージからして、強硬な反共主義者ベルは、マッカーシズムに全面的に与したと捉えられているのではないか、と思われる。しかし本章が明らかにするようにベルの立場は、その社会現象の背景の分析に基づいて、マッカーシズムに対して極めて批判的なものである。さらにベルのマッカーシズム論は、時論的意味以上に、アメリカン・デモクラシー論としての射程をもっている。本章では、この点にも光をあてようと思う。

続く第四章では、ベルのニューヨーク港湾労働者分析を取り上げる。これは、第二章で示されたエスニシティと階級との関係を引き続き展開した議論である。ニューヨーク港湾で展開された五〇年代当時のアイルランド系、イタリア系のエスニック集団の労働者間とギャングとの闘争に目を向けたベルの視点を析出する。ここではエスニシティ研究の先駆者であるグレイザー、モイニハンの『人種のるつぼを超えて』に繋がる視点を析出することが可能である。この意味において、ベルの港湾労働者分析は、先駆的エスニシティ研究と位置づけられる。

第三、四章を通して、『イデオロギーの終焉』に含まれているベルのアメリカ社会論を取り上げた。二つのテーマを取り上げたのは、前者は、理論的に、後者は、実証的にアメリカ社会を分析しようとしているからである。ベルは、「独占国家」論にみたようにマルクス主義の視点から理論的分析をおこなったのであるが、マルクス主義を相対化した以上、階級的視点のみによってアメリカ社会を分析することはできなくなった。そこでエスニシティやアメリカの文化的要素を背景に踏まえた、アメリカ社会論を展開した。それゆえ三、四章は、ベルの知的スタイルの大きな変容を示している。

第五章では、『イデオロギーの終焉』というテーマを扱う。「イデオロギーの終焉」に対してはこれまで様々な批判が浴びせられてきた。「イデオロギーの終焉」自体が「イデオロギー」である、「イデオロギーの終焉」は、冷戦におけるアメリカの勝利を宣言した「冷戦イデオロギー」である、といった批判がよく聞かれる。しかしベルが意図した「イデオロギーの終焉」は、こうした意味合いとはおよそ異なる。そこで本章では、冷戦以後も未だベルの言説が理解されていない状況をみて、ベルのいう「イデオロギー」の内実を明らかにし、ベルの議論がもった意義を析出する。その際に、「イデオロギーの終焉」に浴びせられた批判の中から、代表的なものを選び、いかにその批判が、ベルの意図に反していたかを論証することを通じて、ベルの議論の妥当性を検証してみたい。それに加えて、ここでも「イデオロギーの終焉」という言説は、何もベルが独自に編み出した「サウンドバイト」ではなく、ニューヨーク知識社会における当時の現状分析のタームであったことを指摘しておきたい。その他の議論と同様に、ベルと結びつけられる「イデオロギーの終焉」というサウンドバイトは、ニューヨーク知識社会から紡ぎ出されたものであった。

　第六章においては、ベルの「脱工業社会」論を取り上げる。「脱工業社会」論は、マルクス主義に代わる社会変動の理論としての性格を付与されている。第五章までの議論を踏まえて、「イデオロギーの終焉」から「脱工業社会」論に到るベルの思想の断絶と連続性とを跡づけていく。一般的イメージでは、『脱工業社会の到来』は、「ポスト・イデオロギー」の時代においてテクノクラート的問題解決が主流になるという事態を楽観的に予測していると捉えられたが、その評価は、妥当でないことを論証する。

　第七章においては、ベルが「脱工業社会」化に付随して起こったと理解している「学生反乱」を考察の対象とする。第六章の「脱工業社会」論を踏まえて、その理論枠組みのうちに「学生反乱」を分析する。その際に当時ベルが教鞭をとっていたコロンビア大学の「学生反乱」の事例を具体例として、ベルのコロンビア学生反乱分析と、ベル自身のそれへの態度を明らかにする。ベルが提唱した「イデオロギーの終焉」は、保守派の言説と捉えられ、その後に続く公民権運動、大学紛争の時代と齟齬が生じていると批判されてきた。当時の学生の側の擁護者としてミルズが取り上げられ、保守派の権化としてベルが位置づけられた。果たしてこのベル像は、ベルの当時の思想と行動に即して、妥当な見方なのか検証する。

第八章においては、ベル＝新保守主義者という評価を決定的にした「資本主義の文化的矛盾」論に焦点をあてる。その際にベルが主張するように『脱工業社会の到来』と『資本主義の文化的矛盾』とは「弁証法的関係」にあり、それゆえその「弁証法的関係」がどのような関係かは詳述されないにせよ、両者の関連を踏まえて考察されなければならない。そうされていなかったことが、一般的なベル像を生んだように思われる。そこで、『脱工業社会の到来』を単独の著作とみなさずに、『資本主義の文化的矛盾』という続編に連なる未完成の著作として読み解き、両者において展開されている「経済」「政治」「文化」の三領域の矛盾を解明するという形で考察する。その際にベルの議論の前提は、一九七〇年代当時、アメリカ社会学はもとより、世界の社会学の主流としてのパーソンズ社会学批判であった。それゆえパーソンズ社会学との対比を盛り込みながら、ベルの社会理論の特質と意義とを解明していく。

第八章で考察するベルの三領域の矛盾論は、ベルの政治的立場と表裏一体の関係にある。それゆえベルのこの議論は、社会学の理論的業績という側面と、彼の思想的態度表明という二つの側面をもっている。それゆえ第九章において社会理論の分析と彼の思想性との関連を示す。すなわちベルの三つの立場、「経済における社会主義」、「政治におけるリベラル」、「文化における保守主義」がどのように均衡しうるのか、考察する。その際、典型的な新保守主義の立場と対照しながら、ベルの思想の意義を解明していく。それを通じてアメリカ社会の実態に対して有効に作用する思想であることを示したい。というのもベルの議論の顛末は、現代社会の問題を解明するに際して有効であるかどうか、疑問が呈されることがしばしばあるからである。イギリスのジャーナリスト、アンソニー・ドウォーキンも、ベルの思想の積極的な側面を析出しているが、道徳的基盤がなくなった社会で道徳を取り戻すことは不可能ではないのか、情熱がないと政治は動かないのではないのか、という疑問を呈している(Dworkin 2000)。また佐藤は、「公共世帯」なる概念に「資本主義の文化的矛盾」を解く鍵が示されているのか、疑問を付している(佐藤 1990)。そこで本章は、三著作の議論も踏まえつつ、ベルは、どのような思想的立場に立ったのかを明らかにし、そうした表面的な批判ではなく、ベルの思想的立場の当時・現在の政治・社会状況における位置づけと意義を析出したいと思う。

まず一つの争点は、アファーマティヴ・アクションである。たとえばクリストルは、新保守主義の定義において、「機会の平等」を尊重し、「結果の平等」を拒否するという定義をおこなっている。そうであるならば新保守主義者は、アファーマティヴ・アクションを批判するはずである。実際にグレイザーは、『アファーマティヴ・ディスクリミネーション』という著作において、積極的差別是正施策は、逆差別推進施策に転化しているという論陣を張った。このグレイザー評価もまた一面的であることを本論で示すが、ベルは、アファーマティヴ・アクションを全面的に批判しているわけではない。彼の三つの立場は、この問題に対していかなる態度をとりうるのかを示していく。

第二の争点は、ブッシュ政権が実施した「信仰に基づくイニシアティヴ」政策である。これは、ブッシュ政権が実施していることもあって、いかにも新保守主義的政策とみなされている。この政策は、社会サービスを提供しようとする宗教組織に公的助成を行おうとする政策であるが、ベルは、この政策を最終的に良しとする。いかなる論理において、この政策を認めるのか、この政策を認めるということは、ベルはブッシュ政権と立場を同じくする新保守主義者なのか。ここでは、ニューヨーク知識人の一人であり、「思いやりのある保守主義」の提唱者であるヒンメルファーブ、新保守主義の社会学者とされるピーター・バーガーとベルを比較しながら、ベルの思想の特質を明らかにしたい。文化批判という点では、ベルとバーガーとに共通点はみられるし、ベル自身、バーガーと同じ立場にたった文化批判であることを強く意識している。しかしブッシュ政権の「信仰に基づくイニシアティヴ」政策という経験的な問題の解釈になると、両者の論理は、大きく乖離していく。本章では、バーガーの論理は、ヒンメルファーブなどの新保守主義者の政策的意図と重なっているが、ベルの見解は、それとは全く別の文脈をもっている点に着目する。「新保守主義」としてくくられる二人の社会学者は、実際にはその理論的内実を異にすることを示したいと思う。「新保守主義」というラベリングによって、二人の社会学者の議論のニュアンスが消し去られている、という問題意識をもっているからである。

二つの争点とも、「新保守主義」の根幹にかかわる論点である。クリストルの初期の「新保守主義」の定義をみると、ある種の「福祉国家」の擁護、「結果の平等」でなく「機会の平等」の尊重が主張されている。はたしてそれをどこまで許容するかがまさに問われている。クリストルの定義からしても、「新保守主義」は単純に反福祉国家、反アファーマティヴ・アクションとは言い切れない。ベルの立場が、それらの論点にどうかかわるかを検証し、ベルの立ち位置を明確にしていく。特に「信仰に基づくイニシアティヴ」政策に関わる論点は、「思いやりのある保守主義」というイデオロギーにかかわる重大な論点であるので、新保守主義を分析するうえで格好の経験的素材となる。

注

（1）橋本（2007）によれば新保守主義は、日本の政治状況にも大きな影響を与えている。それゆえ橋本は、単に新保守主義を批判していれば良いという時代は終わったと告げ、内政におけるヒンメルファーブの思想、外交におけるシュトラウスの思想を分析している。

（2）ウォーラスティンは、相互依存関係の重要性を指摘している（Wallerstein 2007）。

（3）ニューヨーク知識人に関する研究としては、Dorman 2000, Wald 1987 などがあり、ニューヨーク知識人の著作を収録した『リーダーズ』（Jumonville 2007）も公刊されている。『リーダーズ』には、ベル、クリストル、ハウ、ウォルツァー、ミルズなど、本論に密接に関連するニューヨーク知識人たちの主要な論考が収録されている。

（4）矢澤は、ベル、グレイザー、コーザー、セルズニックという四人の社会学を「社会学という専門領域の専門家でありながら、同時に現代人の文化と経験全体に対するコメンテーターの機能を果たし、価値へのかかわりを恐れず立場を取り、制度の拘束からできるだけ自由である、知識人」、と位置づけている（矢澤 1996, はしがき）。

第一章　第二次大戦とマルクス主義者ダニエル・ベル

第一節　ベルの思想的出発点としてのアメリカ社会党とニューヨーク市立大学

本章は、ベルの思想的、理論的出発点である、戦時体制分析を解析する。この解析にはいる前に、ベルの略歴をみておこう。ベルの両親は、東欧系ユダヤ人移民であった。ベルは、一九一九年五月一〇日、ニューヨークのブルックリンにおいて、この両親、ベンジャミン Benjamin とアンナ Anna のあいだに生まれた。父親は、ベルが生後六ヶ月のときに亡くなった。家族は、ローアー・イースト・サイドの叔母の家に住まわせてもらい、母親は、衣服製造工場において夜遅くまで働いていた。このあいだ、幼いベルは、「今で言う託児所」に預けられることも度々あった。一九二九年から三〇年頃にかけて、そこにはフーヴァー村が存在し、その状況を目の当たりにしてベルは、育った[1] (Dittberner 1976, p. 309)。ベルは、夜遅く他の少年達とともに、ウェスト・サイドにある野菜市場のジャガイモやトマトを盗み、野菜の空箱につけた火を囲んで食べたこともあった (1981, p. 532)。

当時ベルの母親は、社会党の支持基盤であった「国際婦人服労働組合 International Ladies Garment Workers Union (ILGWU)」に所属していた (Brick 1986, p. 54)。その影響もあって一九三二年、ベルは、一三歳のときに「社会主義青年同盟 Young People's Socialist League」という社会党の青年組織に参加した。当時、彼は、一週間に二回、ランドスクールに通っていた。ランドスクールは、労働者のための教育施設として、一九〇六年、後援者エリザベス・D・ランドの名を冠して設立された。ベルは、ここでマルクスの『資本論』を読み、「弁証法的唯物論」の講義を受けた (1981, p. 532)。一九三二年の大統領選には、社会党からノーマン・トーマスが出馬していた。ベルも、この選挙運動に参加した。メインスピーカーが来るまでの間、ベルたちは、街角で聴衆を集め、メインスピーカーが来るまで、一〇分程度の演説をしていた。ベルは、他の誰よりも先に踏み台に上り、元アメリカ社会党党首ユージン・デブスを真似て、人指し指を聴衆に向かって立てながら、アプトン・シンクレアの『ジャングル』の最終節を暗唱してみせた。聴衆からは、一三歳の弁士に対して「何と雄弁な子なんだ」という賞賛の声があがったという (Dorman 2000, p. 39)。

このようにベルの思想形成は、社会主義者として始まるのであるが、当時の思想状況から考えて、共産主義やトロツキズムへ傾斜せず、なぜ社会主義にコミットしたのであろうか、という疑問が生じる。当時、ヒトラーの勝利と強力な社会民主主義の崩壊とが、人々に「最終闘争」が迫っているという感覚を与え、それゆえベルの「同志」の多くは、アメリカ共産党の青年組織、「共産主義青年同盟」に参加し、数人の「より洗練された若者たち」は、トロツキストとなった (1981, p. 533)。ここでいう「洗練された若者たち」は、後にNY知識人とよばれる知識人の若かりし頃を指しており、新保守主義の「ゴッドファーザー」の異名をとるアーヴィング・クリストルや社会学者リプセット、『ディセント』を創刊した文芸評論家アーヴィング・ハウは、当時、トロツキズムに傾倒していた。クリストルやハウとの知的交流の問題は、後に論ずることとして、まず当時の思想状況にもかかわらず、ベルはなぜアメリカ共産党やトロツキズムにコミットすることなく、社会主義者であり続けたのかという点をみていくこととしよう。

ベルを共産主義に向かわせなかったのは、モニガン・コロニーに住んでいた母親の従兄弟であるアナーキストの存在であった。ベルは、夏休みの一〜二週間をこのコロニーで過ごした。ある時、この親戚のアナーキストは、ベルをルドルフ・ロッカーという指導者の下へ連れて行った。そこで聞いたロッカーの話は、当時のベルの思想と行動に大きな影響を与えた。ロッカーは、クロンシュタットの反乱についてベルに話を聞かせた。ロッカーによれば、「労働者と兵士の評議会であるソビエトは、アナーキストの正しさを証明する自発的運動であったが、ボルシェビキは、そのソビエトを乗っ取り、破壊してしまった」。ベルは、ロッカーからベルクマンの『ボルシェビキの神話』を読むように諭され、共産党に対する批判的姿勢を受けいれる。ベルは、二〇世紀には共産主義への幻滅を招くようなモスクワ裁判、独ソ不可侵条約、ハンガリー事件、チェコ事件などがあったが、ベルの共産主義への幻滅は、クロンシュタットの反乱への攻撃によってもたらされた、とベルは当時を回顧している(1981, pp. 533-534)。アナーキストたちは、ベルが共産主義やクロンシュタットの反乱を鎮圧したトロツキーの思想に傾斜することを恐れていたこともあり、ベルは、アメリカ社会党の活動に従事していくこととなる。

ベルが抱いたこの共産主義に対する「衝撃」は、独ソ不可侵条約と「社会ファシズム」論によってさらに強められた。独ソ不可侵条約によって共産主義は、ナチスと手を組んだのであるから、これは、ベルにとって容認できるものではなかった。社会ファシズム論については、ベルの実体験がこの理論への不信感を生じさせた。一九三四年二月、アメリカ社会党がマディソン・スクウェア・ガーデンで、独裁者ドルフィスに対抗して立ち上がったオーストリア社会党との連帯を謳う集会を開いた。しかしアメリカ共産党は、社会ファシズム論の名の下に暴力的にこれを妨害した。この事件は、ベルの共産主義に対する批判的姿勢をさらに強めた（1981, p. 535）。

ベルは、こうした政治的・思想的原体験をもちながら、ニューヨーク市立大学 City College of New York に入学する。当時のNY市立大学は、学費無料で入学でき、「貧困者たちのハーバード」とよばれていた。ここでベルは、後に「ニューヨーク知識人」とよばれる知識人たちと、知的交流を開始することとなる。主立ったNY知識人は、ベルと同様に、NY市立大学で学生時代を過ごした。ベルは、三九年卒であるが、それに近い年代に新保守主義のゴッドファーザーの異名をとるクリストル（四〇年卒）、『ディセント』を創刊した文芸評論家ハウ（四〇年卒）、その他にもセルズニック（三八年卒）、リプセット（四三年卒）、グレイザー（四四年卒）らがいた。当時の大学のカフェテリアは、所属する政治グループごとに部屋が区分されていたという。アルコーヴ1は、反スターリン主義者、特にトロツキストが集い、アルコーヴ2には、スターリン主義者、すなわちアメリカ共産党にコミットする学生が陣取っていた。アルコーヴ1には、クリストルやハウが集い、ベルもトロツキストではないとはいえ、反スターリン主義という共通の信条により、ここに加わった。グレイザーは、当時シオニストとして活動していたが、やはり反スターリン主義を共有し、アルコーヴ1と近い立場にいた（Dorman 2000, p. 48）。リプセットは、学生時代、ハウの演説を聴いたことや、グレイザーに反スターリン主義の雑誌として『パーティサン・レビュー』を勧めたことを述懐している（Dorman 2000, pp. 37, 59）。このようにNY知識人の知的交流がおこなわれていたアルコーヴ1は、この知的コミュニティの出発点であり、「思想的故郷」として位置づけられる。

ベルは、厳密にいえばトロツキズムにはコミットしなかったのであるが、なぜハウやクリストルに好意的に受けいれられ、緊密な知的ネットワークを形成することができたのであろうか。クリストルの回想がその事情を明らかにしてくれる。クリストルによればベルは、「知的好奇心を広くもち、それはセクト的論争好きであるということであるが、我々の中でもラディカルなテキストを最もよく学んでいるというほどに詳細に知っており、……「高度な理論的議論」を楽しんでいた」。こうした知的態度により、クリストルたちは、「彼を仲間に迎えた」(Kristol 1977, p. 44)。このNY知識社会の文脈において、ベルは、トロツキストと濃密な知的交流を続けながらも、当時の仲間からみて穏健な政治的立場をとっていたことを後の彼の思想との関連で確認しておきたい。

その後ベルは、コロンビア大学大学院で社会学を専攻した(Dittberner 1976, p. 310)。その頃、ベルは、「社会民主連合Social Democratic Federation(SDF)」に所属していた。SDFは、一九三六年、社会党を脱退した右派グループによって結成された組織である。一九四〇年ベルは、SDFの機関誌、『ニュー・リーダーNew Leader』の編集員となり、一九四一年、二二歳のときに編集長に就任した。ベルの本格的著作活動は、この時期から始まる。当然、時代背景からしてベルの議論の中心は、戦時体制＝ニューディール分析に向けられた。

第二次大戦が勃発した当初、ベルは合衆国の参戦に反対の立場をとっていた。この立場は、当時アメリカ社会党が堅持していた平和主義の姿勢を踏まえたものである。しかし一九四〇年五月、ナチスがフランスに侵攻したとき、ベルは「西洋が滅亡の危機にある」と認識し、その時点から参戦支持へと態度を変えた(2000)。たしかにベルの参戦支持表明は、理解可能であるが、ベルは、当時のユダヤ人亡命者受けいれの活動に従事しており、それを拒否したローズベルトを支持することは、当時のベルにとって苦渋の決断であったことを付け加えておこう。こうしたわだかまりを抱きつつもベルは、参戦支持の立場を選択した。とはいえ戦時体制における政策を無条件に受けいれたわけではなかった。ベルは、戦時体制への移行によって生じた社会変動にかんする批判的論考を次々と執筆していく。以下、社会主義者ベルの目からみたアメリカ戦時体制＝ニューディール論の内容をみていくこととしよう。

第二節　ニューディール論（1）ビッグビジネスと政府との連合

戦時中に書かれた論考は、すべてが戦時体制の実態を解明できているわけではない。その反省からベルは、戦後、マルクス主義的枠組みからの転換を図る。ここで示すベルの認識は、戦後のベル自身の目からみても、合衆国の戦時体制を分析できていない。ベルの描く戦時体制＝ニューディール像は、「資本家」対「労働者」という階級対立の図式的理解を、無理矢理、社会的事象に当てはめた社会像であった。しかし本書がたどろうとするベルの思想形成過程を理解するためには、一度、ベルの戦時体制論を整理した後で、ベルの自省や戦後の歩みと比較し、ベルの思想的・理論的転換の内実を考察する必要がある。ベルの分析が妥当か否かは後に考察することとし、ひとまずベルの戦時体制論の論旨と、当時の実態とをつき合わせて、ベルの戦時体制像を整理する。

まず合衆国の戦時体制について、ベルが注目したのは、「経済発展委員会 Committee for Economic Development（CED）」という組織である。ベルがＣＥＤに着目した理由は、それ以前の私企業とは異なる性格をＣＥＤに参加する企業家の主張に見いだしたからである。ベルによればＣＥＤ設立以前の企業は、経済に対する「『統治機構による干渉』」を拒否してきた。しかしそれと異なりＣＥＤは、統治機構による統制を受けいれた。そのうえでＣＥＤにとっての問題は、統制をいかにビジネスの利益につなげていくかということであった（1943j, p. 427）。

このベルの認識は、ＣＥＤの設立の経緯を背景としている。そこで、ロバート・コリンズ（Collins 1978）の分析を参照し、ＣＥＤ設立の経緯を確認しておく。まずＣＥＤの前身である「ビジネス諮問会議 Business Advisory Council（BAC）」が、一九三五年、商務長官ダニエル・ローパー Daniel Roper の発案によって商務省内に設置された。ＢＡＣには、多くの大企業の重役が、参加していた。そのメンバーは、Ｕ・Ｓ・スティールのテイラー Myron Taylor、ジェネラル・モーターズのスローン Alfred Sloan、シアーズ・ローバック社のウッド Robert Wood、アメリカ電信電話会社のギフォード Walter Gifford 等であった。

ＢＡＣにとって、「問題は、経済が管理されるべきか否かでなく、誰によって何の目的のために［管理されるべきか］であった」。ＣＥＤは、その前身であるＢＡＣの頃から、こうした経済統制を受けいれようとしていた。ＢＡＣは、ビジネスに有利な政策の実施を求めて、ニュー・ディールの政策決定過程にかかわっていった。このことは、ＢＡＣのメンバーが「全国復興局 National Recovery Administration」の「産業諮問委員会 Industrial Advisory Board」のスタッフを務めたことに示されている（Collins 1978, p. 375）。

一九四二年九月、商務長官ジェシー・ジョーンズ Jesse Jones の助言によって、ＣＥＤが設立された。ジョーンズは、ＣＥＤを「戦後計画のためのビジネス共同体」として組織した（Collins 1978, p. 376）。ＣＥＤのメンバー二〇人のうち一四人は、一九四二年の時点においてＢＡＣに所属していたし、一九四三年になると、残りの六人のうち三人もＢＡＣに所属することになった。これほどまでにＣＥＤとＢＡＣとのメンバーは重複していた（Collins 1978, pp. 388-389）。

ベルによればＣＥＤのメンバーには、シカゴ大学に所属する者やビジネスマンが含まれていた。彼らは大企業の利益を代弁していた。初代委員長であるポール・ホフマン Paul Hoffman は、シカゴ大学の理事であり、軍需生産から利益をあげていたスチュードベーカー社社長でもあった。副委員長であるベントン William Benton

は、広告業で成功した人物であり、シカゴ大学副学長であった。さらに、CEDの研究部門に所属していた、U・S・スティールの経済学者イェンティマ Theodore O. Yntema は、シカゴ大学、「アメリカ鉄道協会」に所属していた。同じく、研究部門に所属していたスリクター Sumner Slichter は、保守的な経済学者として知られており、「全国資源計画局 National Resources Planning Board (NRPB)」の社会保障政策を批判していた。以上のようにCEDのメンバーは、大企業との関係が深かったということができる。

しかしCEDは、リベラルな学者からも助言を受けていた。ベルのいう「リベラル」な学者とは、ミーンズ Gardner C. Means、マイアーズ Howard Myers、シュルツ Theodore Shultz、ラスウェル Harold Lasswell である。彼らは、CEDから著作を検閲されないという条件で雇用されていた。CEDは、このリベラルな学者の雇用によって「学問的権威と公平無私の研究という雰囲気」を得ることになった。しかしベルによれば、その雰囲気はみせかけであり、これらの学者達は、「戦後におけるビジネスにとっての最高の計画を作成するために、巨大企業によって雇用されていた」にすぎない (1943j, pp. 429-430)。

ベルによれば、「CEDの活動は、たとえ意識的な動機がなかったとしても」、『企業の自己統治』、すなわち事実上の企業国家」を生みだしつつある (1943j, p. 431)。ベルは、CEDの特徴を明らかにすることによって、戦時・戦後経済の計画化がビジネスに有利な方向へ展開する可能性に警告を発している。

こうしたベルの認識の背景には、大企業の重役が統治機構の主要ポストに就くという事態があった。一九四一年に設立された「生産管理局 Office of Production Management」の長官は、ジェネラル・モーターズ社長のヌードセン William Knudsen であり、一九四二年に設立された「戦時生産局 War Production Board (WPB)」の長官は、シアーズ・ローバック社のネルソン Donald Nelson、副長官は、ジェネラル・エレクトリック社社長のウィルソンCharles Wilsonであった。ベルは、大企業の重役が統治機構内部に入りこみ、戦時政策を自分たちの企業に有利に展開しようと画策している、とみなしていた。それでは大企業の重役の活動によって、いかなる戦時政策が実施されたのか、この点についてベルが指摘している事例をみてみよう。

第三節　ニューディール論（2）ビッグビジネスによる軍需生産

一九四三年の時点において、ベルは、「戦時中における契約総額の七〇%が一〇〇社に集中している」、と指摘している（1943j, p. 431）。ベルの批判は、大企業に戦時生産の利益が集中し、不公正である点に向けられている。実際に戦時生産契約がどのように結ばれたかをみてみると、一九四〇年六月から一九四四年九月までに、政府による戦時供給主契約[2]、合計一七五一億ドルが一万八五三九社と結ばれた。そのうち受注額上位一〇〇社が、全体の六七・二%の契約を占め、上位三〇社が約五〇%の契約を占めた（Blum 1976, p. 123. 河村 1994, p. 112. 河村 1995, p. 105）。一九四四年九月になると、上位一〇〇社が、全体の四分の三を占めた。さらに被雇用者が五〇〇人を超える企業の割合は、戦時供給主契約のうち七八%、下位契約をも含めた戦時生産の七〇%であった（河村 1995, pp. 105-107）。これらのデータから明らかなように、合衆国の戦時生産は、戦前から基幹的重化学工業を支配してきた大企業によってになわれた[3]（河村 1995, p. 104）。このような状況に直面して、ベルは、戦時体制の裏側で「独占が強化されている」という危機感を抱いた（1943j, p. 431）。

さらにベルは、一九四四年の時点において、戦後の平時生産への転換の問題を議論している。戦時中、政府が建設し、財政投資した工場を、戦後いかに処分するかという問題である。そこでベルは、航空機産業に関する、商務長官ジェシー・ジョーンズの発言を取り上げている。ジョーンズは、次のように主張した。開放された市場において政府出資の工場が売却されることなしに、あるいは航空機産業への新企業の参入なしに、政府は、最新の機械が装備されている工場を放棄すべきである。つまりジョーンズは、政府の出資によって建設された工場が、戦時生産を請け負ってきた大企業に払い下げられるべきであると示唆している。ベルは、ジョーンズの主張から判断して、大企業が、政府によって建設された工場の所有権を平時転換期に独占するのではないか、と危惧している（1944b）。

こうしたベルの指摘の妥当性を検証するために、戦時生産の実態、戦後の転換の状況を概括しておこう。そのさいにまず戦時生産全般にわたって検討し、その後、ベルによって指摘された航空機生産に絞って検討する。当時、次の二つの方式のどちらかによって、民間企業に戦時生産が発注されていた。一つは、ＥＰＦＣ方式（緊急工場設備契約、Emergency Plant Facilities Contract）である。この方式は、企業によっておこなわれた設備投資を、政府が五年で弁済する方式である。さらにＥＰＦＣ方式において、五年後の契約終了時、企業は、原価から償却費を差し引いた価格によって、工場と機械設備の所有権を購入することができた。したがって一九四〇年一〇月の第二次歳入法によって、年間二〇％の償却が認められたがゆえに、五年の契約が切れるさいに生産設備は、丸ごと企業の所有物になった（河村 1995, p. 115. 西川 1994, p. 69）。しかしＥＰＦＣ方式において、企業は、設備投資の資金を自ら調達しなければならなかった。それゆえ戦時生産の拡張が進まず、新たにＤＰＣ（国防工場契約、Defence Plant Contract）方式が採用されることになり、これが戦時生産方式の主流となった（河村 1995, pp. 128-129）。ＤＰＣ方式は、政府によって建設・製造された生産設備を、企業が借り受けるという方式であった。つまり設備の所有権は、出資者である政府に帰属する。ただしＤＰＣ方式の場合も、ＥＰＦＣ方式と同様に、希望すれば、戦争終了時に受注企業が所有権を優先的に買い受けることができた（河村 1995, pp. 114-117. 西川 1994, pp. 72-73)。

ＤＰＣ方式が主流となる状況において、政府資金による生産施設拡張費一七二億ドルのうち一一六億ドルは、民間企業によって運用された。すなわち政府資金によって拡張された施設は、ＤＰＣ方式に基づいて民間企業に貸し付けられた。この民間企業は、戦時契約を集中的に受注していた企業と重複する大企業であった（河村 1995, pp. 119-120)。しかも既述したように、ＥＰＦＣ方式、ＤＰＣ方式のいずれにおいても、政府によって貸与された工場設備を操業する企業に、工場設備の戦後買い取りオプションが付与されていた。それゆえ上位一〇〇大企業は、操業した設備のうちの八〇%に買い取りオプションを保持することとなった。したがって戦時生産全体でみると、「戦時資産局 War Assets Administration」による政府所有設備の払い下げにおいて、上位二五〇の大企業が、戦後の処分工場原価の七〇%を獲得することとなった。しかもその払い下げのさいの価格は、元々の費用の六%から八二%であった（河村 1995, pp. 281-282)。大企業が払い下げによって獲得した生産設備の大部分は、平時においても汎用性の高い生産設備であった。それゆえ戦後払い下げは、大企業の生産能力を強化することにつながった（河村 1995, pp. 119-120)。

ベルが指摘していた航空機生産に限ってみても、同様の事態が進行していた。航空機製造の原材料として重要であるアルミニウムとマグネシウムの確保のために、政府の資金が、約七億四〇〇〇万ドル支出された。この資金のうち八六%が、五九ある航空機製造契約社のなかの九社に集中していた。特に全国の一二カ所にアルミニウム精錬工場を建設していた「アルコア Alcoa (Aluminium Corporation of America)」に、約三億一二〇〇万ドルの資金が提供された。さらに一九四二年一一月の時点において、約三五億七〇〇〇万ドルの資金が、航空機製造に投入された。航空機製造において、政府との設備投資契約額が一億ドルを超えていた企業は、八社あった。そのうち契約額において一位をしめたのは、ジェネラル・モーターズであった。それに、「フォードFord」、「クライスラーChrysler」といった自動車企業[4]、「ユナイテッド」、「カーチス・ライトCurtiss-Wright」といった航空機製造企業、マグネシウムを製造していた「アルコア」や「ダウ・ケミカルDow Chemical」が続いていた（西川 1994, pp. 80, 82）。

以上のデータから明らかなように、航空機産業において、政府資金の多くは、大企業に集中していた（西川 1994, pp. 59, 80, 82）。さらに戦後の転換期の問題についていえば、多額の政府資金を投下された大企業は、DPC方式によって、戦後における設備の所有も保証されていた（西川 1994, p. 72）。

以上みてきたように、ベルの戦時体制論の主張は、戦時中にもかかわらず、大企業が、統治機構に影響を与え、自己利益追求をおこなっている、とするものであった。それにとどまらずベルは、大企業が国内においてだけでなく、国際的にも自己利益のためにカルテルを形成していることを指摘している。次に、その分析を検討してみよう。

第四節　ニューディール論（3）国際カルテル

ベルの分析によれば、合衆国の大企業は、戦時中にもかかわらず、ナチス・ドイツの企業との国際カルテルに基づいた、生産量の制限、価格の維持をおこなっていた（1941d, p. 268）。ベルは、『ニュー・リーダー』誌上で、膨大な数の国際カルテルの告発を執拗におこなっている。ここではベルが比較的多く言及している事例を、当時の背景に照らして取り上げる。まずベルは、合衆国の巨大石油企業である「スタンダード石油」と、ナチス・ドイツの企業、「ＩＧファルベン I. G. Farben」とのあいだに締結された航空機用燃料にかんするカルテルを指摘している。周知のとおりＩＧファルベンは、ナチス・ドイツの戦時生産において重要な役割を担った企業である（工藤 1999, pp. 258-259)。ＩＧファルベンは、一九二六年に、石炭の高圧水素添加による人造石油製造工場を稼働させており、一九二七年、スタンダード石油と人造石油にかんする技術提携契約を結んだ。この契約によって両社は、石炭及び石油の水素添加に関する技術情報を交換し、水素添加技術に関する権利を独占しようとした（内田 1996a, p. 37. 長沢 1967, p. 95)。さらに一九二九年、スタンダード石油は、石油精製の分野に事業を限定し、ＩＧファルベンは、化学分野に事業を限定するという分野協定を初めとする新たな協定が結ばれた。これらの協定は、ＩＧファルベンに有利な条項を含んでいた。ＩＧファルベンは、ドイツ国内においては石油・化学を通じて事業の制約を受けないのに対し、スタンダード石油は、合衆国内において化学部門への進出を禁止されていた。スタンダード石油はこの不利な条項を第二次大戦中も守り、それゆえスタンダード石油は、合衆国の戦力を低下させた、という批判にさらされることとなった（内田 1966a, pp. 35-39)。ベルの指摘は、このような背景のもとでなされている。

さらにベルの指摘によれば、ＩＧファルベンは、合衆国において「アメリカン・ジェネラル・アニリン・アンド・フィルム社 American General Aniline and Film Company, AGAF」を所有していた。ＩＧファルベンは、その所有権をＩＧファルベンの子会社で、スイスにある「イー・ゲー化学 I. G. Chemie」に売却した。これは、ＡＧＡＦの所有権をカモフラージュするためにおこなわれた。実質的にＩＧファルベンによって所有されているＡＧＡＦは、合衆国の大企業「アルコア」と共同して、合衆国の企業、「アメリカン・マグネシウム社 American Magnesium Corporation」を所有していた。ＡＧＡＦは、法的にＩＧファルベンと関係なく、スイス企業の所有と思われたが、一九四二年二月、合衆国政府は、ＡＧＡＦの株式を押収し、役員を追放した。戦後の調査により、合衆国司法省は、ＩＧ化学をＩＧファルベンのカモフラージュ会社の一つであるという見解をとった（長沢 1967, p. 94）。ベルは、この事例を通して、所有権の「複雑に入り組んだ網の中心」において、ＩＧファルベンがもつ強い影響力を指摘している（1941a）。

ベルは、こうした事例分析を積み重ねた結果、「独占国家」論を構想していく。

第五節　「独占国家」論とアメリカ労働党結成構想

ベルは、以上のような認識に基づいて、戦時体制への移行によって生じたアメリカ社会の変動を「独占国家」論として理論化しようとした。「独占国家」論は、ヒルファーディングの『金融資本論』に依拠して構想された。ベルの理解によればヒルファーディングは、資本主義社会における独占の進行につれて、諸企業間にカルテルが形成され、ある時点においてより大きなひとつのトラストへと進展すると考えている。「社会主義者は、『その巨大トラスト』の管理・コントロールの引き継ぎによって、所有関係を転換させることができる」。そこにおいて、生産は集中・合理化されたシステムとなり、経済は安定し、計画的・官僚的経済運営がなされる。ベルの言葉でいえば、それは、「計画された国家」となる。ベルによればヒルファーディングは、こうした国家統制主義Statismに二つの特徴を含意させている。一つは、国家によって市場が廃止され、「集権化されたトップダウン式の国家計画・国家制御」による経済運営がおこなわれることであり、もう一つは、「反資本主義的」という特徴である（1944i, p. 1)。

しかしヒルファーディングの説明によって、合衆国の戦時体制を説明することはできない、とベルは主張する。ベルは、合衆国の戦時体制には第一の特徴が含まれていることを認める。しかしベルによれば、第二の特徴は、合衆国の戦時体制において見受けられない。ヒルファーディングは、第一の特徴を見いだすことができれば、その体制を無条件に反資本主義的である、とみなしてしまう。ベルは、ヒルファーディングが示した二つの特徴を、次のように言い換えることから、「国家統制主義」の理論を修正しようと試みる。第一の特徴は、「国家が市場を廃止し、したがって資本主義的生産の基本的性質を破壊する」ことである。第二の特徴は、「国家が資本家を統制・制限し、国家政策の下に彼らの経済力を従属させる」ことである。ベルは、この二つの側面を区別して論じなければならない、と主張する。というのも、前者は、「経済理論」によって説明される「経済的要素」であり、後者は、「社会学・政治学」理論によって説明される「社会学的・政治学的」要素とみなされるからである。この両側面から、合衆国の国家統制主義の特徴を明らかにしなければならない。しかしこの区別をヒルファーディングは、明確におこなっていない。

ヒルファーディングのように「国家が市場を廃止」したかどうかという経済的側面のみに着目すると、このことは、合衆国の戦時体制において達成されている。というのもすでにみたように、政府がビッグビジネスと連合しながら、戦時体制を運営しているからである。しかしこの点からのみ、合衆国の状態が、「反資本主義的」ということはできない。つまり「社会学的・政治学的」観点からみれば、国家が資本家を統制しているかというと、そうではない。それとは反対に、すでにみたように、ビッグビジネスが「国家」を支配している。したがって合衆国の国家統制主義は、資本主義的性格を帯びている。このように「誰が誰のために［経済に］介入するか」、あるいは「誰が誰のために権力を保持するのか」という「社会学的・政治学的」問題を問うことなしに、国家統制主義の性格を確定することはできない（1944i, pp. 1, 3)。ベルは、市場の廃止後も、支配や権力の問題が依然残ることを、このように強調する。しかしヒルファーディングは、「経済的特徴」のみを「強調」することによって、国家統制主義が無条件に「反資本主義的」である、とみなしてしまう。こうしたヒルファーディングの誤謬は、「社会学的・政治学的」分析でなく、「古典的マルクス主義の資本主義概念」、すなわち経済決定論のみに依拠することに由来する。このように経済決定論に陥ると、「国家統制主義」が「社会形態でなく、資本主義社会、あるいは非資本主義社会によって用いられる技術」である、という視点を欠いてしまう。経済計画は、統治機構によっておこなわれるものであり、その意思決定過程を資本家が握るか、あるいは労働者が握るかによって、どのような経済計画が採用されるかは、異なってくる。それゆえ採用された経済計画によって利益を得る集団も、異なることとなる。統治機構がおこなう経済計画は、資本主義的である場合もあるし、非資本主義的である場合もある。ベルによれば合衆国の戦時体制は、明らかに資本主義的な性格をおびていた。

ベルは、このようなヒルファーディング批判を通じて、合衆国の戦時体制を資本主義的国家統制主義、すなわち「独占国家」と捉える（1944i, pp. 1, 3)。ベルは、マルクス主義に依拠しながらも、ヒルファーディングにみられる経済決定論を批判し、「社会学的・政治学的」側面に着目している。ベルにとって、このヒルファーディング論は、マルクス主義から距離をとる第一歩となった重要な転換点である。経済と政治および支配との領域を分離して捉える視点は、『資本主義の文化的矛盾』において展開される経済・政治・文化の三領域の矛盾論につながっていくが、この視点の初発は、第二次大戦中のヒルファーディング論のなかにあった。戦後のベルの思想展開との関連において、この点は強調しておきたいところである。

「独占国家」の登場に批判的な態度をとるベルは、第三党構想という対抗策を掲げる。この構想は、「独占国家」がなぜ登場したのか、その過程を探ることから生まれたものである。したがって「独占国家」形成過程についてのベルの分析を考察していこう。合衆国において国家は、「労働者や農民、小ビジネス集団の圧力をうけている」。したがって政治は「新しい闘争の場」、すなわち「国家をめぐる勢力争いがおこなわれる場」となっている。つまり「重要な決定は、議会ロビーをとおして加えられる機能集団の圧力の強さに基礎づけられている」(1943k, p. 379. 1944a)。したがって議会ロビーにおいてビッグビジネスの圧力が強いがゆえに、政策決定過程は、ビッグビジネスの手に握られている。

このように戦時体制を分析したベルは、戦後も「独占国家」が継続していくことを危惧していた。これを防ぐためにベルは、労働者による「労働党の組織化」が必要であると考えた。なぜならば、ビジネスの強力な圧力にさらされている議会ロビーにおいて、組織された労働者の圧力が増せば、労働者による経済統制が可能になるからである(1943k, p. 379)。このようにベルの「独占国家」論とその対抗策としての労働党構想は、「資本家」に対抗する「労働者」という図式に基づいており、明らかにマルクス主義の二大階級論に基礎づけられたものであった。

巨大ビジネスの支配を打破するために、ベルはどのように労働党を組織化しようとしたのであろうか。ベルの労働党構想は、シカゴにおいて実行に移される。ベルは、一九四四年一二月、『ニュー・リーダー』の編集長を辞職し、一九四五年からシカゴ・カレッジの社会科学部の講師を務めた。ベルをシカゴ大学に招聘した人物は、経済学者のメイナード・クルーガー Maynard Krueger であった。クルーガーは、一九四〇年の大統領選において社会党の副大統領候補として、大統領候補ノーマン・トーマス Norman Thomas とともに立候補した経歴をもつ。ベルがシカゴに移った当時、クルーガーは、輸送・小売り労働組合と協同して、「アメリカ連邦党 American Commonwealth Party」を結成していた。この組織は、第三党結成を目指すものであった。当時多くの第三党運動が、他の州においても展開されていた。例えば、ミシガン州において、「全米統一自動車労働組合 United Automobile Workers of America」の指導者であったエミール・マゼイ Emil Mazey が、「ミシガン連邦党 Michigan Commonwealth Federation」を組織したし、オハイオ州においては、アンティオック・カレッジの経済学者であるルイス・コーリ Lewis Corey が、「オハイオ連邦党 Ohio Commonwealth Federation」を組織していた。コーリは、ルイス・フレイナ Louis Fraina として、一九一九年に結成された共産党の委員長を務めた人物である。ニューヨークにおいても、第三党を目指す集会が、フィリップ・ランドルフ Philip Randolf によって呼びかけられた。

ベルによれば、当時の第三党運動は、カナダの「協同連邦党 Co-operative Commonwealth Federation」の影響をうけて展開された。「農民社会主義 Agrarian Socialism」政党である「協同連邦党」は、大恐慌期に、アルバータ州の農民連合や西部の農民・労働者から支持をうけて設立された。その指導者は、メソディスト派の牧師から社会改革者へ転身したウッズワース James Shaver Woodsworth であった。「協同連邦党」は、一九三三年、サスカチュワン州のリジャイナにおいて、「リジャイナ宣言」を採択した。リジャイナ宣言は、「主要産業および金融機関の国有化による混合経済の確立」、「全国的な年金制度や健康保険制度などに基づく福祉国家の創設」を目標に掲げた。一九四四年六月、サスカチュワン州において、ダグラス T. C. Douglas が率いる「協同連邦党」は政権を獲得した。この政権は、北アメリカ最初の社会主義政権であった（木村 1999, p. 274. Careless 1963, pp. 361-362)。

こうした「協同連邦党」に触発された合衆国の州レベルの運動は、新しい全国的な党の結成を目指す運動へと発展し、一九四六年四月、シカゴにおいて「アメリカ革新主義者会議 Conference of American Progressives」が開かれる。ベルは、シカゴにおいてこの運動の調整担当者として、第三党運動に参加することとなった。その後この会議は、ジョン・デューイ John Dewey が名誉会長を務める、「新党のための全国教育委員会 National Educational Committee for a New Party（NECNP）」へと発展した。ＮＥＣＮＰの綱領は、コーリによって起草され、一九四六年秋に発表された（Brick 1986, pp. 113-115. Dittberner 1976, p. 320）。

この綱領によればＮＥＣＮＰの目的は、政党の結成でなく、「新しい政治的連帯という理想のために議論を活性化」することである。このように前提したうえでＮＥＣＮＰは、「反動的民主党・共和党という二大政党による連合」に対抗する新党の必要性を次のように主張している。合衆国の二大政党制は、イギリスの二大政党制と異なり機能していない。合衆国における二大政党はどちらも「反動的」であるので、選挙民に与えられる選択肢が一つしかないに等しい。したがって合衆国の政治制度が二大政党制として機能するためには、新たな第三勢力が、民主党・共和党と対抗することを必要とする（NECNP 1946, p. 449）。

ベルの第三党構想は、このＮＥＣＮＰの綱領と同様の趣旨のものであった。戦時中のベルは、「イギリス型のモデルに基礎づけられた二大政党制」を構想していた（*EL*, p. 443. Kristol 1977, p. 55）。ベルが理想とする二大政党制は、労働者に支持された労働党と、ビッグビジネスの利益を代表する既存の二大政党とが相対する制度である。しかし一九四五年の論文（1945c）においてベルは、「労働党の組織化」が不可能であるという考えを示した。その理由は以下のとおりである。労働組合の官僚制化が進行し、決定は組合指導者によって上から下され、その決定を下位のメンバーは変更できなくなっていた。さらに官僚制化の進行とともに、労働組合指導者は、行政に取り込まれ、戦時政策の責任を政府と共有するようになった。このように既存の二大政党制に取り込まれている労働組合は、新勢力としての第三党の支持基盤にはなり得ない。このことは、労働組合指導者が傘下の労働組合員に「ミシガン連邦党」への不支持を働きかけたといった事態にも端的に表れている。こうした状況に直面して、ベルは労働党の組織化を断念した（1945c, p. 139）。

しかしベルは、ＮＥＣＮＰへ参加する時点において、労働党とは別の形態の第三党を構想していた。当時、ベルは、合衆国における賃金労働者の減少とホワイト・カラーや技術・管理職の増大という事態に着目していた（1946a）。同様にＮＥＣＮＰの綱領においても、階級構造の変化に対応するために、「賃金労働者」だけでなく、「専門職」の支持をも獲得しなければならない、と述べられている（NECNP 1946, p. 453）。さらにＮＥＣＮＰは、巨大ビジネスの独占に反対する立場から、独立した小ビジネスとも連係しようと考えている。「労働組合のみに」依拠した政党は、労働者を他の社会集団から分離してしまうがゆえに、ＮＥＣＮＰは、このように幅広い支持基盤を求めた（NECNP 1946, p. 471）。ベルは、戦時中に構想した労働党の結成を断念せざるを得なかったが、戦後も引き続き、ＮＥＣＮＰにおいてより広い支持基盤をもつ第三党結成のために活動した。この活動は、ベルの戦時体制分析に基礎づけられており、「独占国家」の存続を阻止するために不可欠のものであると考えられていた。

第六節　「独占国家」論の挫折

一九四四〜四五年にかけて、ベルは、『独占国家』というタイトルの著書の執筆に取り掛かり、出版社ジョン・デイ社と出版契約まで結んでいた（Dorman 2000, pp. 85-86. Dittberner 1976, p. 319）。しかしこの著書は、出版には至らなかった。それは、ベルのマルクス主義へのコミットメントが根本的に揺らぎ始めたからである。ベルは、「独占国家」論を構築するさいに、明らかにマルクス主義に依拠していた。これは、特に「資本家階級」対「労働者階級」という二大階級論を基礎にしていたという意味においてである。しかしすでに第三党運動時にみられたように、ベルは、次第に二大階級論を疑問視するようになった。というのも、アメリカ社会においてホワイトカラーや専門職の割合が増大していたからである。『独占国家』執筆途中の心境を、ベル自身は、次のように語っている。

> 私は、ニューヨーク市立図書館の有名な三一五号室に毎日座り続け、多くの著作を読んでいた。そのとき、突然、次のように思った。これは、すべてばかげている。私は、受け売りを知っているにすぎない。私は、これを何かを批判することによって知っている。私は、機械的カテゴリーを用いている。私は、それらに論評を加えようとしているが、それは、すべてばかげている。私は、全く悪い方向に教育された、と突然認識した。私は、通俗的マルクス主義の枠組みにおいて教育され、もしあなたがそう言いたいなら、この枠組みは、企業の行動を批判するものであり、私は、決して何が起こっているかをわかっていなかった。そして私は、突然感じるようになった、これはすべてばかげていると。私は、三〇〇頁か四〇〇頁ある草稿(5)を手にしていたが、これをみて、私は、つぶやいた。これには全く意味がないと。（Dittberner 1976, p. 319）

こうしてベルは、『独占国家』の執筆を断念した。『ニュー・リーダー』誌上で発表された論考は、この時点でベルによって否定されることとなる。特に本章で取り上げたCED分析を、ベルは「ひどい」論考である、と回顧している。ベルは、これを書いた当時、「CEDにかんする経験的なことを何も知らずに」、少数の巨大資本家支配というマルクス主義的図式から着想を得ていたに過ぎない、と述懐している(6)(Dittberner 1976, p. 321)。無数の国際カルテル告発論文も、「機械的カテゴリー」に巨大企業の動向をあてはめた結果である。「古くさいマルクス主義のカテゴリーのいくつかを焼き直しして、それらのカテゴリーをベッドの長さに合わせて人間の足を切ってしまうようなやり方で、複雑な現実にむりやり適用していた」(*WP*, p. xviii. 三二頁)。確かに本章で参照したいくつかの文献は、アメリカの大企業とナチスの大企業が契約をしたり、カルテルを形成したりしたことを指摘している。しかしその事実をもって、アメリカの大企業が国家を牛耳り、ナチスの大企業と手を組み、戦時体制を隠れ蓑に利益を貪っているという社会・国家像は、ベル自身、否定している。こうしたベルの回顧をみると、ベル自身の論稿すべてを全否定しているようにも見受けられるが、しかしベルの戦時体制分析は、本章三節で示したように、特に平時への再転換政策について、現在の研究状況に照らしても、妥当な側面をもっている。戦時体制を単純に資本家と国家との結託、米企業と独企業とのカルテルの隠れ蓑であると指摘できない。しかしそれと同様に、戦時体制を「全体主義体制＝ナチス」対「民主的体制＝ニューディール」という単純な二項対立図式でも捉えきれない（関口・梅津 1991, pp. 181-194）。この点においてベルの戦時体制分析は、ベル自身が考えている以上に、当時の実態の一面に光をあてていた。ただしそれを「機械的カテゴリー」に押し込めて、全体像を把握しようとしたがゆえに、実態からかけ離れた「独占国家」論を放棄せざるを得なかった。こうしてマルクス主義へのコミットメントを根本的に変更したベルは、戦後、知的再出発のための新たな歩みを始める。ベル自身がいう「ポスト・マルクス主義者」としての再出発である。この思想的転換を明らかにすることが、第二章の課題である。

注

(1) 大恐慌により職を失い、家賃を払えなくなった失業者が生み出された。彼／女らは、掘立小屋を建てて生活した。こうした掘立小屋が集合している地域は、当時の大統領フーヴァーの失政に対する皮肉をこめて、フーヴァー村とよばれた（斉藤 1976, p. 139)。

(2) 戦時供給主契約は、企業が政府から直接に戦時生産を受注した契約であり、その戦時供給主契約を締結した企業は、他の大企業、あるいは中小企業と結んだ下位契約を結び、生産を請け負わせていた。

(3) ブリックと矢澤は、全資産に対する、戦時契約受注額上位二〇〇社によって資産の割合が、一九三九年の四八・七％から一九四七年の四五・〇％へと減少している、と指摘している。両者は、このデータを根拠に、戦時中における独占についてのベルの認識が誤っていると述べている（Brick 1986, p. 99. 矢澤 1996, p. 203)。しかしここにあげたデータは、戦時契約の「七〇％が一〇〇社に集中している」というベルの認識を補強するものである。

(4) 契約額の上位に自動車製造企業が名を連ねていることから、航空機産業に自動車製造大企業が進出していたことがわかる。契約額一位のジェネラル・モーターズは、一九四〇年の時点において、ノース・アメリカン航空機会社を通じて航空機産業に参入していた。ジェネラル・モーターズは、機体・エンジン・プロペラの生産の受注をおこなっていた。フォードやクライスラーは、それぞれ約一億六〇〇〇万ドルの戦時契約を結んでおり、エンジン生産に特化していた（西川 1994, pp. 80-82)。

(5) 後のベルの回想によれば、現在もベル宅の地下室に置かれているというこの草稿は、一五〇頁ほどとされている (Dorman 2000, pp. 85-86)。

(6) 本論で指摘したとおり、コリンズのように、当時のベルの論稿にそったCED理解も存在する。ここではベル自身の見解を尊重している。当時のベルのCED理解の誤りを指摘している研究として、矢澤（1996, pp. 202-203)、ブリック（1986, p. 98）を参照。

第二章　マルクス主義批判

第一節　合衆国におけるマルクス社会主義批判

第一章において述べたように、ベルは、戦後、マルクス主義から距離をとり、自らの立場を転換していく。この試みの現れが、一九五二年に書かれた「合衆国におけるマルクス社会主義の発展と背景」である。この論文は、一九六七年に『合衆国におけるマルクス社会主義』という単著として公刊されるほどに、論文としては非常に長いものであった。ベルは、この論考において、「合衆国になぜ社会主義は存在しないのか」、「なぜ社会主義は合衆国において失敗したのか」という問題を検討している。この問いは、アメリカ社会党、SDFに参加した実践家としてのベルの自己反省を含んでいる。第一章において指摘したように、ベルは、第二次大戦中、マルクス主義者として社会改革を目指し活動した。しかしアメリカ社会党、SDFともに、微々たる支持を得るにとどまり、実質的な改革勢力となり得なかった。こうした経験を踏まえ、ベルは、熱心に身を委ねた運動がなぜ失敗したのか、その原因を探ろうと試みた。それゆえこの論文で示された見解は、ベルの思想的転換そのものであり、後の

「イデオロギーの終焉」論へと直結していく。このような位置づけのもとに本章では、ベルのアメリカ社会主義分析を取り上げる。それと同時に、本章は、この分析のアメリカ社会論としての特質にも着目する。ベルは、とりたててこの論考をアメリカ社会論として提示しようと意図したわけではないが、合衆国の社会主義を分析する過程で、付随的にベル独特のアメリカ社会論を生み出すこととなった。ベルのアメリカ社会論は、アメリカ社会の地域的多様性とエスニック集団の動態をアメリカ社会主義運動の中から析出しており、当時のアメリカ社会の実態を描き出している。しかもこの知見は、後のマッカーシズム論をはじめとする時論的分析にも引き継がれ、ベルのアメリカ社会観の基盤を形成している。こうした意味でも、この論考は、ベルの戦後の社会分析を扱ううえで重要な位置づけを与えられるべきである。

第一章で指摘したようにNY知識人は、トロツキストをはじめとするラディカリズムにコミットしていた。それゆえ戦後に彼らは、ベルと同様の反省や分析を迫られた。そのことを示すかのように、ハウ、コーザーは、『アメリカ共産党の歴史』を批判的に描き、グレイザーも『アメリカ共産党の社会的基盤』を分析し、リプセットは、『農民社会主義』を分析し、二〇〇〇年になって『なぜそれは起こらなかったのか』を著し、かつて論じたテーマをよく知られた「アメリカ例外論」の文脈において議論している。本章では、ベルのアメリカ社会主義分析の特徴を描きだすことを最優先課題としているので、これらのすべての著作を比較対照することはできない。ただしベルは、リプセットの分析を高く評価しているので、ベルの議論に関連する限りにおいて、リプセットの議論と比較し、ベルの議論の独自性をも析出したい。

第二節　「なぜ合衆国に社会主義は存在しないのか？」

『合衆国におけるマルクス社会主義』においてベルは、まずゾンバルトの議論をとりあげる。『なぜ合衆国に社会主義は存在しないのか？』（一九〇六年）において、ゾンバルトがこの問題を他に先駆けて提起しているからである。ベルによればゾンバルトが主張する理由は、「広大なフロンティア」の存在、「個人の努力による社会的上昇の機会」、労働者の「高い生活水準」である。ゾンバルトは、これらの理由を端的に表現し、「ロースト・ビーフとアップル・パイ」に象徴される経済的富によって、あらゆる種類の社会主義が死に至らされた、と説明する（*MS*, p. 4. Sombart 1906, p. 106）。

ベルによればこの説明は、経済的豊かさの存在が一時的なものであることを含意している（*MS*, p. 4. Sombart 1906, p. 119）。つまり経済的豊かさによって社会主義の発展が阻害されているとしても、資本主義の「『成熟』」につれて、「危機」が勃発し、それと同時に、「自己目的的労働者階級」と「社会主義運動」が生じるであろう、とゾンバルトによって考えられていた。それゆえ経済的豊かさが消滅した、大恐慌に続く時代は、ゾンバルトに依拠した「社会主義の理論家が待ちわびた」「危機」と受けとられた。労働組合員数が大恐慌開始後の一〇年間に、三〇〇万人から一五〇〇万人へと増加したことも、その根拠の一つとされた[1]。先に述べたようにベルの周りにいた仲間も、よりラディカルな共産主義、トロツキズムに傾斜していったことは、当時のこうした状況においてであった。しかし当時の合衆国には、どんな社会主義運動も全国的な規模で政治的支持を獲得することはできず、「一貫した社会主義イデオロギーは、労働運動にも、統治機構にも根をおろさなかった」。このように経済的豊かさが消滅してもなお、社会主義は、アメリカ合衆国においてそれほど大きな影響力をもつことはなかった。したがってゾンバルトが指摘した理由は、妥当でなかったことになる。ゾンバルトは、合衆国の社会主義に特有の理由を説明したというよりも、合衆国にかかわらずあらゆる社会において、経済的に豊かであれば、社会主義運動は影響力をもちにくいと指摘したにとどまる。それゆえ特にヨーロッパと比較して、合衆国において特に社会主義が存在しない理由は、一九五二年の時点においても依然として明らかにされておらず、ベルにとって追究すべき課題であった（*MS*, pp. 4-5)。

それではベルが主張する理由とは何であろうか。ベルは、その理由を、合衆国の社会主義運動が、ヨーロッパとは異なった「アメリカ的生活の特有の条件に適応できなかった」点にもとめる（*MS*, p. vii)。ベルは、ゾンバルトが指摘するものとは異なった、特殊アメリカ的条件の存在に着目したうえで、この条件に対する社会主義運動の適応能力が欠けていた点を問題にする。ベルは、一九九六年版「あとがき」において、次のように端的に合衆国特有の条件を指摘している。ヨーロッパは、「階級によって境界づけられ、分割された社会」である。つまりヨーロッパにおいて労働者階級は、「経済的位置」と「文化」とを共有していた。しかし合衆国においては、ヨーロッパ的な労働者階級は存在しなかった。なぜならば合衆国において文化は、地域ごとに異なっており、さらに「エスニックなもの」によっても基礎づけられているからである。さらに経済的利害は、地域ごとに、あるいは利益集団ごとに組織されていた（*MS*, pp. 197-198)。このようにベルは、合衆国において、地域ごとに異なる経済的、文化的、エスニック的特質が存在していると述べている。ベルが着目している点は、ヨーロッパと全く異なり、合衆国において単一の労働者階級が存在しない点である。つまりマルクス主義の二大階級論において想定された労働者階級は、ヨーロッパ特有のものであった。したがってこの想定は、合衆国には妥当しない。

ただしヨーロッパ的な意味における労働者階級が存在しないからといって、社会主義運動が、必ず影響力をもたないとは限らない。そうした特殊アメリカ的条件の中で活動することは可能なはずである。しかしアメリカの社会主義運動は、こうした特殊アメリカ的条件に「適応」しようとせず、その影響力を全国的に拡大していくことができなかった。ベルは、ここにアメリカ社会主義の失敗をみている。それでは以下の節では、より詳細に合衆国に特有な条件と合衆国の社会主義の特質とをみていくこととしよう。

第三節　中西部におけるアメリカ型ユートピアニズム

本節においてまず一九世紀の中西部の特徴を検討する。ベルによれば、中西部においてはユートピア主義が、「一九世紀の社会主義によって示された改良計画」を基礎づけている。ユートピア主義によって基礎づけられた改良計画には、「貨幣と土地の万能薬から入植地計画にいたるまで」、様々な形態の運動がふくまれる。ベルが述べる「貨幣」の「万能薬」とは、グリーンバック党の運動とウィリアム・ジェニングズ・ブライアン William Jennings Bryan の「銀貨の自由鋳造 free silver」とを指しており(2)、「土地」の「万能薬」とは、ジョージ・ヘンリー・エバンズ George Henry Evans の主張や「生産者協同組合」、ヘンリー・ジョージ Henry Geroge の「単一課税論」を意味している。さらに「ユートピア的入植地」計画は、「テキサスからアイオワにまで広がる」荒野において展開された計画を指している。ベルによればこのような様々な形態をとったユートピア主義は、社会主義運動やその他の「社会抵抗運動が現れた土壌に対して、確かに影響を与えた」(*MS*, pp. 8, 17)。したがって合衆国における社会主義の系譜をたどるためには、ベルが論じている一九世紀のユートピア主義の展開過程を解析することが必要である。以下年代順に、ユートピア主義運動と社会主義運動を含めた社会改革運動との展開過程をみていくことにしよう。そのさい図1に示した組織系統図を参照されたい。

まずエバンズの運動をとりあげる。一八四〇年代に、エバンズは、「万能薬」としての「土地」によって、労働問題を解決しようとした。エバンズは、労働者が過剰であるがゆえに、賃金が低下し、それによって労働者が困窮に陥っている、と考えた。そこでもし西部の土地が安価に、労働者に開放されるならば、余剰労働力は、この土地に吸収される。こうして労働者の低賃金は、解消され、余剰労働力も、自営農民として生計を立てることができる。こう考えたエバンズは、「自由地」の理想を掲げ、その実現のために活動した。そのさいエバンズは、「自由に浮動する圧力集団という戦術」を採用した。この戦術は、新党結成によってではなく、既成の二大政党のどちらかの支持を取りつけることによって、「自由地」の実現を目指すものである。エバンズは、なぜ新党結成という戦術をとらなかったのであろうか。もし新党の結成にまで至ると、その政党は、既成政党に対抗して、関税、移民、通貨、土地など政党の分裂をもたらす危険のある諸問題に対応しなければならない。したがって新党は、広範な問題に対して一貫した綱領を提示しなければならなくなる。それゆえ結成されたばかりの新党は、すぐに分裂の危機に直面する。しかし「自由地」のみを目標とする利益集団は、単一争点にのみ集中して活動すれば良いので、「自由地」への支持を約束する候補者であれば、どの党の候補者であろうと、支持することができる。こう考えたエバンズは、「農民連盟 Agrarian League」という圧力集団を指導した。このようにして、圧力集団戦術は、自由地の提案を共和党に採用させることに成功し、一八六二年「自営農地法 Homestead Act」の成立に結実した。

エバンズが抱いた「自由地」の理想は、明らかに「土地」の「万能薬」というユートピア主義とみなされるも

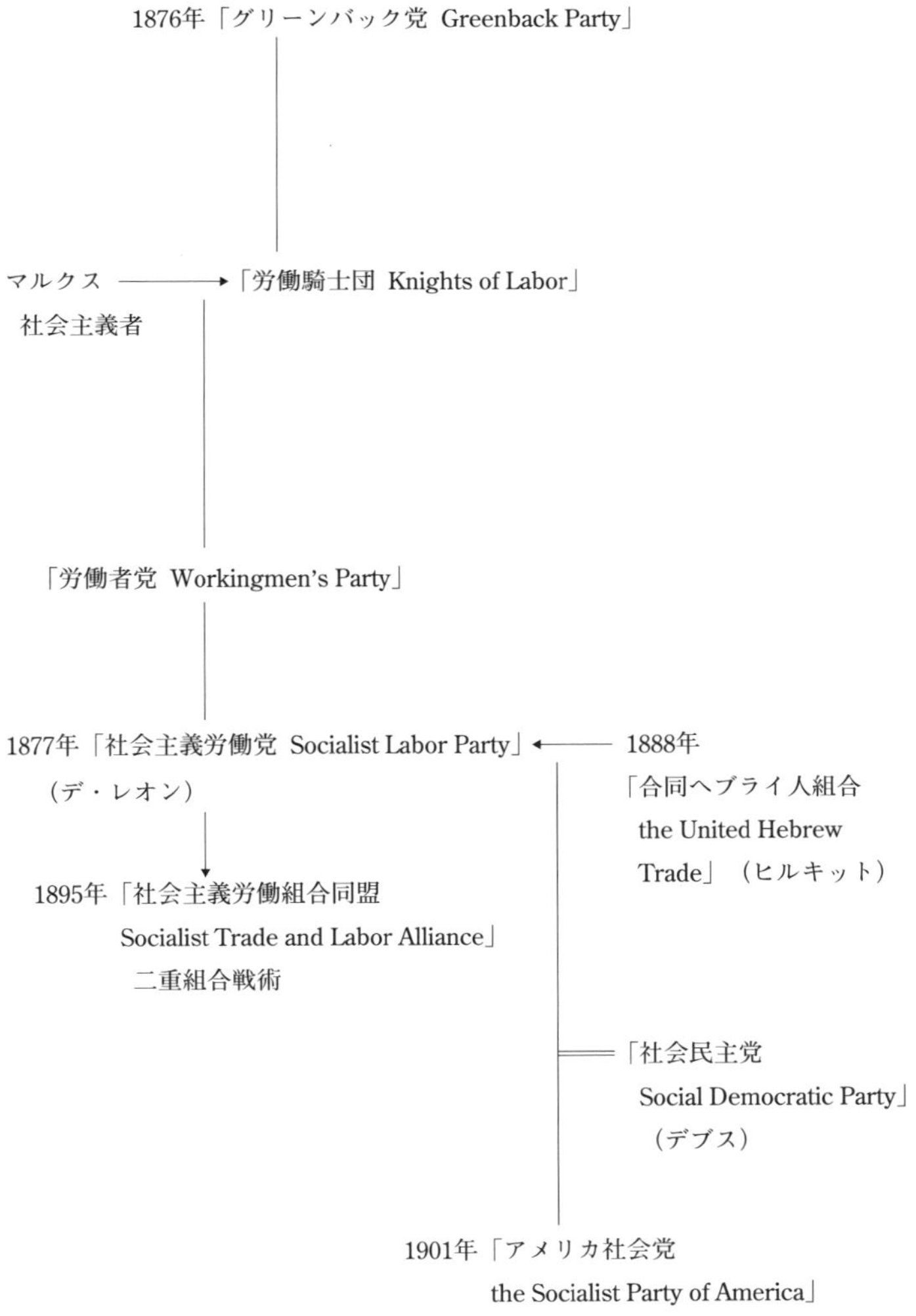

MS，津田 1972，pp. 106–107をもとに作成．
図に示した年号は，各組織の設立の年を示している．

図1　社会主義運動組織系統略図

のである。しかしエバンズがとった戦術は、理想を政策へと実現するうえで極めて効果的な戦術であった。この意味においてエバンズは、単にユートピア主義者であるだけでなく、優れた実践家でもあった。改革運動を成功させた戦術として、ベルは、この圧力集団戦術を積極的に評価している（*MS*, p. 18）。

エバンズの運動が展開された一八四〇年代において、「土地問題」は、当時の社会主義者にとっての一大争点であった。この土地問題は、アメリカ合衆国に特殊な社会主義を生みだした。このことは、一八四八年革命以後に移民してきた、ドイツの急進主義者たちの思想的変遷をみれば明らかである。ベルは、特にこの典型例として、ウェイトリング Wilhelm Weitling をとりあげている。ウェイトリングは、合衆国に移民する以前、パリにおいて、「亡命ドイツ労働者組織 émigré German workingmen's society」に参加していた。この組織は、周知のとおり、マルクスとエンゲルスによって指導されていた。合衆国に移民後、ウェイトリングは、それ以前に依拠してきたマルクスの「抽象理論」が意味を失った、と感じた。それゆえ彼は、マルクス主義の二大階級論とは全く相容れない「生産者協同組合」運動に参加する（*MS*, p. 19）。ウェイトリングにみられるように、ドイツから移民してきたマルクス主義者も、「土地」の「万能薬」に依拠しようとした。こうして「土地」の「万能薬」に魅了されるという意味において、アメリカ型の社会主義者が現れるようになった。このような「土地」の「万能薬」を社会改革の手段としてもちだすことは、合衆国の社会主義運動史において、繰り返しみられる事態である。

この後、合衆国における顕著な社会改革運動として、「貨幣」を「万能薬」と捉えたグリーンバック党があげられる。グリーンバック党は、一八七三年恐慌の影響をうけて、一八七四年に結成された。この党は、「価値の低い貨幣が産業不況を和らげるであろう」と考えるがゆえに、紙幣増刷を要求した。特に彼らは、紙幣の裏が緑色である、グリーンバック紙幣の増刷を要求した。これが、グリーンバック党の名の由来である。グリーンバック紙幣とは、南北戦争中、政府が正貨による支払を停止し、法定通貨として発行した貨幣である。連邦議会によってこのグリーンバック紙幣の流通量が制限されようとしたがゆえに、彼らは、その増刷を要求した（有賀 1993, pp. 73-74)。このグリーンバック主義は、それ以前の北部大都市のドイツ系移民にのみ限定されていた運動とは異なって、より広範な支持を集めることができた。グリーンバック主義は、こうして「アメリカ労働組合指導者の大きな希望」となった（*MS*, pp. 20-21)。それゆえこのグリーンバック主義者と労働組合、マルクス社会主義者とは、「労働騎士団」のもとに結集しようと試みた。「労働騎士団」は、一八八六年には七〇万人もの成員を有し、その絶頂期を迎えていた。しかしマルクス社会主義者は、紙幣の増刷によっては資本主義体制を変革させることができないと考えたがゆえに、通貨改革をうけいれなかった。こうしてマルクス社会主義者は、「労働騎士団」から離脱し、「労働者党 Workingmen's Party」を結成した（*MS*, p. 24)。

当時、こうしたユートピア主義の流れを汲む社会改革運動とは一線を画した運動が登場した。これこそ、「アメリカ労働総同盟 American Federation of Labor」（一八八六年設立）である。ベルは、当時の社会主義運動との関連において、ＡＦＬがもった意義に着目し、その特徴について以下のように論じている。ＡＦＬの設立者であるサミュエル・ゴンパース（1850-1920）は、一連のユートピア主義運動を、「古いユートピア的妄想」と批判し、社会改革にとって「無駄な努力」であるとみなす（*MS*, p. 30)。さらに労働騎士団とマルクス社会主義者との対立にみられたような「果てしない理論的論争」をみて、ＡＦＬ指導者は、マルクス主義の「アメリカ的状況」への「適用」を疑問視した（*MS*, p. 37)。ゴンパースは、ユートピア主義とマルクス主義とに対する反動として、「純粋で単純な組合主義」という考え方を発展させた。これが、ＡＦＬの思想的基盤である（*MS*, pp. 17, 30)。ＡＦＬは、資本主義体制の転覆といった目的をもつのでなく、その目的を「賃金と労働時間という当面の問題に限定した」(*MS*, p. 37)。ベルによれば、このようなAFLの戦術は、その指導者ゴンパースのパーソナリティとも密接に関連している。オランダ人とユダヤ人とのあいだに生まれたゴンパースは、ロンドンで育ち、その後、合衆国に移民してきた経歴をもつ。「移民であるゴンパース」にとって、合衆国においてAFLが「『正統な』集団として受容されることは、個人的信条でもあった」(*MS*, p. 42)。このように目的を当面の問題に限定したAFLは、ベルによって、ユートピア主義とは異なる性格をもつ組織と捉えられている。ここではこの点だけ確認しておいて、ベルのAFL評価については、すぐ後に論じることとする。

再びマルクス社会主義者の動向に目をむけてみよう。「労働騎士団」から離脱したマルクス社会主義者は、「労働党」を結成したが、「労働党」は、一八七七年に「社会主義労働党 Socialist Labor Party」と名称を変更した。この「社会主義労働党」は、一八八六年大統領選挙においてヘンリー・ジョージを支持する。ヘンリー・ジョージは、「あらゆる社会的病理の解決を土地の公的制御に求めた」。すなわち彼は、土地にのみ課税すべきであるという「単一課税論」を唱えた。この単一課税論は、「土地」の「万能薬」を主張するものであった。ベルによればヘンリー・ジョージは、「単一課税論」の根拠を次のように述べた。「土地の肥沃さとビジネスの立地や市場としての魅力とは、どんな個人もそこから利益を得るべきでない自然的・社会的理由の結果である」。それゆえ土地所有者が得る利益は、不正なものとみなされる。この土地所有者による土地の独占を破壊するために、土地の賃貸料と同じ金額が、土地所有者に課税されなければならない。そうすれば、土地所有者は、土地から利益をあげることができなくなり、土地の独占は、消滅する。こうして土地は、それを生産的に開発する者に開放されるであろう。こうした政策は、「不況緩和の手段」となる (*MS*, pp. 27-28)。このように考えたヘンリー・ジョージは、土地への課税によって、不況問題を解決しようと企図し、「社会主義労働党」も、この考えを支持した。

しかしマルクスは、「社会主義労働党」が「単一課税論」を支持していることに警告を発した。マルクスによれば、ヘンリー・ジョージは、地代を国家への税に転化させれば、資本主義的生産の「すべての悪」が消滅すると考えている。しかし単一課税を実行しても、「賃金労働者」と「資本主義生産」とは、存在し続ける。したがってヘンリー・ジョージの試みは、資本主義支配を存続させるものであり、彼は「剰余価値」の性質について何も理解していない（*MS*, pp. 27-28. Marx 1881, pp. 394-396）。

このようなマルクスの「説得力ある批判」にもかかわらず、「社会主義労働党」は、ヘンリー・ジョージを支持した。なぜならば「社会主義労働党」は、この運動を資本家に対する労働者の運動とみなしたからである。つまり単一課税論は、マルクス主義の二大階級論に従ったものである、とみなされた。しかし単一課税論支持者は、「地主に対してすべての生産者階級を合同」しようと試みるようになる。こうして「社会主義労働党」と単一課税論者との対立が次第に深まっていくこととなる。この時期、「社会主義労働党」の指導者として頭角を現していたのは、ダニエル・デ・レオン[3]であった（*MS*, pp. 27-30）。したがって彼の思想が、当時の「社会主義労働党」の方針に強い影響を与えていた。デ・レオンは、ドイツ人労働者のなかにおいてその地位を確立していたが、「ヨーロッパ的な教条主義」を象徴する人物であった（*MS*, pp. 33, 45）。ここでベルがいう「ヨーロッパ的な教条主義」とは、二大階級論に教条的に執着することである。この教条主義が、単一課税論者との決裂を招くこととなった。

デ・レオンの教条主義は、ＡＦＬに対する態度にも明確に示されている。彼は、「資本主義システム内における、より高い賃金やより短い労働時間の要求」を「無駄」である、と考えていた。なぜならば「労働組合指導者は、彼らが地位を確立するにつれて、『労働者の代理人』として資本主義システムに吸収されてしまう」からである（*MS*, p. 34)。彼は、このように教条主義的態度をとるがゆえに、次の「決定的な事実」を見逃してしまった。すなわちそれは、ＡＦＬが「自らの存在維持のための制度的枠組みをつくりあげた、最初の労働者集団である」という事実である（*MS*, pp. 36-37)。ベルのこうした見解は、ＡＦＬに対する積極的評価を示すものである。

ここまでみてきたように、中西部のユートピア主義、「教条主義」的な「社会主義労働党」、賃金と労働時間とに目的を限定するＡＦＬ、この三者の関係と対立とが確認された。ここで中西部から目を転じ、アメリカ社会党の基盤の一つであるニューヨークの社会主義を考察したい。そのさいに、ベルの分析に従って、ニューヨークの社会主義と上記の三勢力との関係に着目しながら論述を進めていく。

第四節　ニューヨークの社会主義

ニューヨークにおいて社会主義を担ったのは、東欧系ユダヤ人であった。彼らは一八八〇年代後半から二〇世紀初頭にかけてロシア・東欧から移民し、合衆国において衣服製造業に従事した。彼らはロシア系ユダヤ人であるモリス・ヒルキット[4]に率いられ、一八八八年に「合同ヘブライ人組合 the United Hebrew Trades」を結成し、「社会主義労働党」に合流した（*MS*, p. 32)。しかしデ・レオンとの対立が原因で、彼らは、そこから離脱する。デ・レオンに率いられたマルクス社会主義者は、先ほど述べたように「労働騎士団」に参加した。彼らの意図は、「労働騎士団」に「浸透」し、そこで権力を獲得することであった。しかし彼らは、「労働騎士団」から離脱することとなり、独自の労働組合である「社会主義労働組合同盟 Socialist Trades and Labor Alliance」を結成する。ユダヤ人を含めた多くの労働者によって、この動きは、「二重組合主義」とうけとられた。つまり特にニューヨークのユダヤ人によって構成された労働組合は、ＡＦＬ傘下の組合であるがゆえに、ＡＦＬとは別の組合活動をおこなおうとするデ・レオンの企図は、労働者の分裂に導くものにみえた。それゆえデ・レオンとヒルキット達との間に対立が生じた。ヒルキット達は、中西部のユージン・デブスによって率いられた「社会民主党 Social Democratic Party」と合同し、一九〇一年「アメリカ社会党 the Socialist Party of America」を結成するにいたる（*MS*, pp. 33-34）。

以上のような経緯をたどって社会党に合流した東欧系ユダヤ人、「特に若いユダヤ系知識人は、熱心にアメリカ的なやり方を学ぼうとした」。ベルのいう「アメリカ的なやり方」とは、アメリカの制度的な条件に適応しながら、利益集団として活動することである。彼らは、合衆国の既存の制度内において、「国際婦人服労働組合 International Ladies Garment Workers Union」、「全米合同男子服労働組合 the Amalgamated Clothing Workers」、「毛皮組合 the Furriers」、「帽子労働組合 the Millinary Workers Union」などの「強力な組合を設立」した。それゆえニューヨークのユダヤ人たちは、「ニューヨークの労働生活の一要素」として、政治的影響力を獲得することができた（*MS*, p. 32）。これらの組合は、「アメリカ社会党を支える原動力」にもなっていった。さらにそれにとどまらず、労働組合に加えて、東欧系ユダヤ人は、一九〇五年、「労働者サークル Workmen's Circle」として知られる友愛・保障組織を設立した。この組織は、一〇年間の間に、五万二〇〇〇人のメンバーと六二万五〇〇〇ドルの資金を有し、これら構成員と資金とは、社会党を支える資源となった（*MS*, pp. 97-98）。このようなニューヨークの社会主義の影響力は、ミルウォーキーで一九一〇年にビクター・バーガー[5]が連邦下院に選出されたのに続いて、一九一四年にメイヤー・ロンドン Meyer London を当選させるほど強力であった（*MS*, p. 71）。

一九一二年、社会党は結党以来最大の党員数、一二万五〇〇〇人を有する。しかしその後、党員数は、八万人にまで減少する（*MS*, pp. 96-97）。その理由は、ウィルソン大統領の革新主義的な政策によって社会党の支持者が奪われたこと、第一次大戦に反対した社会党が特に知識人の支持者を失ったことである。結党当初、社会党は、ブライアンの支持者であったポピュリストを吸収した。しかしウィルソンによって特にその農民の支持者を奪われた。ウィルソン政権下において実施された農業政策には、以下の二つのものがある。一九一三年に「連邦準備金法 Federal Reserve Act」において、農産物担保の手形に、商業手形の三ヶ月間に対して、六ヶ月間の再割引資格が認められた。一九一六年に制定された「連邦農業貸付銀行システム」は、作付けから収穫までの期間における農民の現金不足を軽減した。こうした立法活動に加えて、ヨーロッパへの小麦輸出の増加により、農民の経済状態が改善された（*MS*, p. 80）。さらにクレイトン法、労働省の設立、ラ・フォレット法による船舶労働者の保護によって、ウィルソンは、農民だけでなく、「社会党の改良的要素」を社会党から「引き抜いた」（*MS*, pp. 90-91）。

しかしその後党員数は、再び増加し、一九一九年には、一一万人に達した。しかしこの党員数のうち、一九一二年には一二％しかなかった「外国語連盟」の割合は、五三％にも達した（*MS*, p. 99）。「外国語連盟」とは、一九〇八年から組織化が始められたものであり、外国語を話す人々によって構成された諸組織の総称である。そのなかには、ユダヤ連盟、フィンランド連盟、スラブ連盟などがある。これら「外国語連盟」の組織化は、労働組合がエスニシティごとに組織されるというアメリカ的特質を示す顕著な事例である。

「外国語連盟」のメンバーの急増は、「アメリカにおける状況の産物というよりも、ヨーロッパの出来事に対する熱狂の産物であった」。このことは、ロシア革命後のスラブ連盟におけるメンバーの急増に明瞭に示されている。「ロシア人、ウクライナ人、南スラブ人、リトアニア人、ラトビア人」を含むスラブ連盟の党員は、一九一八年一二月からの四ヶ月間に二倍になり、一九一九年の四月までに党のメンバーの二〇%という決定的な部分を構成するようになった。ちなみにこの勢力が、「アメリカ共産党」設立の中核を担った（*MS*, p. 99）。

一九一九年までに社会党の構成に変化があったのみならず、その地理的な支持基盤も大きく移動している。一九一二年には中西部の農業、鉱業地帯にあった支持基盤の中心は、北東部や都市部、特にニューヨークへと移った。このことは、一九二〇年大統領選挙のデブス票の内訳に明確に示されている。デブスが獲得した九一万九七九九票のうち、その五分の一以上が、ニューヨークの票であった（*MS*, p. 97）。それ以前の選挙において、ニューヨークの票が、社会党全体の一〇%にも満たなかったことを考えれば、社会党内においてその影響力が増大したことは、明らかである（*MS*, p. 114）。

ニューヨークの社会党の性格は、その指導者であるヒルキットの思想によく現れている。ヒルキットは、デ・レオンと同様に「ドイツ的伝統に由来している」が、デ・レオンのように教条主義的でなく、「知的に柔軟であった」（*MS*, p. 45）。それは、ヒルキットのＡＦＬに対する態度に見いだすことができる。すでにみたように、デ・レオンは、マルクス主義の二大階級論についての教条主義的理解のゆえに、ＡＦＬを「資本主義の緩衝器として批判した」（*MS*, p. 33）。ヒルキットは、このような社会主義者の「ＡＦＬ指導者に対する態度の修正」が必要であると考え、ＡＦＬとの協力の道を模索した。つまりヒルキットは、職能別組合であるＡＦＬが現に多くの労働者を組織している現状に対応しようと試みた。「社会主義と労働者階級との緊密な関係が、マルクスとエンゲルスの理論にとって絶対不可欠なものである」というベルの認識から、こうしたヒルキットの態度は、積極的に評価されている（*MS*, p. 42）。

さらに革新主義の時期、一九一〇年に、ヒルキットは、賃金労働者階級だけでなく、中産階級へも訴えを拡大するように主張する。ヒルキットによれば、既存秩序の変革に対して直接的な経済的動機をもつ階級は、決して労働者階級のみでない。「農民人口は、金貸しに抵当をとられ、鉄道業者に搾取され、投機業者に制御されている。小商人や小製造業者も、巨大な産業独占やトラストに対する希望のない闘争を繰り広げている」。「運動を全体的に賃金労働者に限定し、他の階級のあらゆる人の協力を拒否する傾向が、我々の運動のある部門において明らかである」。「これは、マルクスの階級闘争の教義の合理的な採用でなく、その馬鹿げた歪曲である」(*MS*, p. 72)。このようにマルクス主義の二大階級論に教条主義的にとらわれなかったという意味において、ヒルキットは、「知的に柔軟」であった。

しかしベルによれば、ロシア革命の衝撃に続く時期において、ヒルキットは、合衆国の条件から遊離してしまった。当時社会党内において、ボルシェビキに対する評価をめぐって、右派と左派との対立が激化していた。左派は、「アメリカの状況」も革命の成功をもたらす危機的なものであると捉え、「ボルシェヴィズムの非合法活動を機械的・スラブ的にコピー」しようと考えた。すなわち合衆国においても、ロシアと同じように、今すぐ、暴力革命によって社会主義政権を樹立しようと考えた。これに対して、「右派の第一の象徴である」ヒルキットは、ロシアにおいてなされたような非合法活動を「合衆国には必要ない」ものと考えていた。この点に限っていえば、ヒルキットは、教条主義的に思考するのでなく、合衆国の実態に「柔軟」に対応するという態度を保持している。しかしヒルキットは、「プロレタリア独裁、ソヴィエトの独裁という理念を擁護した」。なぜならば彼は、「プロレタリア独裁」を単に「職能代表」とみなし、少数派に対する多数派の支配とみなしたからである(*MS*, p. 116)。ベルは、ヒルキットのこの態度を、彼が合衆国の現実から遊離した証拠とみなす。なぜベルはこのような評価をくだすのか。それはベルのプロレタリア独裁に対する態度をみることによって明らかになる。ベルは、ローザ・ルクセンブルクに依拠しながら、プロレタリア独裁を、前衛党の独裁へと転化し、最終的にはある個人の独裁、すなわちスターリンの独裁へと導くものであった、とみなしている（Dorman 2000, p. 50）。したがってベルからいわせれば、ヒルキットは、合衆国とは別の国において起こった、しかも最終的にある個人の独裁に導くかもしれない理念を、無条件に合衆国に適用しようとした。こうしてベルは、ヒルキットが問題を「完全にアメリカ的生活の構造の外にある準拠枠」へと移行させてしまった、と批判する（*MS*, p. 116）。ロシア革命という衝撃的な事件の影響によって、ヒルキットは、合衆国の現状を見据えながら行為することができなかった。これが、ベルのヒルキットに対する評価である。(6)

このようなベルの批判は、「プロレタリア独裁」が「民主制」の原理と相容れないという認識に基礎づけられている。ベルによれば、「民主制」とは、「あらゆる観点」にたつ人々が、「合意」を目指して、「説得という平和的手段」を用いる制度である。したがって民主制への参加者は、この「『ゲームのルール』」を受容しなければならない。このことは、「あらゆる観点にたつ諸行為を許容するという自由のための条件である」。ベルは、こうした民主制内において、ウェーバーの「『責任政治』にかんする議論に反論できないように思われる」、と述べている（1974, p. 132）。もし民主制への参加者が、「『ゲームのルール』」を受容せず、暴力によってさえも自らの信じる正義を押し通そうとするならば、民主制は、崩壊へと向かう。民主制を維持しながら、政治的意思決定をおこなうためには、民主制の参加者は、いかに意見を異にする相手とであれ、「説得という平和的手段」によって「合意」を目指さなければならない。そのさいには、不本意な「妥協」を強いられる場面が、常に生じることとなる。「責任倫理」をもった者ならば、この「妥協」を受けいれ、「『ゲームのルール』」の範囲内において、活動しなければならない。ベルのヒルキット批判の基礎にあるのは、ウェーバーに依拠したこのような認識であった。「自分の魂の救済と他人の魂の救済とを願う者は、それを政治という方法によって求めたりはしない」。この『職業としての政治』における有名な箇所を、『合衆国におけるマルクス社会主義』の末尾に附していることからも、ベルがいかにウェーバーの「責任倫理」を重視しているかは、明らかである。

第五節　中西部の社会主義——ユージン・デブスとノーマン・トーマスの社会主義

これまでアメリカ社会主義の潮流の一つであるニューヨークのユダヤ人について考察してきた。本節において第三節に引き続き、もう一方の潮流である中西部の社会主義を検討する。本節においては、一九世紀末からの社会主義運動の展開過程を考察する。ベルは、中西部の社会主義が「プロテスタント的福音主義」の「情熱」や「道徳主義的調子」を有している、と述べる（*MS*, pp. 47, 197）。この福音主義の土壌から登場した人物が、ユージン・ヴィクター・デブス(7)とジュリアス・ウェイランド Julius Wayland である。ベルは、両者を中西部的社会主義の代表とみなしている（*MS*, p. 47）。デブスは、後に社会党の大統領候補を務めた党指導者である。ウェイランドは、『アピール・トゥ・リーズン』という社会主義雑誌を編集した人物である。その雑誌の最盛期の発行部数は、バイブル・ベルトにおいて五〇万部にものぼった。この両者は、一八九六年、「目的においては社会主義的であるが志向においてユートピア的である、協同共和国友愛会 the Brotherhood of the Co-operative Commonwealth」を設立し、デブスがその全国的オーガナイザーを務めた。この組織において、「相互扶助と今ここにおける神の王国」の建設という「野心的な計画」が提唱された。彼らは、社会主義についての教育、入植地の建設、工場や製作所の建設と運営による産業の確立、政治活動などを通じて、「神の王国」を建設しようと試みた。ここにみられるように、デブス、ウェイランドの両者は、「土地」の「万能薬」という、中西部のユートピア主義を引き継いでいると同時に、プロテスタントの「福音主義」の影響をも受けていた。しかしこの「野心的な計画」は、実現せず、一八九七年、この組織に残った者と、デブスによって率いられた「アメリカ鉄道組合 American Railway Union」との合同によって、「アメリカ社会民主主義 Social Democracy of America」が結成された。「アメリカ鉄道組合」は、一八九三年にデブスによって組織された産業別組合であり、一八九四年、鉄道労働者によるプルマン・ストライキにおいて中心的な役割をになった。このストライキに対して活動差し止め命令が出され、デブスらは逮捕されるが、ストライキに参加した他の組合員は、右記友愛会をブラックリストから逃れるための避難場所としていた（*MS*, pp. 47-48. Currie 1976, p. 35）。

デブスとウェイランドは、「マルクスを通してではなく」、ベラミーからの絶大なる影響によって、社会主義の道を歩むようになった。ベルによれば、ベラミーは、「宗教的性質」をもち、ユートピア主義を広めた人物である。デブスは、「熱狂的なベラミーの読者」であり、ウェイランドによる『カミング・アウト』の発行も、「ベラミーの『かえりみれば』において概説されているような人民の人民による人民のための政治」を目指す試みであった（*MS*, p. 58）。このように彼ら二人は、ベラミーから、「ユートピア主義」と「宗教的性質」を継承した。それゆえベルの評価によれば彼らは、ユートピア主義と福音主義とに基礎づけられた「混乱した協同入植地 co-operative colony の計画」に魅了された（*MS*, p. 47）。

デブスは、ストライキの後、刑務所においてカウツキーなどのマルクス主義者の著作を読んだ。しかし出所後の一八九四年から九六年にかけて彼は、自分自身を「ポピュリストとみなしていた」。このことは、一八九六年の大統領選挙へのデブスの関わり方をみれば明らかである。民主党から選出されたブライアンの選挙運動中、デブスは、「銀貨の自由鋳造」がトラストに対抗する「一般大衆」の共通基盤になる、と主張した。こうして彼は、ブライアンのために「休みなく活動した」(*MS*, p. 50)。デブスは、マルクス主義の著作を読んだとはいえ、中西部のポピュリズムに接近していた。「銀貨の自由鋳造」を掲げるデブスの態度に、このことは、明確に示されている。このように中西部の社会主義の指導者であったデブスは、ユートピア主義者、福音主義者、ポピュリストのそれぞれの特徴を併せもつ社会主義者であり、決してマルクス社会主義者とよばれるような人物ではなかった。

一八九七年にデブスの指導によって設立された「アメリカ社会民主主義」の綱領は、「すべての独占と公益事業との公有や失業者のための公共事業を求める社会主義的綱領」であった。しかしそのような社会主義的綱領を採択したからといって、「党は、入植化という亡霊を払拭できなかった」。すなわち「アメリカ社会民主主義」も、依然として中西部のユートピア主義の系譜にたつ運動体であった。例えば一八九七年にデブスは、「協同入植地 cooperative colonies を建設するために、失業者の西部州への大量移住を提案した」。このことは、「アメリカ社会民主主義」の性格を如実に現している。社会主義者を含め、「キリスト教社会主義者、リベラルな反抗者、中産階級のロマンチックな思想家」などのいわゆる「左翼」の人々は、「急速な工業化がアメリカの特徴を野蛮にする」状況を危惧した。彼らは、こうした状況から脱却するために、「入植化」が唯一の「実際的」方法である、と考えた(*MS*, p. 51)。社会主義者を含め、中西部の「左翼」は、急速な工業化、独占化に対する方策として、ユートピア主義的な入植地を企図していた。

後に社会党の著名な指導者となるデブスが、社会主義者になる経緯に典型的に示されているように、合衆国において社会主義が一定の影響力をもったとすれば、それは、「科学的」社会主義による「社会についての冷静で理性的な分析」のゆえでなく、「貧困への道徳的憤激」と「よりよき世界についての福音主義的約束」とのゆえである。すなわち合衆国の社会主義に影響を与えた人物は、マルクスではなく、ベラミーであった。すでに述べたように、彼は、ユートピア主義と「宗教的性質」とを社会主義にもちこんだ。こうした性格をもつベラミーは、デブスやウェイランドだけでなく、デ・レオンをも社会主義の道へと導いた。デ・レオンは、教条主義的マルクス主義者になる以前には、ベラミーの影響を受けて設立された「ナショナリスト・クラブ」のメンバーに名を連ねていた（*MS*, p. 57）。

特にベラミーは、その「宗教的性質」のゆえに、「聖職者のあいだにおいて」「直接的影響力」をもつこととなった（*MS*, p. 57）。当時の合衆国において支配的であった「プロテスタント的な個人主義の倫理」によれば、もし経済的に「失敗」し、貧困者になった人がいるとしたら、この「失敗」は、貧困者自身の責任である。さらにこの倫理は、「慈善」によって失敗者の道徳的性質が弱められるというマルサス的な主張に基づいて、貧困者への援助を否定する。「しかしながら社会主義者にとって、これらの人々は、『諸制度』の犠牲者であり、その諸制度は、変革されなければならなかった」。したがって「貧困者と接触する牧師や慈善事業家」は、後者の考え方をとるようになり、「プロテスタント的な個人主義の倫理」から離れ、社会主義者へと「改宗」した（*MS*, p. 56–57）。

さらにこの時代に支配的であった進化論は、社会主義的理念の影響力を増大させた。進化論の影響のもとで、社会主義者は次のように主張した。「社会は理性的な方向に進んでいる。なぜならば社会進化の性質において人間は、より理性的になりつつあり、自然を支配しつつあり、それを人間の目的のために利用しつつあるからである。彼らは、さらに社会を制御し、それを少数者の利益でなく、共通善へと転化させるであろう」（*MS*, p. 57）。

社会福音運動研究家であるホプキンズが述べるように、こうしてキリスト教社会主義は、進化論の受容によって、「地上における神の国」の建設という理想をもつようになった（Hopkins 1940, pp, 131-138. 一四八―一五五頁）。

このようなキリスト教社会主義の指導者の代表例として、ベルは、ブリス W. P. B. Bliss をとりあげている。ボストンにおいて、ブリスは、一八九五年に「アメリカ・フェビアン協会」を組織し、『アメリカン・フェビアン』の公刊を開始した。その寄稿者には、ベラミーとヘンリー・デマレスト・ロイド Henry Demarest Lloyd を含んでいた。ロイドは、カルヴァン派の牧師の子として生まれ、常に「『社会的キリスト教』」に深い関心を抱いていた。一八九〇年代にロイドは、資本主義的不道徳性に対する倫理的解決策として、協同入植地に関心をもつようになった。このようなキリスト教社会主義者の入植地建設の動向は、一八九六年のジョージア州の事例まで続くことになる（*MS*, pp. 52, 59）。さらに一八九四年に公刊された『共和国に敵対する富 *Wealth against Commonwealth*』において、彼は、包括的な巨大独占の調査をおこなった。ベルによればロイドの著作における「暴露 muckraking」への衝動は、深い宗教的探求から生じている。その宗教的探求とは、人間による「『天国の王冠』」の獲得にとって妨げとなる堕落を明るみにだそうとすることである（*MS*, p. 59）。

このようにユートピア主義からキリスト教社会主義へとつながる系譜において、社会主義への道を歩んだ人物にノーマン・トーマス(8)がいる。一九二六年にデブスが死去した後、トーマスは、社会党の大統領候補に指名された。トーマスは、中西部のオハイオ州において、一八八四年、長老派教会の牧師の家庭に生まれた。トーマスは、一旦、牧師になったものの、「ニューヨークのスプリング・ストリートにおける給湯設備のない住宅の不潔さと貧困」を目の当たりにして、「社会改良」活動へ向かうこととなる。さらに彼を社会主義者にしたものは、「第一次大戦」と、「宗教的平和主義組織」である「調停協議会 the Fellowship of Reconciliation」とであった（*MS*, pp. 187-188)。この二つの事柄に直面したがゆえに、トーマスは、牧師をやめて政治家の道を志すことになった。ベルが一九三〇年代を「ノーマン・トーマスの社会主義」と名づけているほどに、当時、トーマスが社会党を実質的に指導していた。しかしトーマスは、スペイン内乱、ニュー・ディール、第二次大戦といった重大な事件が続発する状況において、「曖昧な政治的公式」によってそれぞれの問題に対処するのみであった。例えば、スペインにおいてフランコ将軍と戦っている共和国派が武器を求めていたときに、アメリカ社会党は、スペインの共和国政府のような「(資本主義的) 政府への援助でなく、『労働者への援助』」がなされなければならないという「脆弱な政策」によって対処するだけであった。さらに社会党は、「ファシズムの脅威」と第二次大戦に直面して、合衆国内において民主主義を働かせることが「ナチス打倒の最良の方法」であると主張した。ベルは、この社会党の対応に対して、この問題が軍事以外のものによって解決することができたであろうか、と批判する (*MS*, p. 9)。第一章において考察したように、フランスの陥落をみたベルは、反戦から参戦へと自らの立場を転換した。トーマスに対する批判は、ナチスへの危機感に裏打ちされている。中西部の社会主義の潮流の終極点にたつトーマスは、このように「政治的結果の観点からでなく、道徳的結果の観点から」、政治的決定を下していた (*MS*, p. 189)。それゆえベルは、政治指導者としてのトーマスに、非常に低い評価しか与えていない。

第六節　中西部の社会主義がとったもう一つの道

――「ノース・ダコタ・無党派連盟」の利益集団化戦術

ベルは、右記のような特徴をもつ中西部の潮流のなかから、さらに独特の性格をもつ運動が出現した、と述べる。ベルが注目する運動とは、タウンリー Arthur C. Townley によって指導された「ノース・ダコタ・無党派連盟 North Dakota Non-Partisan League」である。本節においてこの「無党派連盟」の展開過程についてみていこう。

ノース・ダコタ州において社会主義勢力は、極めて脆弱であった。それゆえタウンリーを含む社会主義者は、この州における第三党の設立が現実的でないと考え、一九一五年、第三党の代わりに「無党派連盟」を組織した。無党派連盟は、「農民の当面の要求のみを強調する」組織であり、予備選において既成政党のどちらか一つからの支持を獲得しようと試みた。タウンリーは、この地域における社会主義の脆弱さのゆえに、社会主義という言葉が農民を恐れさせることになるのではないか、と考えていた。したがって彼は、農民からの支持を獲得するために、「『無党派』」という名称によって「社会主義の原理を糖衣」しようとした。この「無党派連盟」は、こうして支持を獲得した結果、結成一年後には、州知事フレージャー Lynn Frazier を当選させるに至った（*MS*, p. 91）。

「無党派連盟」に特徴的な点は、「その訴えと強靱さが、ポピュリスト的であった」ことである。すなわち彼らの攻撃目標は、農民を苦しめる「仲買人と投機業者」であった。仲買人は、「穀物貯蔵の価格を制御」し、投機業者は、「土地の価格をつり上げた」。それゆえ「無党派連盟の綱領」は、「州による穀物倉庫や製粉機の所有」、「州による穀物検査」、「天候不順への保障」、「農業信用銀行」、農業技術の改善に対する免税を要求した。このように「無党派連盟」は、第三党を設立しようとする運動ではなく、農民から成る「利益集団」であった（*MS*, p. 92）。

伝統的に共和党に支配されてきたノース・ダコタ州において、「無党派連盟」は、予備選に「緊密なブロックとして投票することによって」、共和党の支持を獲得することができた。既成政党からの支持の獲得によって、無党派連盟は、「短期間に」、その目標であった「州による製粉機、倉庫の所有」、「作物保障」の制度化を達成することができた。ベルは、この無党派連盟の運動を、「合衆国の政治における圧力集団の作用の最も顕著な事例」であり、「抵抗政治」における「衝撃的な革新」である、と評価している（*MS*, p. 92）。このように地域政治の既成制度のなかに利益集団として侵入したという意味において、「無党派連盟」は、「アメリカの政治に真に特有な現象の一つ」であった（*MS*, p. 91）。こうした利益集団戦術の意義は、すでにエバンスの「農民連盟」について論じたさいに述べた。ベルは、小選挙区制に基礎づけられた二大政党制という合衆国の政治制度を前提にしたとき、利益集団戦術を社会改革運動のとるべき戦術として、『合衆国におけるマルクス社会主義』において一貫して高く評価している。

この「無党派連盟」の成功は、「第一次大戦後に始まった農民＝労働者の政治運動を刺激した」（*MS*, p. 92）。一九二二年、「革新的政治行動会議 the Conference for Progressive Political Action」が、「鉄道友愛会 the Railroad Brotherhood」の指導によって設立された。この組織には、「農民＝労働党」や「国際婦人服労働組合」、「合同衣服労働組合」、社会党、「無党派連盟」が参加した（岩永 1959, p. 121）。この組織は、「無党派連盟」の戦術に従い、「古い党の信頼できる候補者をたてた」。このようなポピュリスト的性格の「無党派連盟」の特徴を引き継いだ会議は、一九二四年の大統領選挙においてラ・フォレットを支持した（*MS*, p. 120）。結果的にラ・フォレットの得票は、全体の一七％に止まった。しかし「革新的政治行動会議」は、中西部の農民的性格の影響によって、ヨーロッパ的な労働者階級による運動とは異なった、農民＝労働者の連携の可能性を示す運動であった。この運動は、農民的性格を帯びた、合衆国特有の労働運動の形態を明示している。こうした傾向は、デブスが、社会主義者というよりも、「ポピュリスト」としてその政治的経歴を開始したことにも示されている。このように中西部の社会改革運動は、純粋に労働者階級の運動というよりも、農民的性格を帯びたものとなっている。このことは、マルクス主義の二大階級論によって想定されなかった事態である。ベルは、こうしたアメリカ合衆国に特殊な労働運動のあり方を強調している。

ここまでみてきた「無党派連盟」は、「当面の改良」を主張する「ポピュリスト的」運動の一つであった。他方において、中西部社会主義のもう一つの特徴を示すオクラホマのグリーン・コーン・リベレーションは、ポピュリズムにおける「冒険主義、農民の暴力の系譜」を示している。グリーン・コーン・リベレーションは、第一次大戦期に、州の参戦阻止のために暴力的な運動を展開した。オクラホマもポピュリズムの影響を受けていたが、他の地域のポピュリズムとは異なり、民主党のブライアンに合流せず、その主張を弱めることはなかった。その理由は、この地域の借地農が、「薄い表土」のゆえに、「かろうじての、不確実な生活」に苦しんでおり、さらに、土地所有者に換金作物を要求される農奴以上の存在でなかったからである。こうした借地農たちの怒りを刺激し、爆発させたものが、「信仰復興運動」であった。信仰復興によって提示されたこの「新しい福音」は、「一週間続く野営キャンプ」をとおして広められた。その野営キャンプにおいて、ユージン・デブス、ケイト・リチャード・オハレ Kate Richard O'Hare、「無党派連盟」の綱領を起草したウォルター・トーマス・ミルズ Waltrer Thomas Mills といった著名な社会主義者の演説がおこなわれた。したがって「オクラホマの社会主義に特異な性格を与えたものは、この宗教的感情への適応であった」。それゆえグリーン・コーン・リベレーションの事例は、中西部特有のプロテスタント的福音主義と社会主義との関連を顕著に示すものである（*MS*, pp. 93-95）。

第七節　アメリカ社会主義におけるネイティヴィズム

これまで考察してきた中西部の社会主義は、共通にネイティヴィズムという性格をもっていた。ベルによれば、「無党派連盟」は、利益集団戦術によって、限定された目的を達成したとはいえ、「革新主義的業績というより、後ろ向きで辛辣で偏狭であることの例証」である。なぜならば「無党派連盟」は、「外国人嫌いという農民社会主義の性質」を保持していたからである。このことを典型的に示している人物が、ウィリアム・レムケ William Lemke である。レムケは、「無党派連盟」の指導者となった人物である。彼は、「田舎町の精神に典型的な政治的狭隘さ」をもちあわせていた。それゆえレムケは、「利子」によって利益を得ている者、特に「国際金融業者」をその敵とみなした。ここで「国際金融業者」という言葉によって意味されているものは、いうまでもなく、ユダヤ人である。しかもレムケは、「政治」を常に「陰謀」によって操られていると捉えるので、ユダヤの金融業者の陰謀論をもちだす。このような思想をもつレムケは、最終的に一九三六年コグリン神父の「社会正義同盟」の大統領候補に推された。彼の主張は、「気まぐれの通貨改良や自由銀、孤立主義、悩み多きプチブルジョア的要素への訴えの混合物」であった。ベルは、レムケの事例を、ポピュリズムの「反動的」性格が前面に押し出されたものである、と捉えている（*MS*, p. 93）。

さきほど述べたような「ノース・ダコタの事例」に触発されて、オクラホマにおいてオスカー・アメリンガー Oscar Ameringer が、「農民＝労働者再建連盟 Farmer-Labor Reconstruction League」を組織し、オクラホマ・シティの市長であるウォルトン J. C. Walton を知事候補にたてた。連盟は、民主党からの支持の獲得によって、ウォルトンを当選させた。この点についてだけいえば、「農民＝労働者再建連盟」は、「ノース・ダコタ・無党派連盟」と同じ戦術をとり、政治的ポストを獲得することができた。しかしウォルトンは、公然とキュー・クラックス・クランに参加することによって、農民と労働者との改良への希望を裏切った。ベルによればこれは、「オクラホマにおける社会主義の政治と影響力の終焉」を示すものであった。

さらにベルは、ネイティヴィズムの権化として、ジョージア出身のトム・ワトソンTom Watsonをとりあげる。彼は、農民の抵抗の指導者であった。しかし人種問題に直面するにあたって、「気むずかしいポピュリズム」の論理が「白人優越主義の闘士」へと彼を導いた。さらに一九一三年に、北部のユダヤ人であるレオ・フランクが白人女性殺害の疑いをかけられ、リンチによって殺害された、レオ・フランク事件の後、彼は、公然と反ユダヤ主義を唱道した。中西部出身のデブスもワトソンと同じ性格をあわせもっていた。それゆえデブスは、このワトソンの死に対する哀悼の辞において彼を賞賛することになる（*MS*, p. 89）。このことは、まさにベルがいう「ネイティヴな福音主義」というデブスの性格を表している（*MS*, p. 45）。一九三〇年民主党大会においてオクラホマ州知事候補に選出されたマレーAlfalfa Bill Murrayも、同様に「頑固なネイティヴィスト」であった（*MS*, pp. 95-96）。

このように中西部の社会主義者は、一様にネイティヴィズムという特質をもっていた。そのネイティヴィズムの結果、「一般的なアメリカの公衆と同様に、西部の人々は、『ニューヨーク』の影響を恐れる」こととなる（*MS*, p. 45）。したがってこのネイティビズムは、すでに述べたニューヨークのユダヤ人社会党員と対立を生みだすことになる。その対立は、次の事件に象徴的に現れている。大恐慌以後に入党し、アメリカ共産党との共同戦線を主張するミリタントとノーマン・トーマス、さらにウィスコンシン州のミルウォーキーの社会党員は、一九三二年五月、右派であるヒルキットを全国委員長から解任し、後任にミルウォーキー市長のダン・ホーン Dan Hoan の就任を要求した。ホーンは、彼らと立場を同じくしているということはできないが、中西部特有の「ニューヨークに反対する感情をもっていた」。この動きに対して、ヒルキット派は、彼らの主張を「人種偏見」、「反ユダヤ主義の偏見」に満ちたものである、と批判した。ベルによればミルウォーキー派とトーマスとの動きは、「ニューヨークはアメリカではないという典型的な中西部の地方主義」を表したものである（*MS*, pp. 159-160）。

こうしてユダヤ人に支えられたニューヨークの社会主義と、ネイティヴィズムという特徴をもつ中西部の社会主義とは、決定的に決裂することとなる。このように労働者階級が、地域ごと、エスニシティごとに分断された状況は、ヨーロッパにおいて想定される労働者階級のそれとは全く異なるものである。ベルは、この点にアメリカ的な特質をみいだしている。

第八節　エスニシティ、リージョナリズム、マルクス主義

本章は、ベルが提起した、合衆国に社会主義が存在しない理由を検討してきた。ベルの結論は、マルクス主義の二大階級論によって想定された、ヨーロッパ的な労働者階級が、合衆国に存在しないからである。アメリカの社会主義は、中西部とニューヨークとの二大勢力によって構成されていた。中西部の社会主義は、デブスにみられるように、福音主義、協同入植地計画に示されるようなユートピア主義、ポピュリズムの影響を色濃く反映していた。他方において、ニューヨークの社会主義は、ユダヤ人というエスニックな基盤によって組織されていた。

ユダヤ人の他にも、アメリカ社会党が抱えていた外国語連盟の存在は、労働者がエスニシティを基礎に組織されていたことを端的に示している。このように地域ごとの特殊性、エスニシティごとの特殊性のゆえに、単一の労働者階級を想定することはできない。しかもすでにみたように、中西部ネイティヴィズムとニューヨークのユダヤ人とは、互いに激しく対立していた。このように二大勢力の双方が対立している状況は、合衆国に単一の労働者階級が存在しないことの何よりの証左である。

そのうえ、第三党の成立を極めて困難にする、合衆国の二大政党制が存在している。それゆえ全国的なマルクス社会主義運動の展開が、ますます困難となっている。こうした状況において、特定の要求をもった社会改革運動は、利益集団化せざるを得ない。これは、「農民連盟」や「無党派連盟」の活動にみられたとおりである。こうした利益集団戦術は、特定化された目的を達成するための特殊アメリカ的な戦術として、ベルによって積極的に評価されたものであった。この戦術がいかに特殊アメリカ的であるかは、カナダとの対比において示される。合衆国北部には、カナダとの国境線をまたいで、小麦地帯が広がっている。この地域は、経済的にいえば共通の領域を形成しており、「主にスカンジナビア移民とその子孫からなる同質的な人口を伴っている」。しかし彼らは、「合衆国とカナダとの国境線」によって分断された。したがってそれぞれの国において、この地域の農民運動は、国の実状に適応した、それぞれ異なった形態をとらざるをえない。カナダにおいては地方政府が高い自律性を保持しているがゆえに、「協同連邦党」は、その地方政府において政権を獲得することができた。ノース・ダコタ州においては、「無党派連盟は、社会党において影響力をもつことはなかったし、第三党を設立することもできなかった」。しかし「無党派連盟」は、予備選において共和党を一〇年以上、制御することができた（*MS*, p. 197）。このように同じ特色の地域においても、国境線によって分断されることによって、それぞれの国の政治的制度、政治文化に適応した戦術が必要となってくる。こうした観点からベルは、利益集団戦術をアメリカの特殊条件に適応した、優れた戦術である、とみなす。

しかしアメリカ社会党は、こうした戦術とは対照的な戦術を推し進める。この根本的な原因は、政治における「責任倫理」の重要性をアメリカ社会党が認識しなかったことにある。このことは、マルクス主義の特徴と密接に関連している。ベルは、マルクス主義の特徴を以下のようにまとめている。マルクス主義は、「歴史法則」の提示と、「一連の強力な予言」とをおこなう。すなわちそれは、資本主義がいずれ崩壊するという主張である。さらにマルクス主義は、未来に対する「一連のユートピア的目標」を掲げる（*MS*, p. 136）。これらの特徴は、「救い、すなわち千年王国が間近に迫っている」という考え方を生みだすがゆえに、マルクス主義は、「千年王国説的」性質をおびる（*MS*, pp. 6-9）。それゆえ社会主義運動は、「既存秩序全体」を「一瞬にして」変革できると考える（*MS*, pp. 6-7）。それと同時に、社会は二つの階級に分裂すると予言する、「終末論的な」二大階級論が生みだされる（*MS*, p. 11）。

こうした特徴をもったマルクス主義は、福音主義的特徴をもった中西部の社会主義と親和的であった。(9) トーマスに典型的にみられるように、中西部の社会主義は、「責任倫理」に徹することができず、当時の喫緊の課題に政治的に有効に対処することができなかった。それとは反対に、ニューヨークの社会主義者の代表であるヒルキットは、中西部の社会主義者に比べて相対的に、合衆国の実態にうまく適応しようとし、強力な労働組合をつくりあげた。こうした態度は、「責任倫理」に従うものだといえるかもしれない。しかしヒルキットもマルクス主義者であることにはかわりなかったがゆえに、ロシア革命をきっかけに合衆国の実態から遊離していく結果に陥った。ロシアにおいて起こった革命、あるいは「プロレタリア独裁」をそのまま合衆国に適用しようとする態度は、合衆国の現状を見据えた「責任倫理」に依拠するものではない。ベルの批判は、この点にむけられていた。

第九節　リプセットのアメリカ社会主義論
——マルクス主義批判から「イデオロギーの終焉」へ

アメリカ社会主義に関するベルの批判的分析をここまでみてきたが、NY知識社会の文脈にこの分析をおくと、違和感のないテーマ設定に思えてくる。ハウとコーザーは、『アメリカ共産党の歴史』を批判的に描き、またグレイザーは、『アメリカ共産党の社会的起源』について論じていた。リプセットは、一九三五年というベルと比べてもかなり早い時期に、『農民社会主義 *Agrarian Socialism*』においてカナダの農民社会主義、特に協同連邦党に関する分析をおこなっていた。リプセットは、二〇〇〇年にこのテーマをより一般化し、アメリカ社会主義の失敗の原因から、第三党運動の不成功の要因・背景の分析に進んでいる。これらの知識人は、いずれも自らが参加した運動の批判的分析・回顧をおこなっており、自らの経験に根ざした共通したテーマ設定が見受けられる。本章は、この中でも特にリプセットの著作を取り上げ、ダニエル・ベルの社会主義批判と比較してみたいと思う。その理由は、三つあげられる。①ハウやグレイザーは、アメリカ共産党を主題としているが、ベル、リプセットは、それらに比べて包括的に社会主義・ラディカリズムの運動を扱っている。ベルは、アメリカに生まれた社会主義、共産主義、ユートピア主義とみなされるあらゆるラディカルな運動を対象としているし、リプセットは、「第三党運動」とみなされる様々な運動を国際的な比較論のうちに分析している。それゆえ両者の議論は、比較可能である。②両者の議論は、一方でアメリカ社会の政治制度という視点からの分析をおこない、他方で制度を前提にしてその中で活動した社会主義者たちの思想と行動を歴史的に描くという表裏一体のものとして筆者の目には映る。もちろん当人たちは、そのような考えはなかったかもしれないが、結果的に両者の議論は、相補的なものとなっている。③リプセットも、ベルと同様の頻度と程度において、「新保守主義者」とみなされることから、両者の議論は、イデオロギー的な社会主義批判と思われがちである。しかし本節が示すように、両者の議論は、そのようなものとは全く趣を異にしている。「新保守主義」とみなされる二人の社会主義論を明らかにするということは、新保守主義とアメリカ社会学との関係を考えるうえで、極めて重要なテーマである。(10)

リプセットの制度論をここで概観しておこう。なぜ第三党運動が合衆国において成功しないか、とリプセットは問い、いくつかの例解を示しながら、その例解に批判的に応答する形で議論を進めていく。まず一般的に提示される回答は、合衆国の選挙制度が小選挙区制であるからというものである。確かに小選挙区制であれば、第三党が進出しづらくなることはあるが、しかし単に小選挙区制であれば、第三党運動は成功しないということはできない。特定の層の選挙民に支持が集中したり、既成大政党と選挙協力をおこなったりすれば、第三党が躍進する可能性は残る。実際にイギリスでは、労働党は、当初、二大政党制の中の第三党であったし、現在は反対に小選挙区制にもかかわらず、「自由民主党」は、議会において一定の勢力を保持し続けている。カナダにおいてもCCFやそれを引き継いだ「新民主党」は、議会で勢力を保持している。こうした海外との比較でみると、小選挙区制が、社会主義の失敗の直接的原因ではない、というのがリプセットの見立てである（Lipset and Marks 2000, p. 46）。

小選挙区制よりもリプセットが強調するのが、アメリカに「特異な」大統領制である。「特異な」という意味は、「選挙人団」制を指している。この「選挙人団」は、「勝者総取り」方式であるがゆえに、この仕組みの中で全国的に第三党が多数をとることは、小選挙区において多数を取ることに比べても、相当に困難となる。しかもこの仕組みは、厳格な立法権と行政権との分立に基づいているので、議員内閣制と比べても、議会において少数党がキャスティングボードを握るなどの可能性は著しく低く、行政権を握るためには、この「特異な」大統領選挙において勝利するしか道はない（Lipset and Marks 2000, pp. 49–53）。

さらに合衆国においては、二大政党の柔軟性が高いことも、第三党運動の成功を阻む傾向をもつ。合衆国の政治制度は、議院内閣制と異なって、行政府と議会とが厳格に分立しているので、議員は、自党の大統領であっても、大統領を支えるためにまとまっている必要はない。それゆえ他国に比べて、合衆国の二大政党は、イデオロギー的にまとまりがなく、議員たちが反映している利益は、エスニシティ的にも地域的にも、極めて多様である。こうした状況において大統領の指名選挙のさいには、議員たちの機会主義的な連合が組まれたり、上下院議員選挙のさいには、政党の政策綱領というよりも、選挙区の利害を反映した各議員の選好に基づいて、有権者への訴えがおこなわれる。この政党制のもとでは、小政党は、独立した政党として二大政党に挑むよりも、二大政党の一方の党内において支持を獲得したほうが、政策の実現可能性が高くなる。ベルが指摘した「無党派連盟」も、その典型的な事例の一つであろう。ただしこの事態は、別の角度からみれば、第三党にとって致命的なものとなる。二大政党は、党内に多様性を包摂しているがゆえに、躍進しつつある第三党の主張を吸収することが可能となる。第三党の訴えは、二大政党の一方によって実現されこそすれ、その後は、第三党の存在理由がなくなり、第三党は消滅していくこととなる。それゆえホフシュタッターは、第三党を刺したらすぐ死ぬ蜂に譬え、第三党は、その主張を一刺し実現するのであるが、その後に消滅していく、と述べている（Hofstadter 1955b, p. 97）。人民党の主張を体現していたブライアンを民主党の大統領候補とした瞬間に、人民党は消滅に向かったし、州レベルにおいても、諸労働者政党が訴えた労働時間の短縮要求も、二大政党によって実現されてきた[11] (Lipset and Marks 2000, pp. 65-67)。

リプセットは、このように制度論の視点から合衆国における社会主義運動の失敗と第三党成立の可能性の低さを描いた。しかしそれは、制度決定論というべきものではなく、「政治構造により、社会党指導者が選択可能な戦術は限られていたはずであり」、そこで戦術を誤ったことが、アメリカ社会主義の失敗につながったという見解である (Lipset and Marks 2000, p. 167)。したがってリプセットは、制度を中心に論じながらも、「人間の行いの因果関係」にも目を向けるべきである、と主張している (Lipset and Marks 2000, p. 264)。その「人間の行いの因果関係」を徹底して記述したのが、ベルであった。ここで指摘した内容は、ベルとリプセットの分析が同じ事態の裏表をなしていることを示している。二人の著作は、第三党成立の可能性が極めて低い制度のなかにかすかな光を模索しながらも、それを活かせなかったアメリカ社会主義の政治的行動への批判をなしている。こうした態度は、二人の新保守主義者のイデオロギー的社会主義批判というものではなく、二人の社会科学者によるアメリカの政治構造と社会主義運動に対する歴史的・制度的分析であったことを反映している。

ここまでＮＹ知識社会から輩出された二人の知識人の社会主義分析をみてきたが、彼らの自己反省としての社会主義分析の後、彼らは、「イデオロギーの終焉」というテーゼに向かう。彼らの社会主義分析はいかに「イデオロギーの終焉」に反映され、「イデオロギーの終焉」は、何を言わんとする主張であるのか、これを当時の文脈において捉え返すことが、次章の課題である。

注

（1）第二次大戦期における労働組合員数のピークは、約一四七五万人であった（堀 1995, p. 185）。

（2）「人民党 People's Party」のブライアンは、一八九六年大統領選挙に民主党大統領候補に指名された。ブライアンが主張する「銀貨の自由鋳造」は、当時の一大争点であった。この主張は、西部農民から圧倒的支持を受けていた。不況に苦しんでいた西部農民は、西部の銀鉱山において大量に採掘される銀を、無制限に貨幣として鋳造すべきである、と主張した。というのも彼らは、「銀貨の自由鋳造」によって、インフレを引き起こし、それによって、農産物価格を上昇させ、債務額の実質的減額を生じさせれば、農民の苦境を救済することができる、と考えていたからである。西部農民の経済問題を一挙に解消するという意味において、「銀貨の自由鋳造」は、まさに「万能薬」であった。

（3）ダニエル・デ・レオン Daniel De Leon（1852-1914）。一八五二年、オランダ領西インド諸島のキュラソー島に生まれる。一八七二年、コロンビア大学ロー・スクールに入学する。一八九〇年、「社会主義労働党 Socialist Labor Party」に入党する。

（4）ヒルキット Morris Hillquit（1869-1933）。一八六九年、ラトヴィアのリガに生まれる。一八八六年、合衆国に移住し、一八八八年、「統一ヘブライ組合 the United Hebrew Trades」を率いて、「社会主義労働党」に入党する。その後、デ・レオンと対立し、デブス率いる「社会民主党 Social Democratic Party」に合流する。一九一七年、三二年には、ニューヨークの市長候補に指名された。

（5）ビクター・バーガー Victor Berger（1860-1929）。一八六〇年、オーストリア＝ハンガリーのニーダー・レーバッハに生まれる。一八七八年、ウィスコンシン州ミルウォーキーへ移住した。一九一〇年には、社会党の候補として初めて連邦下院の議席を獲得した。

（6）リプセットは、ヒルキットについて、ベルと同様の評価を下している。リプセットのヒルキット評は、「改良主義者」であるが、ヨーロッパの現実的な社会主義者からみれば、十分に革命論者である、というものである。というのもヒルキットは、暴力革命論を論じている箇所があり、プロレタリア独裁制を現行のブルジョア・デモクラシーよりも高い段階にある、と判断しているからである（Lipset 2000, pp. 198-199）。

(7) ユージン・デブス Eugene Victor Debs (1855-1926)。一八五五年、イリノイ州、テレ・ホートに生まれる。父母は、フランスのアルザスからの移民であった。一九〇〇、〇四、〇八、一二、二〇年に社会党の大統領候補に指名された。

(8) ノーマン・トーマス Norman Thomas (1884-1968)。一九〇五年、プリンストン大学卒業後、一九一一年にニューヨーク市イーストハーレム教会の牧師となる。一九二八年以降の六回の大統領選挙に社会党から指名をうけた。

(9) 合衆国においては、マルクス主義に対する「タブー」ともよぶことができる、拒否反応が存在する。この原因の一つは、マルクス主義が反宗教と不可分に結びつくことである。デブスがもった福音主義的特徴は、マルクス主義とは区別された、アメリカ型の社会主義を、合衆国に広める点において一定の効果をもった。この点の積極的評価については、ベラー『破られた契約』第五章 (Bellah 1975) 参照。

(10) 両者の議論を取り扱ううえで重要なテーマは、カナダとアメリカとの比較論である。『農民社会主義 *Agrarian Socialism*』は、カナダの「協同連邦党」を分析したものであるし、ベルは、アメリカでは失敗に終わった社会主義も、カナダにおいては成功を収めた、とリプセットに依拠して述べている。しかし本章では、この議論を詳述する紙幅がないので割愛せざるを得ないが、とりあえずここでは、合衆国における社会主義の失敗の原因と背景とに分析の焦点をしぼりたい。

(11) 本論の趣旨から外れるので詳述しないが、ベルとリプセットの社会主義分析には、共通点が極めて多いし、アメリカ社会主義運動評価の決定的な部分において、リプセットは、ベルの分析に言及している。例えばヒルキットに対する両義的評価、社会党と労働組合との関係、アメリカの社会主義が極めて教条主義的であった点などがあげられる。

第三章 『イデオロギーの終焉』の同時代的文脈（1）
――アメリカン・デモクラシーとマッカーシズム

第一節 『イデオロギーの終焉』の構成とその意味

前章において検討したベルのアメリカ社会主義分析は、合衆国においてなぜ社会主義が影響力をもちえなかったのかという問題に答えようとしたものであった。この視点は、ベルの名を一躍世に広めた『イデオロギーの終焉』に直結している。本書第二章で検討した内容の要旨は、『イデオロギーの終焉』にそのまま組み込まれている。確かに『イデオロギーの終焉』は、一九六〇年に公刊された当初、イデオロギーの時代に「イデオロギーの終焉」を主張すること自体、ある一定のイデオロギー、すなわち反共主義を含意している、とみなされた。この点については、本章以降で詳細に検討することとするが、『イデオロギーの終焉』は、マルクス主義に基づいた社会分析をおこなってきたベルの自己反省の書であり、マルクス主義では、現代（アメリカ）社会を分析することができないので、それとは異なった視点から分析を試みた、という意図をもつ。この点は、ベルや「イデオロギーの終焉」が論じられるさいに見落とされてきた点であるので、本章ではこの点にまず光をあてたい。そのさいベルは、「公共社会学者」として、常にアメリカ社会の実態を分析することを主眼としていた。それゆえベルの社会分析は、『イデオロギーの終焉』が一九五〇年代に発表された論考を束ねた論文集であるがゆえに、そのまま一九五〇年代論という特徴をおびており、本章ではアメリカ社会論としての特質にも注目したい。

本章では、このような視点から『イデオロギーの終焉』を分析していくが、『イデオロギーの終焉』は、先に述べたように論文集の体裁をとっており、様々な論点を含んだ著作となっている。それゆえここで取り上げる論点を限定しなければならない。本書で扱う論点は、「マッカーシズム分析」、「NY港湾におけるエスニック集団」、「イデオロギーの終焉」という三つである。その理由は、以下のような『イデオロギーの終焉』の構成およびベルの意図にある。

『イデオロギーの終焉』を議論するさいに中心的に論じられるのは、最終章の「西洋におけるイデオロギーの終焉」の章のみである。『イデオロギーの終焉』は、三部構成となっており、第三部にいわゆる「イデオロギーの終焉」論文や前章で考察した「責任倫理と心情倫理」の論考が収録されている。「アメリカ――理論の曖昧さ」と題された第一部では、当時の社会学理論についての考察がなされている。ここではマルクス主義だけではなく、ミルズの「パワー・エリート」、「大衆社会論」の分析内容が批判され、社会学理論として有効でない、と主張される。ベルは、これら既存の理論の有効性に疑問を呈したのち、第一部の結論にあたる第六章において、「マッカーシズム」を分析するにあたって、「地位政治」という新たな概念を積極的に提示している。しかもベルのマッカーシズム論は、マッカーシズムという単に五〇年代の一事象を時論的に分析したのみならず、アメリカン・デモクラシーに内在する問題を析出しており、アメリカン・デモクラシー論としての射程をもっている。現代のアメリカン・デモクラシー理解のためにも、本章ではベルの分析の理論的側面にも光をあてたい。

さらにマッカーシズム分析には、ベルのマッカーシズムに対する政治的態度が含まれている。「新保守主義者」とみなされているベルが五〇年代の反共運動マッカーシズムにどう立ち向かったか、という点は、本書の主題にとって決定的に重要である。この点においてもベルのマッカーシズム論を考察の対象とする必要がある。

日本語訳には全く収録されていない第二部は、「アメリカ――生活の複雑性」と題され、アメリカ社会の経験的問題をより実証的に考察している。第二部の主要な論点の一つは、組織犯罪である。ベルは、『フォーチュン』の労働部門編集者であった時期に、ニューヨーク港湾の労働組合の実態について調査をおこなっており、その調査を踏まえた論考が九章の「港湾労働者」および七章の「アメリカ生活様式としての犯罪」である。ここでは港湾労働組合におけるエスニック集団の対立が描かれており、第二章でみた労働組合とエスニシティの関係という関心の連続性をうかがうことができる。さらにグレイザー、モイニハンの『人種のるつぼを越えて』との理論的関連も明らかであり、「エスニシティ研究」が今のような確立された領域ではなかった当時のニューヨーク知識社会における「エスニシティ」をめぐる議論を確認するためにも、検討に値する論考である。

「新保守主義者」は、一般的にエスニック・マイノリティに対して不寛容な態度をとり、アファーマティヴ・アクションのような政策に対しては、批判的である。当時のベルのエスニック・マイノリティに対する態度を確認するという点でも、また後のベルの思想の変遷を明らかにするという点でも、この問題をここで考察したい。

最後に、「イデオロギーの終焉」というテーマ自体を取り上げ、六〇年以降に出されたベルの論考やインタビュー、さらには論争などを跡づけながら、ベルの「イデオロギーの終焉」がもった意味と当時の文脈における意義とを明らかにしたい。

第二節　マッカーシズムの要因（I）道徳主義

マッカーシズム論においてベルは、先ほど述べたように、彼独自のアメリカ社会論に依拠しながら、マッカーシズム台頭の過程を分析している。ベルは、マッカーシズムの主要原因として、合衆国に特有の「諸潮流」に着目する。この「諸潮流」は、合衆国の底流に潜在していたが、マッカーシーによって顕在化させられ、「独特の結合」形態を示した。この「諸潮流」の結合形態が、マッカーシズムという現象であった（*EL*, pp. 112, 119. 七七、八五頁）。この過程を比喩的に説明すれば、ベルが「起爆力」とよぶ「諸潮流」は、マッカーシーによって点火され、マッカーシズムとして暴発したということができる。したがってベルによればマッカーシーは、マッカーシズムの直接の源泉としての「起爆力」というよりも、間接的な役割をになう「触媒」でしかなかった。それゆえ「触媒」としてのマッカーシーが一九五四年十二月、連邦上院の非難決議によって政治生命を断たれたとしても、すなわちマッカーシズムが「マッカーシウォズムMaCarthywasm」(1955, p. 3. 一〇頁）という過去の遺物になったとしても、この「起爆力」は、依然アメリカ社会に潜在し続けている。したがってマッカーシーに代わる新たな「触媒」が現れれば、その「起爆力」は、再び暴発する危険性を秘めている。ベルは、こうした危惧を抱いていた。

このようにベルのマッカーシズム論は、一九五〇年代の歴史的一個別現象を分析するにとどまらず、合衆国の民主主義に内在する諸問題にまでその射程を広げたものとなっている。しかも彼は、すでに述べたように、分析の基底に独自のアメリカ社会論を据えているので、アメリカ社会の「諸潮流」にまで立ち返るという視角から、アメリカン・デモクラシーの諸問題にアプローチすることが可能であった。このベル独特の分析視角は、アメリカン・デモクラシーが内包する諸問題について、今なお重要な示唆を与えてくれる。このようにベルのマッカーシズム論は、民主主義論としての性格も併せもっている。本章においては、この点にも注目したい。

ベルは、マッカーシズムの原因として第一に「道徳主義」をあげている。ベルによればアメリカ人は、特に「田舎町《スモール・タウン》」において、「極端な道徳主義」的性格を有している。道徳主義とは、現世の事柄を道徳的観点から評価することである。ベルは、この道徳主義の源泉を、「現世外のことに没入するのでなく、現世内の事柄に専念する諸宗教」にもとめる。ここでベルの念頭におかれている宗教は、「プロテスタンティズム」である（*EL*, p. 112-113. 七八頁）。なぜならばプロテスタンティズムは、「天職」概念にみられるように、現世内的禁欲主義という特徴を有しているからである。

しかし道徳主義がプロテスタンティズムに由来するとしても、プロテスタンティズムは、合衆国に固有の宗教ではない。そうであるとすれば、道徳主義を合衆国に独自の特徴と考えることはできなくなる。したがってもちろんベルは、プロテスタンティズム一般が道徳主義の源泉であると主張しているわけではない。この文脈において言及された宗教は、プロテスタンティズムのなかでも特に、「バプティスト」・「メソディスト」の「独特の福音主義」である。ベルは、二宗派の「アメリカ特有の福音主義」が道徳主義の源泉である点に着目している（*EL*, p. 113. 七八頁）。

バプティスト・メソディストは、フロンティアの西漸と共に移動しながら、野外集会において布教活動をおこなった。一八世紀の終わりから一九世紀初頭にかけて、この二宗派は、フロンティアにおける「信仰復興運動」としての性格をもった。この「信仰復興運動」は、「平等主義」と「反主知主義」という傾向を内包していた

(*EI*, p. 114. 七九頁)。この傾向は、マッカーシズムとの関連において見落とされてはならないものであるが、その点については第三節において詳述する。ここで確認しておくことは、「平等主義」と「反主知主義」とがバプティスト・メソディストに由来するというベルの注目すべき指摘である。

「平等主義」と「反主知主義」は、バプティスト・メソディストの布教活動に端的に示されている。この二宗派は、「法衣」を身につけた「伝道師」の権威を否定した。さらに彼／女らは、その権威と神学とに基づいた「正式な礼拝」、「論理的な講話」という布教の仕方も拒否した。そのような布教の仕方に代えて巡回伝道師が、誰にでも理解可能な言葉によって「福音」を説いた。その説教によって興奮させられた聴衆は、熱狂的になり、「賛美歌を大声で歌った」。このようにして民衆のあいだに呼び起こされた「熱狂主義」が、バプティスト・メソディストに多数の信者を入信させる原動力となった。(1) 合衆国においてバプティスト・メソディストは、プロテスタントのうち最大規模の宗派であることからも、この二宗派が、合衆国の「一般大衆」に大きな影響を与えてきたことが窺える (*EI*, p. 113-114. 七八－七九頁)。

福音主義の特質は、その教義にみられる「改良」の意味内容に示されている。この「改良」という言葉は、通常の意味とは異なる使い方となっている。「リベラルな」社会改良家にとって、「改良」とは、福祉立法の制定のような「制度の改良」を意味する。しかし福音主義における「改良」は、それと異なり、「人間の改良」を意味している (*E*, p. 114. 七九頁)。福音主義によれば人間の改良のためには、「行い」が道徳主義的に「統制」されなければならない (*EI*, p. 113. 七八頁)。それゆえ入信時、あるいは入信後も、信者の品行調査がおこなわれた (Weber 1906, p. 210. 八八頁)。この傾向は、「禁酒法」制定、あるいは「日曜の劇場公演の禁止」が主張されたことにも示されている。すなわち「飲酒」という「罪」にとらわれた人や、「安息日」の遵守に従わない人は、道徳的に「改良」されなければならないと考えられた（1955, p. 17. 二一頁）。ベルは、こうしてバプティスト・メソディストが合衆国の「一般大衆」に極端な道徳主義を根付かせた、と分析している（*EI*, p. 113. 七八頁）。ベルは、この道徳主義が、合衆国の第二の潮流である「ポピュリズム」を「強化」したと述べ、両者の関連に注目している（*EI*, p. 114. 七頁）。それでは次に、この「ポピュリズム」を検討することにしよう。

第三節　マッカーシズムの要因（Ⅱ－１）ポピュリズムの平等主義と反主知主義

ベルが指摘する合衆国の第二の潮流は、「ポピュリズム」である。ベルは、ポピュリズムが「極端な平等主義」に基礎づけられていると述べている。通常いわれる「平等主義」において、人は、出自のみによって地位を獲得することはできないと考えられる。その意味において、人は生まれながらにして平等である。それゆえ裕福な家庭に生まれた者もそうでない者も、誰でも平等に一票の投票権を有する。このような「平等主義」については、ベルも「了解可能」であるとしている。こうした「平等主義」と異なり、「極端な平等主義」は、「平準化」を意味する。「平準化」とは、「非凡な」才能をもつ人よりも、普通の「一般庶民《コモン・マン》」が賞賛の対象とされることである（*EI*, p. 114. 七九－八〇頁）。

ベルによれば「一般庶民」に対する賛美は、すでに一八四〇年大統領選挙に顕著にみられる。この選挙は、ホイッグ党のハリソン William Henry Harrison と、民主党のビューレン Martin Van Buren によって争われた。ハリソンは、一八一二年戦争中のティペカヌーの戦闘によって名声を得た、軍事的英雄であった。政治的手腕や政策でなく、この軍事的功績のみによって、ハリソンは、大統領候補に選ばれた。選挙期間中、彼の馬車には、

「丸太小屋」と「群衆」にふるまうための「強いリンゴ酒」とが積まれていた。なぜならばこの二つは、当時の「開拓民」すなわち「一般庶民」の象徴であったからである。つまりハリソンは、政策や政治的手腕でなく、自らが「一般庶民」出身であることを訴えることによって、支持の獲得を目指した。一八四〇年選挙は、リンゴ酒がふるまわれたことから、一般に「リンゴ酒選挙」とよばれる。ベルによればこの「リンゴ酒選挙」以降、「一般庶民」出身を強調することが、選挙戦術として合衆国に定着した。それゆえベルは、「リンゴ酒選挙」を、ポピュリズムが合衆国の政治的伝統となる起点と位置づける（*EL*, pp. 105-106. 六九―七〇頁）。

ポピュリズムがもつ「極端な平等主義」は、「反主知主義」という特徴を伴う。「極端な平等主義」においては、あらゆる人の意見は全く平等であると考えられる。したがってどんな意見に対しても優劣をつけることは不可能になる（*EL*, p. 114. 七九―八〇頁）。確かにある領域の専門家と素人とは、平等に一票の投票権を有する。しかし特定の専門領域の事柄については、素人よりもその専門家のほうが意見表明に適任であるということができる。しかしポピュリスト的「平等主義」は、そのような考えを認めず、知識人の意見表明をも受けいれようとしない。したがってこの平等主義は、知性の名において意見表明する知識人を攻撃の対象とする。ポピュリズムがもつこの反主知主義は、マッカーシズムの特徴の一つであった。

しかし平等主義は、このような否定的側面だけでなく、「肯定的側面」をももっている。ベルは、平等主義が、一部の者による情報の独占を批判し、「人民の知る権利」を支えるものである、と捉えている。「自由な報道」や「拘束のない調査」を「保障する土台」こそ、この「人民の知る権利」である。それゆえベルは、この点をポピュリズムの「肯定的側面」であると積極的に評価している。しかしポピュリズムに由来する「人民の知る権利」は、「誰かの政治的見解」を知ろうとすることにまでおよび、「プライバシーの侵害」をまねくに至る。このような「人民の知る権利」という「ポピュリスト的仮定」は、「歴史的に」議会の委員会がもつ調査権の根拠とされた。それゆえ委員会は、個人の政治的見解まで詮索する「公共の番人」の役割をになうようになった（*EI*, pp. 114-115. 八〇頁。1963, p. 42）。こうした性格をもつ委員会は、特にマッカーシズム期において、個人のプライバシー詮索の場となった。

さらにポピュリズムから発した「プライバシーの侵害」は、第一節において述べた道徳主義と結びつく。こうしてポピュリズムは、「政治的見解」をこえて、「誰かの品行」や飲酒癖がないかなどの「習慣」を詮索することにまでおよぶ。つまりポピュリズムが人の行為を判断する基準は、道徳的に「罪」かどうかという道徳主義的なものになる（*EI*, pp. 114-115. 八〇頁）。こうしてポピュリズムは、個人のプライバシーをより激しく攻撃する。道徳主義が合衆国の「ポピュリスト的性格」を「強化」したというベルの認識は、こうした事態を根拠にしている（*EI*, p. 114. 七九頁）。

このような道徳主義的ポピュリズムは、「罪」とみなされた者に制裁を加える場合、「法律」にでなく「世論」に依拠する。なぜならばポピュリズムは、「一般庶民」の意思、すなわち「世論」を賛美し、これを制裁の正統化の根拠とみなすからである。しかも「世論」は、法律よりも、制裁を容易にする。法律においては、「証拠の認定と有罪の決定」にさいして、「一連の厳格な手続き・規則」が定められている。誰かに制裁を加えるためには、その手続きを経なければならない。しかし他方において「世論」に基づく「制裁」は、こうした手続きを経る必要がない。したがって「短気な国民」である「アメリカ人」は、しばしば法律に基づく「制裁」をもどかしく思った。それゆえ「世論」による「より手っ取り早い制裁」がなされることとなった（*EI*, p. 115. 八〇頁）。

ただし「制裁」が「世論」に基づいてなされる危険性は、アメリカ人の「短気さ」のみに帰せられるものでなく、合衆国における「政治制度のポピュリスト的性格」によっても基礎づけられている。例えばイギリスにみられるような、首相が議会によって選出される「議員内閣制」は、首相と選挙民とのあいだに間接的な関係しかもたらさない。それと異なって、合衆国が採用する「大統領選挙制」において、大統領候補者は、「選挙民と直接的な関係」をむすぶ。さらに合衆国の議会制において、議会と選挙民との関係も、「ポピュリスト的性格」をもっている。すなわち選挙民は、「手紙」や「電話」、直接的な「訪問」によって、議員に要望を伝えることができる。このように合衆国の政治制度においては、イギリスの制度に比べて相対的に、「大衆が政治により直接的に接近することができる」。したがって大統領が「世論」を「扇動」しやすくなる一方、大統領や議員は、「世論」の影響を「直接的」にうける。それゆえ合衆国の政治制度において、「世論」が制裁の手段として用いられる危険性も、イギリスに比して高いということができる（1963, pp. 42-43）。ここでのベルの批判は、「世論」が政治家に与える影響自体に向けられているのでない。彼の主張の要点は、「制裁」が「世論」によってなされる危険性に警告を発することにある。

ここまでみてきたような道徳主義的ポピュリズムは、マッカーシズムにおいて顕著にみられた。マッカーシズムは、共産主義者や容共派を道徳的に「罪」であると攻撃した（*EI*, p. 120. 八六頁）。しかもマッカーシズムは、共産主義に対して道徳主義的な態度を示す「世論」に基礎づけられていた。この「世論」は、共産主義者と認められた店員を解雇すべきである、と国民の六八％が回答したほど、熱狂的であった（Stouffer 1955, p. 43. 高城 1992, p. 218）。ベルが指摘しているように、マッカーシズムを特徴づけたものは、「道徳主義」、「ポピュリズム」、「世論」に基づく制裁という三つの要素の結びつきであった。

第四節　マッカーシズムの要因（Ⅱ－2）ポピュリズムの陰謀史観

ベルによればマッカーシズムは、合衆国において伝統的にみられた陰謀史観を引き継いでいる。この陰謀史観は、ポピュリズムがもつもう一つの特徴である。ただしここでいうポピュリズムは、合衆国史上の具体的な運動を指している。すなわちそれは、南北戦争後、南部・西部の貧困な農民のあいだに起こったポピュリズム運動である。ベルは、陰謀史観の起源を、このポピュリズム運動にみいだしている。

この運動は、一八九二年、「ポピュリスト党」を結成するにいたる。ポピュリスト党は、民主党の大統領候補ブライアン William Jennings Bryan による「銀貨の自由鋳造」の主張を支持するようになり、次第に民主党に吸収されていった。ポピュリストの不満は、「鉄道会社」と「銀行業者」にむけられていた。ポピュリストは、「鉄道会社」が「貨物輸送料金の勝手な操作によって、農民に『不当な負担を負わせている』」とみなしていた。さらに「銀行業者」が「通貨と信用を引き締め」、あるいは「金利を引き上げた」ことによって、農民は、「種子の購入」、「借金の返済」が困難になったと考えられていた。このようなポピュリストの「不満」は、「しばしば現実のもの」であったが、ポピュリストは、「諸個人」でなく「諸制度」に原因があることを理解できなかった。この点において第二節のポピュリズムと同様に、本節のポピュリズムも道徳主義と結びついている。第一節において述べたように道徳主義は、「諸制度」の改革でなく、個人の「改良」を目指す。したがって道徳主義と結びついたポピュリズムは、問題の原因を「諸制度」間の「複雑な諸要因」でなく、ある「諸個人」にもとめる。このようにポピュリストは、問題を「甚だしく単純化する人々」であった。したがってポピュリスト的観点において、「産業秩序に対する不満」の元凶は、「貨幣・信用制度」そのものでなく、それを象徴する「諸個人」の「陰謀」あるいは「裏切り」であるとみなされた（*EL*, pp. 116-117. 八一―八三頁）。

このようなポピュリスト的思考の典型をなす人物が、トム・ワトソン Tom Watson であった。彼は、一八九六年大統領選挙において、ポピュリスト党の副大統領候補に指名された。小農民の利益を代弁した彼は、「ウォール街」や「国際金融業者」が農民を経済的苦境に陥れていると考えた。この「金融業者」は、「ユダヤ人」と「同一視」された。しかも彼は、この「ユダヤ人」が、「世界支配の陰謀」をたくらんでいるとみなした。つまりワトソンは、問題の元凶がユダヤ人による「世界支配の陰謀」にある、と事柄を甚だしく単純化した。それゆえ彼の攻撃の矛先は、ユダヤ人に集中されるようになった。こうしてユダヤ人攻撃の急先鋒となったワトソンは、一九二〇年、ジョージア州から連邦上院議員に選出された。地方的なポピュリズム運動から全国政治に進出したワトソンは、「南部のデマゴーグ」の「模範」となった。ベルがいう「南部のデマゴーグ」とは、一九三四年にミシシッピ州から上院議員に選出されたセオドア・ビルボ Theodore Bilbo や、ジョージア州において政治的影響力をもっていたユージン・タルマジ Eugene Talmadge のことである（*EL*, pp. 116-117. 八二―八三頁）。

「南部のデマゴーグ達」にとどまらず、アメリカ社会党の指導者であるユージン・デブスも、ポピュリズムから多大な影響をうけていた。デブスとワトソンとの関係については、すでに第二章において確認したところである（*MS*, p. 89. *EL*, p. 117. 八三頁）。「南部のデマゴーグ」のあいだだけでなく、社会党の指導者にまでポピュリズムの影響が及んでいたことは、合衆国におけるその影響力の大きさを示している。

この他に、ポピュリズムの影響を受けた人物として、ベルは、ウィリアム・レムケ William Lemke とジェラルド・ナイ Gerald Nye に注目している。彼らは、ポピュリズムのなかから登場した「無党派連盟 Non-Partisan League」に所属していた（*EI*, p. 117. 八二頁）。

すでに述べたように「ポピュリズムの思考様式に由来する、銀行家に対する疑念」は、ユダヤ人への攻撃として現れる。このことは、一九三〇年代、特に顕著であった。レムケも、この主張に同調するポピュリストの一人であった。第二章において述べたように、レムケは、一九三六年大統領選挙において、「反動的な」コグリン神父によって組織化された「ユニオン党」から、大統領候補に指名された（有賀 1993, p. 280）。「シルバー・チャーリー」の異名をとったコグリン神父は、大恐慌期に、ポピュリズムと同様に、銀鋳貨の公認を主張する「貨幣改革者」であった。しかもコグリンは、公然と反ユダヤ主義を主張していた。紙幣の増発によって農民の窮状を救おうとしたレムケは、貨幣に問題の根源があると考える点において、コグリンと一致していた。ベルがみるところ、貨幣量に経済問題の解決を求めるという共通点が、レムケとコグリンをむすびつけることとなった（*EI*, pp. 117. 八二－八三頁）。

ナイも、このようなポピュリスト的観点を共有している。ナイは、一九三四－三六年「上院軍需品製造調査委員会」の委員長を務めた。この委員会は、第一次大戦時の軍需品製造にかんする調査を行った。調査後ナイは、「死の商人」が軍需産業によって多大な利益を得ていたと述べ、第一次大戦の「原因」が利潤に対する「死の商人」の渇望である、と結論づけた。この結論は、ナイが甚だしい単純化に陥っていることを端的に示している（*EI*, p. 117. 八二－八三頁）。

「無党派連盟」に参加した人物がもった性格は、第二章において述べたネイティビズムの背景をなしている。陰謀史観がアメリカ史に通底しているという認識は、本書第四章、第七章においてもベルの分析を基礎づけていることが示される。このようなベル特有のアメリカ史観に、注意を喚起しておきたい。

このようなポピュリズム的思考は、合衆国の政治的決定に影響を与え続けてきた。ベルは、このポピュリズムの影響が蒋介石政権の崩壊をめぐる論議のなかにもみられる、と指摘している。蒋介石政権が崩壊したときに、アメリカ人は、内戦や侵略によって中国に安定した政治構造が築かれなかったことなどを含む、「複雑な理由」に留意しようとしなかった。その代わりに彼／女らは、その原因が「国務省」や「知識人」の「裏切り」にあるという単純化した認識を示した。

このように「裏切り」に原因を帰すことは、ポピュリズムの影響だけでなく、「全能」であるというアメリカ人の「自己イメージ」にも由来している（*EI*, p. 116. 八一頁）。つまりアメリカ人は、「全能」であり、失敗することなどあり得ないと考えているので、もし蒋介石政権の崩壊という外交上の失敗が起こったときには、誰かの「裏切り」か「陰謀」以外に失敗の原因を考えることができなくなる。それではこの「全能」という「自己イメージ」は、なぜアメリカ人のあいだに定着しているのであろうか。ベルは、この「自己イメージ」の源泉を、「ジェファソンの理神論」にみいだす（1963, pp. 16-18）。「ジェファソンの理神論」において、「神は超越的存在でなく、職人である」と考えられた。「職人」の設計図は、アメリカ大陸において開示されつつある。その設計図にそってアメリカ人は、「自分自身や社会、自然」をつくりかえる。こうして人間の行為を評価する規準は、人間や社会の改良がどれだけ実現されたかという規準となった。つまり人間の行為は、「業績本位」に基づいておこなわれることとなった（1963, pp. 16-18. Adams 1983, pp. 8-10）。それと同時に環境が操作可能であるという考え方から、理神論は、未来に対する「楽観主義」をともなう。「業績本位」と「楽観主義」とのこの結合は、「進歩」することができるという感覚を生みだす。この「進歩」の感覚が行きつく先は、「全能」という感覚である（1963, pp. 16-18）。

ポピュリズムによる単純化は、この「全能」の感覚を伴いながら、マッカーシズムの「背景」を形成した（*EI*, p. 117. 八三頁）。マッカーシーは、国際的な共産主義陣営の台頭が、国務省内にいる銀の匙で育った者達、すなわちニュー・ディーラーによる「裏切り」に起因すると批判した（有賀 1993, p. 358）。ベルのみるところ、合衆国の政治に根深い影響を与え続けてきたポピュリズムの特徴は、マッカーシーによる共産主義批判の仕方にもみいだすことができる。

第五節　マッカーシズムの要因（Ⅲ・Ⅳ）アメリカニズムと「地位政治」

ベルは、合衆国における第三の潮流として、「地位政治」あるいは「地位不安」という概念によって説明される事態に着目している。マッカーシズムという現象を解明するためにベルは、その現象を、マッカーシーの背後に潜む支持者集団と関連づけて分析しなければならないと考えていた（*EI*, p. 112. 七七頁）。それを可能にするものが、この「地位政治」という概念である。「地位政治」は、「地位」、すなわち「社会の威信階層における相対的な位置」が、政治における主要な争点になることを示している（Hofstadter 1955a, p. 42. 三八頁）。ベルは、リプセットとホフシュタッターによって提出されたこの概念に依拠しながら、分析を進めている（*EI*, p. 111. 七六頁）。

ベルが重視するマッカーシーの支持集団には、第一に、若干の「貴族」が含まれている。ベルは、セオドア・ローズベルトの息子、アーチボルトを「貴族」の典型としてとりあげている。アーチボルトは、反共組織「アライアンス同盟」の設立者である。この組織の反共主義的立場は、下院非米活動委員会に共産主義者の情報を提供していたことからも窺うことができる。

ベルがいう「貴族」とは、親から財産・企業を相続し、代々家族企業を経営してきた人々である。彼らは、この相続財産に基づいて「貴族」としての地位を保持していた（*EI*, p. 117. 八三頁）。しかし合衆国においては経営と所有の分離が生じ、経営には専門的技能をもった管理職があてられるようになった。つまり高い地位の獲得のためには、「財産」ではなく、「専門的技能」が必要とされるようになった。このような経営層の台頭は、「貴族」の地位を脅かしはじめた（*EI*, p. 109. 七三頁。1963, pp. 21-22）。こうして相続財産に依拠してきた「貴族」は、その地位を失いかけており、それゆえに不安感に苛まれている。彼らは、これまで保持してきた地位を守ろうとして、自らがかつて支配的地位にあった社会の価値、すなわち「アメリカニズム」をすべての人に押しつけようとする。「アメリカニズム」とは、すでに第四節において指摘した、「業績本位」、「楽観主義」、「全能性」に、「個人主義」を付け加えた諸価値である。「個人主義」は、「業績本位」に由来する。「業績本位」は、「個人」の業績への着目であり、それゆえ行為の単位として「個人」が強調されることになる（1963, pp. 16-18）。この「アメリカニズム」こそ、ベルが指摘する第四の潮流である。

「貴族」は、自らの地位を確保するために、相続財産の正当性を主張しなければならなかった。すなわち彼らは、自らの財産が、祖先個人の「業績」によって獲得されたものである、と主張しなければならなかった。アメリカニズムに依拠しなければ自らの地位を確保できないので、「貴族」は、アメリカニズムが社会の支配的価値であることを強調し、他人に対しても、それへの「同調」を強要するようになった（*EI*, p. 111. 七六―七七頁）。

「地位政治」においては地位を上昇させつつある集団についても、地位を失いかけている集団と同様のことが妥当する。つまり地位を上昇させつつある集団も、自らの地位を安定させるために、アメリカニズムへの「同調」を強要することがある。このような集団は、「新興成金」と「エスニック集団」であり、これらも、マッカーシズムの支持集団であった。「自動車販売業者」、「不動産業者」、「山師的な石油業者」などの「新興成金」は、南部や南西部の工業化、特に南部への自動車製造業の移転、土地価格の急騰、テキサスやオクラホマの石油採掘によって、経済的利益を獲得することができた（*EI*, p. 111. 七六頁。1963, pp. 26-27）。しかし「政府のおかげでなく、自分自身の力によって富を築いたという心理的保証」が、彼らには必要であった（*EI*, p. 111. 七六頁）。なぜならば実態は、その反対であったからである。戦後の南部・南西部の工業化は、連邦政府支出による軍需産業・宇宙開発産業の立地がもたらしたものである。特に石油採掘業者に対しては、巨額の減税策が実施された（Norton 1994, chap. 31）。このように「新興成金」は、自分自身の力だけで、財産を築いたのではなかった。それゆえ彼らは、政府から税として財産を奪われるのではないかと恐れていた。彼らの地位は、極めて不安定な状態におかれている、と彼ら自身は感じていた。したがって「新興成金」は、彼らの財産保有を正当化するために、財産が彼ら個人の「業績」によって獲得されたことを示さなければならなかった。こうして「新興成金」は、個人の「業績」を象徴する「アメリカニズム」に「熱狂的」にコミットするようになった（*EI*, p. 111. 七六頁）。

アイルランド系、ドイツ系の「エスニック集団」も、第二次大戦後、中産階級に上昇することができた。しかし経済的に豊かになったとはいえ、彼らは、アメリカ人としての社会的承認さえ与えられていなかった。彼らは、安定した地位を獲得していないがゆえに、不安感に苛まれ、「強迫的にアメリカ人」になろうとする（*EI*, p. 118. 八三頁）。アメリカ人である証明のために、「エスニック集団」は、「アメリカニズム」という支配的な価値観の信奉者であることを示さなければならない。特にドイツ系移民は、第二次大戦期に、合衆国に対して「不忠誠」であるという「暗黙の汚名」をきせられたので、忠誠を他の集団にもまして示す必要があった。自らの忠誠心を広く知らしめるために「エスニック集団」は、他人にも「アメリカニズム」への「同調」を強要するようになった（*EI*, p. 111. 七六―七七頁）。このように「エスニック集団」がアメリカ社会における重要な要素となることは、第二章において確認された知見であった。この「エスニック集団」が威信階層をめぐる闘争に参入してくる。ベルは、このことを、アメリカ社会の主要な特徴として指摘している。

このような「地位政治」は、社会的流動性が高く、地位が固定されていない合衆国において、特に好況期にしばしばみられる。不況期には、経済的利害をめぐって政治的闘争がおこなわれる。しかし好況期には、経済的関心は不況期よりも相対的に軽視される。ただし経済的繁栄は、社会問題をすべて解決するのでなく、「新たな社会不安」をうみだす（1955, p. 4. 一〇頁）。この不安こそ、上記の集団が経験した相対的価値剥奪、すなわち「地位不安」である。合衆国への忠誠を喧伝したマッカーシズムは、「地位政治」が展開される状況下において、「貴族」、「新興成金」、「エスニック集団」の「熱狂的」支持を獲得することができた。これが、マッカーシズムの支持集団が形成されたメカニズムである。

第六節　アメリカン・デモクラシーにおけるアメリカ共産党とマッカーシズム

ここまで合衆国における四つの潮流についてみてきた。本節において、まずこの四つの潮流が、どのようにしてマッカーシズムに結果したのかを考察したい。第二節において述べたように、確かにベルは、「極端な道徳主義」の伝統を指摘しているが、マッカーシズム以前には、アメリカ人は、「ゲームのルール」によって営まれる「政治」の領域を、「極端な道徳主義」から厳格に区別していた。政治においては、「ゲームのルール」が守られていた。それゆえ「あらゆる集団」は、政治の領域から排除されることなく、自らの利害を主張することができた。これらの集団間において、相互の「合意」を模索する「ギブ・アンド・テイクの妥協」による政治が可能であった（*EI*, pp. 112, 121-122. 七七―七八、八六―八七頁）。ただしここでいう政治は、内政に限られている。内政は、「ゲームのルール」に基づいておこなわれていたが、外交は、「道徳主義的観点」からなされていた。その理由は、次の二つである。第一に、「頽廃したヨーロッパ」から「独立した国」として出発したという合衆国の特質があげられる。アーチボルト・ローズベルトも、このようなイメージを合衆国に対して抱いていた。第二に、合衆国は、ヨーロッパにおける「利害闘争の渦中から遠く離れていた」ので、「道徳主義的純粋性」を保つことができた（*EI*, p. 120. 八六頁）。

しかし第二次大戦後から一九五〇年代にかけて、ソ連の核兵器開発による合衆国の核独占の終焉、アジア諸国の独立と中国やベトナムにおける共産主義政権の樹立、朝鮮戦争などの国際的事件が続発した（*EI*, p. 119. 八五頁）。それゆえこれらに対する外交政策が、「政治上の主要な争点」になった。その結果、政治は、「道徳主義的観点」から遂行されるようになった（*EI*, pp. 119-120. 八五―八六頁）。こうして元来合衆国の伝統である「ポピュリズム」、戦後の経済的繁栄によって生じた「地位不安」と「アメリカニズム」への同調、外交が主要な争点になることによって政治の領域にもちこまれた「道徳主義」、この四つの潮流が、「独特の結合」を示すようになった。この結合によって生みだされたものがマッカーシズムであるので、マッカーシズムは、「道徳主義的観点」から政治を取り扱う。それゆえ政治における「イデオロギー上の問題」が、「道徳的問題」と「同一視」されてしまった。ここでいう「イデオロギー上の問題」とは、通常想起されるような、共産主義か自由主義かという問題ではなく、共産主義に対して「強硬」な姿勢をとるか「弱腰」かという問題である（1955, p. 25. 二六頁）。つまり共産主義それ自体だけでなく、共産主義に「弱腰」なリベラルも、道徳主義的世論によって、「罪」と「同一視」された(*EI*, p. 120. 八六頁)。こうして共産主義者やリベラルの良心の自由までもが、侵害されることとなった。

マッカーシズムに対するベルの批判は、この点に向けられている。マッカーシズム批判に際して、ベルは、「歴史に対するリベラリズムの貢献」に依拠する。この貢献とは、「道徳性」と「合法性」との区別という、「近代自由主義社会の理論的基礎」を築いたことである。(2) まず「道徳性」は、「良心の根源的な問題」である。国家は、「良心」の自由に干渉することはできず、ある「道徳観念」を誰にも押しつけてはならない。さもなければ、最終的には、「宗教改革」後に起こったような「宗教戦争」が繰り返されることになる。それを回避するためには、「寛容の原則」に基づいて、どんな思想・信条も排除されてはならない。「寛容の原則」が確立されれば、異なる思想・信条は併存可能である。すなわち「多元的社会」が存立可能となる(*EI*, p. 122. 八八頁)。ベルは、「宗教戦争」のような深刻な社会的分裂状態を避けるためには、なによりも思想・信条の自由が保障されなければならないと主張する。

「多元的社会」は、良心の自由を保障するので、政治的意思決定の場において、どのような利益主張も受容される。そうであるならば、「諸利益の相違」は、不可避である(*EI*, p. 122. 八八頁)。したがって諸利益間の対立が生じるかもしれず、この対立は、社会の分裂にまで至る可能性がある。(3) 合衆国におけるこの顕著な例は、南北戦争であった(*EI*, p. 123. 八九頁)。ベルによればこのような事態を回避しながら、なおかつ「諸利益の相違」を保障するためには、「民主制」に依拠せざるを得ない。ベルは、なぜこのように考えるのであろうか。

すでに述べたように、政治においてあらゆる利益主張が受容されることを前提にすると、政治的意思決定手段として、「民主制」が採用される他はない。ただしベルが定義する「民主制」は、多数決の原理のみに依拠しない。もし「民主制」が多数決の原理のみに依拠するならば、少数派の利益は、多数派によって一切排除される。この場合、少数派の自由は、保障されないこととなる。しかも多数派から排除された少数派は、「民主制」それ自体を破壊しようとする危険性がある。したがって多数決の原理に依拠するだけでは、深刻な社会的分裂が招来されるかもしれない。それゆえベルは、「民主制」には「ゲームのルール」が不可欠であると主張する。「ゲームのルール」は、まず「合法性」という規準をもつ。いかなる者も、暴力などの非合法手段によって、他者の自由を侵害することは許されない。さらにベルによれば「ゲームのルール」は、「合法性」だけでなく、次のことも意味する。すなわちあらゆる利益は、「交渉」・「説得」・「妥協」という手段によって、「合意」を「追求」しなければならない。このような「ゲームのルール」の下においてのみ、諸利益間の「交渉」・「説得」・「妥協」によって、少数派の利益が、意思決定に反映される。こうして社会的分裂を回避する可能性が見いだされる。したがって「ゲームのルール」は、「民主制」の維持のために必須である。(4) それゆえ「ゲームのルール」に従う者だけが、「民主制」に参加資格を有する「正統な」成員である（*EL*, pp. 112, 121-122. 七七、八六－八七頁。1974, p. 132)。

第二章において確認したように、ベルが「ゲームのルール」を重要視したことは、「責任政治に対して反論できないように思われる」という主張にも、明確に示されている（1974, p. 132)。この「責任政治」とは、ウェーバーの「責任倫理」に基づく政治を意味している。このように民主制にかんするベルの議論は、ウェーバーに依拠したものであった。

この「ゲームのルール」が遵守されるためには、代議制が不可欠である。もちろん広大な合衆国において全有権者が「交渉」と「妥協」とをつうじて「合意」形成に至ることは、実際には不可能である。したがって全有権者が「合意」形成に参加するためには、国民投票や世論調査に示されるような、多数決の原理が採用されなければならない。すでに述べたように、もし多数決の原理のみに依拠すれば、少数派の利益を一切排除することにならざるを得ない（*EI*, pp. 122-123. 八九頁）。つまり「交渉」や「妥協」は、不可能になる。したがって「交渉」と「妥協」をつうじた「合意」の追求がなされるためには、一定数の代表者が選出される他はない。

ただしベルは、代議制の重要性を主張すると同時に、J・S・ミルの「説得的」な見解に依拠しながら、代議制から「排除された利益」が生じないようにしなければならない点に注意をうながしている（*EI*, p. 123. 八九頁。Mill 1861, p. 59. 八一頁）。「新興中産階級」や「貴族」の利益は、まさに「排除された利益」であった。すでにみたように、彼らの地位は、社会的に「承認」されていなかった。したがって彼らは、代議制において代表されず、「正統な」構成員として認められていなかった。それゆえ彼らは、マッカーシズムを「熱狂的」に支持することによって、「政治」の場において自らの「地位」を主張した。こうして「排除された利益」集団は、「ゲームのルール」に対する脅威と化した。したがって民主制の維持のために、「排除された利益」集団は、「ゲームのルール」を遵守する限り、代議制民主主義に「包摂」される必要があり、その「正統な」構成員として、「承認」されなければならない（*EI*, pp. 111, 119, 123. 七六、八五、八九頁。1974, p. 132）。

あらゆる集団を民主制に「包摂」すべきであると述べたベルは、アメリカ共産党やマッカーシーを民主制の「正統な」成員とみなすのであろうか。ベルが、アメリカ共産党とマッカーシーとを民主制においてどのように位置づけているかについて、みていこう。まずベルは、アメリカ共産党を「正統な集団」ではなく、「陰謀」集団であるとみなす。もちろんベルは、ポピュリズムが用いる「陰謀」とは異なる意味において、この言葉を用いている。ベルが共産党を「陰謀」とみなす根拠は、過去のアメリカ共産党の具体的活動にもとめられる。一九三〇年代、アメリカ共産党の戦術や人事は、コミンテルンからの指令によって決定されていた。政策やリーダーシップによってではなく、スターリンといかに親交が深いかによって、党指導者は決定されていた（*MS*, p. 133）。さらにアメリカ共産党は、労働組合や左翼組織に党員を送り込み、その組織を党の思い通りにコントロールしようと試みた。この二点以上に、共産党に対するベルの評価を決定づけた事柄は、一九三五年から採用された反ファシズム統一戦線であった。統一戦線にさいしてアメリカ共産党は、それ以前に、彼らが批判していた社会党やその他の反ファシズム勢力と手を結んだ。しかしベルによれば反ファシズム統一戦線は、共産党が彼らの「信念」を隠して、一時的に採用している戦術にすぎなかった（Dorman 2000, pp. 118, 132）。実際、一九三九年、独ソ不可侵条約が締結されると、コミンテルンの方針に引きずられて、この統一戦線は解消された。ここでベルがいう共産党の「信念」とは、彼らが「ブルジョア民主主義」とよぶ既存の民主制を暴力革命によって廃止しようとすることであった。ベルは、暴力という手段によって他者の自由を脅かす危険性が、アメリカ共産党の信念に含意されているとみなす。もし共産党員が、このような行為に及んだとしたら、民主主義社会は、その「陰謀」に対して立ち上がらなければならない（*EI*, p. 123. 八九頁）。

しかしベルによれば、マッカーシズム期はもちろんのこと、一九三〇年代においても、合衆国内の共産主義勢力は、まったく政治的影響力をもっておらず、合衆国における脅威でもなかった（1955, p. 22-24. 二四―二六頁）。それにもかかわらずマッカーシーは、冷戦期の国際社会において台頭した共産主義勢力を合衆国内の共産主義者と同一視した。こうしてマッカーシーは、国内の共産主義の脅威を喧伝し、反共的な世論を扇動した。第三節において述べたように、マッカーシズムは、共産主義者やリベラルに対して、世論に基づいた制裁を課した。しかもこの「世論」は、道徳主義と結びついていた。そもそも世論とは、言うまでもなく、多数派の主張である。したがって世論に基づく決定は、多数決の原理のみに依拠したものである。それゆえこれは、多数派による少数派の抑圧に帰結する。世論のみに基づいた意思決定は、「交渉」・「説得」・「妥協」を否定するがゆえに、「ゲームのルール」と矛盾する。したがってマッカーシズムは、「ゲームのルール」を侵害する現象であった。

しかも道徳主義的世論は、政治的意思決定の手段としてでなく、制裁の規準として用いられた。ベルによれば「制裁」は、道徳主義的世論に基づいてでなく、あくまでも普遍的な法的根拠に基づいて課されなければならない。したがってたとえ共産党が「陰謀」集団であったとしても、非合法的に活動しない限り、制裁を課されてはならない（*EL*, p. 120. 八六頁）。しかしマッカーシズム期のように、「法律」に基づいて判断される問題が、「道徳性の争点」に転化され、さらに「世論」によって根拠づけられると、「制裁」の担い手は、「法廷や正統な権威」から、「私人」へと変更される（*EL*, p. 122-123. 八八−八九頁）。そうなれば、ある特定の思想を抱く者が、恣意的な規準によって制裁を受ける。こうして共産主義者やリベラルの良心の自由が侵害された。これが、マッカーシズムによって引き起こされた事態であった。

こうして道徳主義的世論に依拠したマッカーシズムは、「多元的社会」の前提である良心の自由を侵害し、「民主制」の根幹である「ゲームのルール」を脅かした。この意味においてマッカーシズムは、「自由主義的」な「民主主義社会に対して緊張を醸成する」現象であった（1955, p. 29. 三〇頁. *EL*, p. 123. 八九頁）。

第七節 ベルのマッカーシズム論と二一世紀のアメリカン・デモクラシー

ベルのマッカーシズム論がもつ、民主主義論としての意義について、一言しておこう。本章において述べた四つの潮流のうち、ポピュリズムは、つねに合衆国の民主主義に潜む問題であり、「地位不安」は、社会的流動性が高い限り、好況期にみうけられる現象であるし、それによってアメリカニズムを信奉しようとする者も現れるであろう。マッカーシズム終息後も、合衆国が社会的流動性の高い「開放的な社会」であるかぎり、その「開放性に対して支払われる代価」として、新たな「地位不安」が再び登場するであろう（*EL*, p. 123. 八九頁）。つまりこの三つの潮流は、常に合衆国に内在する問題であり続ける。しかし一九五〇年前後に国際関係の緊張化によって、前面に押し出された政治における道徳主義は、一見すると一時的な現象のようにも思われる。その理由として、次のことが想起される。合衆国が外交を、道徳主義的観点から捉えるのでなく、「ギブ・アンド・テイクの妥協」とみなすようになった。なぜならば合衆国は、第二次大戦後、戦前の孤立主義的立場を転換し、国際社会において巨大な位置をしめるようになったからである（斉藤 1995, VI）。もしそうであるならば、政治に「道徳主義的観点」がもちこまれる可能性は、すでになくなったようにもみえる。しかしそうではない。外交が内政に「道徳主義的観点」をもちこんでいないにもかかわらず、一九二〇年代に、内政が道徳主義的におこなわれたことがあった。ベルは、その事例として禁酒法の成立を指摘している（1963, p. 43）。禁酒法は、飲酒を罪とみなす道徳主義的「世論」が法制化されたものである。これは、まさに「道徳主義」的な政治の試みであった。この禁酒法成立の事実から明らかなように、バプティスト・メソディストの伝統に根ざした「道徳主義」が合衆国に内在する限り、しかも平等主義的「ポピュリズム」がこの「道徳主義」とむすびつく限り、政治が道徳主義的におこなわれる危険は、常に潜在している。しかも九・一一のテロ事件以降、この危険性は顕著に高まっている。撤回されはしたものの「無制限の正義《インフィニット・ジャスティス》」というスローガンの元に報復攻撃に出たブッシュ政権は、単にその大統領や政権担当者の特徴という以上に、「道徳主義」的政治が全面に押し出されたものとみえてくる。

このように四つの「起爆力」は、今なお合衆国の底流に潜在すると考えることができる。したがってベルのマッカーシズム論は、一九五〇年代に起こった一時的な現象を捉えようとしただけでなく、冷戦後の二一世紀における「アメリカン・デモクラシー」理解にまで及ぶ射程をもっている。未曾有のテロ事件に直面し、危急の事態におかれた合衆国は、その社会的緊張を極度に高めた。テロ事件直後には、イスラム教徒とみなされた人々への暴力事件が報じられた。ベルの議論を踏まえるならば、このような状況において我々は、アメリカン・デモクラシーに潜在する危険性を注視しなければならないであろう。

第八節　ニューヨーク知識社会におけるマッカーシズム

ベルのこの論考の初出は、一九五五年にベルが編著者となった『急進的右翼』である。『急進的右翼』は、多くの執筆者が新たな論考を追加する形で再版された。この中で「地位政治」という概念が提示されたのであるが、これは、リプセットとホフシュタッターと共に共有されていた概念である。さらに「反主知主義」の捉え方は、ベル自身明示的に述べているわけではないが、ホフシュタッターの概念に依拠している。ここではベルの分析を析出するために、ベルの分析の全体像を提示したが、リプセットらの分析とそれほど大きく異なっているわけではない。ここで確認したいことは、「マッカーシズム」分析にさいして、彼らは、新たな政治社会学的概念を共有しつつ、当時の喫緊の社会的課題に真正面から取り組んだ。ここに彼らの知的ネットワークの一端と、さらには「公共社会学者」としての態度を明瞭に読み取ることができる。

本章の最後にベルが当時のアメリカ共産党について抱いていた批判的視点について考察し、彼の思想的特徴を明確にしておきたい。当時、（元）共産党員は、議会の委員会に呼ばれ、自らの共産党員としての経歴を告白するよう尋問された。しかし共産党員たちは、合衆国憲法「修正五条」を理由に、黙秘するという選択をした。黙秘するということは、暗に自らは共産党員である、もしくはそうであったことを示している、とみなされた。このことから彼／女らは、「修正五条コミュニスト」とよばれた。ベルは、彼／女らに対して非常に批判的である。ベルは、彼／女らが「そうだ、私は共産党員である、私の信条のために牢獄へつながれよう」と言うべきであった、と述べている。その背景には、彼／女らがベルたちに向かって、「知っているか？　今攻撃されているのは我々であるが、次は君たちの番だ！」とリベラルを脅すようなことを言ったというベルの経験があるし、さらには先に述べた共産党員が「クロンシュタットって何だ」、とベルが最も重視していた政治的事件の教訓を顧みようとしないという共産党員の態度があったと思われる（Dorman 2000, p. 118）。

このベルの見解は、本章でみたマッカーシズム分析における立論と矛盾している。というのもベルも述べているように、共産主義者であれ社会主義者であれ、公衆の面前で政治的党派や党所属の有無の告白を強要されるいわれはないからである。インタビューで述べられた見解であるという点も考慮する必要はあるが、ベルの社会分析における立論と個人的感情との間の齟齬は、アメリカ共産党員に対する個人的体験に根ざすところが大きいように思われる。

当時、ベルの盟友と目されていたクリストルは、やはり厳しい共産主義批判をおこなっている。彼の有名な「市民的自由、一九五二年」という論考においてクリストルの見解は、明瞭に示されている。ただしクリストルは、ベルとは異なり、共産主義のみならず、共産党を擁護しようとするリベラルの批判にまで踏み込む。コマジャー Henry Steele Commager などの当時の代表的なリベラリストの発言を引き合いに出しながら、「通俗的なデマゴーグ[マッカーシー]が共産主義とリベラリズムとを同時に攻撃しているからといって、リベラリズムを守るために共産主義を擁護することは、不幸な過ちである」、と述べている（Kristol 1952, p. 262）。この論考の最も論争的な部分でクリストルは、「アメリカ国民がマッカーシー上院議員について知っていること」は、彼が「反共主義者」ということである、と訴える（Kristol 1952, p. 262）。クリストルは、あくまでも共産主義を「陰謀によって指導され、全体主義を目的とする運動である」と批判している。当時ベルは、クリストルからこの論考をみせられ、先の文章を「あまりに挑発的であるので、削除したらどうか」と提案した、という。確かにこの論述のみをみると、クリストルは、まるでマッカーシーを支持しているかのように受け取られる。しかもクリストルは、ベルが合衆国内における共産主義の脅威はなかったと捉えていることに対して、「彼／女ら[共産主義者]の多くは、陰謀を企んでいるという印象を与えない」が、しかしナチ党員も「即座にガス室を連想させるわけではなかった」という言い方で、共産党員各人のパーソナリティが陰謀を想起させないにしてもその危険性を注視すべきと捉えている（Kristol 1952, p. 271）。

ベルとクリストルとは、比較的近い立場にいたとはいえ、この点は、両者の違いを浮き彫りにするものである。当時の文脈においては、反共＝親マッカーシズムという図式で政治的対立を捉えがちであり、共産主義批判のニュアンスを見分けることは容易ではないが、「新保守主義者」として一括して括られることの多いベルとクリストルとの違いは、こうしたニュアンスの違いに象徴的に示されていると考えられる。

注

（1） 巡回伝道師によってもたらされた「熱狂主義」は、ベルも指摘しているように、トクヴィルの論考にも示されている（*EI*, p. 113. 七九頁。Tocqueville 1840, Second Book, chap. XII)。

（2）ベルは、カントが「近代自由主義社会の理論的基礎」を提供している、と述べ、カントによってなされた「道徳性」と「合法性」との対照についての議論に依拠している（*EI*, p. 122. 八八頁）。

（3）ベルが指摘しているようにマディソンも、党派の不可避性という観点を共有している。それゆえマディソンも、自由の必然的結果である党派の存在に対処する仕方を検討している（*EI*, p. 122. 八八頁。Hamilton *et al.*, 1788, No. 10)。

（4）ベルは、カルフーンが政治における「妥協」を重視していることから、彼を積極的に評価している。カルフーンは、多数決の論理のみに依拠する「数的多数制」を批判した。なぜならば「数的多数制」において少数派は、多数派によって抑圧されるからである。最終的に「数的多数派」は、多数派と少数派との間に暴力的闘争を招来する。したがってカルフーンは、「競合的多数制」を主張した。なぜならばこの「競合的多数制」においては、あらゆる集団間の「妥協」によって政治が営まれるからである（*EI*, p. 122. 八九頁。Calhoun 1851)。ベルは、カルフーンのこうした主張に依拠しながら、「妥協」の重要性を強調している。

第四章　『イデオロギーの終焉』の同時代的文脈（2）
――アメリカ・マフィアとエスニック・グループ

第一節　一九五〇年代アメリカ合衆国における「マフィア」の組織犯罪

本章においては、『イデオロギーの終焉』第二部「アメリカ――生活の複雑性」を考察の対象とする。ベルは、『イデオロギーの終焉』序文において、第二部を、「微視的な」、ある地域の詳細な研究にあてる、と述べている。この「微視的な」研究とは、第九章の港湾労働者分析を指している。(1) ベルは、一九五〇年代当時、なぜ港湾労働者に着目したのか。当時、アメリカ社会において、マフィアによる組織犯罪が社会的議論の的となっていた。(2) 特にマフィアによる不法なノミ行為など、ギャンブルにまつわる問題が、国民の関心を集めていた。こうした背景において上院議員キーファーヴァを委員長とする犯罪調査委員会が設置され、ニューヨーク州を含むいくつかの州において公聴会が開かれた。特に一九四〇年代終わりから、『ニューヨーク・サン』誌のジョンソン Malcolm Johnson は、ニューヨーク港湾地域においてギャングが組織犯罪をおこない、港湾労働者を搾取しているという暴露記事を連載し、大きな反響を呼び起こした。ジョンソンは、この一連の論考によって、後にピューリッツァー賞を獲得する。映画『波止場』（一九五四年）は、「マフィア」によって港湾労働者が抑圧されている光景を描き、アカデミー賞を獲得した。このことも、港湾労働者に向けられた社会的関心がいかに高かったかを示すエピソードである。合衆国全体においても、ニューヨーク州においても、マフィアによる組織犯罪が当時の一大争点となっていた。こうした状況は、一九五〇年代から六〇年代にかけて続くこととなった(3)。

この当時ベルは、『フォーチュン』誌の労働部門の編集長を務めていた。ベルは、『フォーチュン』誌において主に労働問題を論じており、労働組合論も多数執筆している。ニューヨーク港湾における労働者問題は、労働部門の編集長ベルにとって、実践的な課題であった。こうしてベルは、ニューヨーク港湾労働者問題に取り組んでいった。

本章では、この問題がベルの思想形成過程の上で重要な部分を成していることを明らかにするが、その際、この問題に関する理論的視座も、ニューヨーク知識社会におけるネットワークによって紡ぎ出されていることに光をあてる。特にこの問題については、エスニシティ研究の先駆者であり、やはり「新保守主義者」と目されているグレイザー＝モイニハン、ベルをコロンビア大学に招聘したマートンとの知的関係に注目する。さらに「エスニシティ」に関わる問題への態度は、新保守主義者の一つの指標となり得るので、当時のベルの「エスニシティ」についての認識を探ることも、その後の彼の思想遍歴との関連において重要であると考えている。

第二節 ニューヨーク港湾労働の実態

1　ニューヨーク港湾地域の環境

まずベルは、ニューヨーク港湾の経済的側面に着目するために、独特なニューヨーク港の環境について述べる。ニューヨークのなかでも特にマンハッタン島は、特異な環境におかれていた。その特徴として、埠頭と埠頭とのあいだが狭いことがあげられている。埠頭間の間隔が狭いので、船と埠頭とのあいだでの船荷の積み下ろし作業は、困難を窮めた。雑貨 general cargo は、停泊した船の埠頭側から積み下ろしがなされたが、石炭など船荷の種類やその重量によっては、船の海上側から艀船によって積み下ろしされていた。このとき、埠頭間が狭いゆえに、艀船の往来するスペースが充分に確保されなかった。当時のニューヨーク港は、このような海上の混雑によって、船荷の積み下ろしに要する時間が、浪費される状況にあった（*EL*, p. 178）。

ベルは、ニューヨーク港湾のもう一つの特徴として、埠頭と鉄道との連絡の仕方について言及している（*EL*, p. 178）。マンハッタン島には、幹線鉄道路線に直結する埠頭が一つもなく、ハドソン川を挟んだ対岸のニュージャージー側にしか幹線鉄道路線が敷かれていなかった。したがってニュージャージーとマンハッタン島の埠頭との間は、艀船やトラックによって船荷の輸送がおこなわれなければならなかった。しかしマンハッタン島の埠頭自体も狭く、多くのトラックが入るに充分な空間はなかった。したがって二〇〜五〇台のトラックが、埠頭の外の通りに、船荷の積み下ろしのために二―三時間待たされるという状況にあった（*EL*, p. 178. Larrowe 1955, p. 1）。

こうした事情に加えて、ニューヨーク港湾地域には、他の港で利用することができた移動クレーンのような大型機械設備が存在しなかった（1951a, p. 90）。船荷の積み下ろしのために、機械の力を用いることは、港湾の構造上不可能であり、労働者の人力のみが頼りであった。

このようなニューヨーク港湾地域の環境のゆえに、船会社の輸送費のうち五〇％もの最大の支出をなすものが、船荷の積み下ろしに要する費用であった。この費用は、かつては支出のなかでもそれほど大きな項目を占めなかったが、当時のニューヨーク港においては、船舶の原価償却費、船員の給与、保険、経常費、補修費、燃料費などを超えるものとなっていた（*EI*, p. 178）。

船荷の積み下ろしに要する費用が高い割合を占めるなかで、船会社は、利潤確保のために、船荷の積み下ろしを迅速におこない、船の入港・出港の回転を速めなければならなかった。さもなければ、船会社の損失が増えてしまうからである。船の入港は、そもそも天候などの影響によって、非常に不規則であり、当時、船の入港時刻を事前に正確に知ることはできなかった。したがって船会社としては、船が入港した時に、朝だろうが夜だろうがすぐに仕事に取りかかることのできる、常に「待機している」労働力を必要とした。しかも、船を早く出港させなければならないために、この労働者は、長時間休みなしに、働くことのできる者でなければならなかった（*EI*, p. 178）。さらに必要とされる労働者数は、入港する船の数によって異なるので、船会社にとって、最も多忙な時に必要とされる労働力を常に保持しておきたかった。すなわち船会社は、「労働者の過剰供給」を必要としていた（*EI*, p. 178-179）。そうなると当然ながら、閑散期には余剰労働者は雇用されず、次の船が入港し新たな雇用が発生するまで、忍耐強く待たなければならなかった。

さらに船を早く入出港させたい船会社は、港湾労働者のストライキによって荷役作業が遅延することを恐れていたので、港湾労働者が「従順」である必要に迫られていた（*EI*, p. 178）。このような「待機し、従順である」労働力を欲している船会社は、どのように労働力を調達していたのか。労働者の雇用形態について次に概観しよう。

2　労働者の雇用形態

ニューヨーク港湾地域において通例、大手船会社は、荷役会社に仕事を請け負わせ、さらに荷役会社は、一人の「監督長 head foreman」を雇用し、荷役労働を請け負わせる。小さな船会社は、直接監督長に請け負わせていた。いずれにしろ、船会社は、その費用のうち最大部分を占める港湾荷役労働を、荷役会社、監督長に請け負わせた（Barnes 1915, p. 60）。ベルは、この監督長のことを「雇用ボス hiring boss」とよんでいるので、本章においても監督長のことを、雇用ボスと一貫して記す。この雇用ボスは、労働者を選抜し、その労働者の仕事を監督し、船会社に対して責任を負う。船会社や荷役会社は、ＮＹＳＡ（ニューヨーク船主協会 New York Shipping Association）を設立し、雇用ボスも含まれるＩＬＡ（国際港湾労働者協会 International Longshoremen's Association）と、賃金や労働条件について交渉していた（Larrowe 1955, p. 3. *EL*, p. 179）。

この雇用ボスには、ギャングのボスがついていた。なぜならば雇用ボスは、「労働者を統率し、労働者から最大の労働力を引き出さなければならないからである」（*EL*, p. 181）。船会社の立場からいっても、脅迫や暴力によってでも労働者を統率してくれる雇用ボスは、必要不可欠の存在であった。

雇用ボスは、どのように労働者を選抜していたのであろうか。ニューヨーク港において雇用は、「シェイプアップ」という形態によっておこなわれていた。「シェイプアップ」とは、埠頭において被雇用者が列に並び、そのなかから雇用ボスが、好ましいと思った者を雇用する仕方である（*EL*, p. 179. Johnson 1950, p. 134）。その内容は、以下に示すとおりである。雇用は、午前七時五五分と一二時五五分の一日に二回おこなわれていた。列に並んだ労働者のなかから、雇用ボスは、過去の港湾労働経験の有無、体格の善し悪しなどの基準によって労働者を選抜する。しかし運良く選抜された労働者も、四時間の雇用が保障されただけである。例えば朝七時五五分に雇用されても、午前中四時間の雇用が保障されるだけであり、一二時五五分には午後の雇用のためにもう一度列に並ばなければならなかった。もちろんもう一度雇用されるという保障はどこにもない（*EI*, p. 179. Johnson 1950, p. 136）。このように「開かれた形態」は、港湾地域における、極めて不安定な雇用を生みだした。

不安定な雇用状況におかれた労働者は、こうしたボスの脅しに対して従う他なかった。次に労働者はどのような編成の下で働いていたのであろうか。労働者の雇用形態についてベルは、詳細に論じていないので、次項は、主に港湾産業の「最初の研究者」と目されるバーンズの分析（Barnes 1915）に依拠しながら論述を進めていく（Larrowe 1955, p. 9）。

3　班の編成

次頁の図2に示したように、一班は、仕事の分類上、三集団に分かれていた。その三集団とは、埠頭において荷物の積み下ろしに従事する埠頭労働者、甲板においてウィンチなどを操作する甲板労働者、船倉において船荷を積み下ろしする船倉労働者である。これら三つの集団から構成される班は、一班一八人から二三人程度の労働者を含んでいた。この人数は、荷物の種類や重量に応じて変動する。当時平均的であったハッチを五つもっている船は、一〇〇－一二五人の労働者によって船荷の積み下ろしがなされていた。二〇人前後によって構成された一班は、埠頭労働者九－一二人、甲板労働者四－六人、船倉労働者六－八人に分けられる（Barnes 1915, p. 32）。この人数には、それぞれ職長が含まれており、例えばホワイト・スター社の場合、埠頭職長一人、甲板職長二人、船倉職長一人であった。職長は、それぞれの集団の指揮・監督を担う労働者であった。埠頭職長、甲板職長、船倉職長は、ハッチ職長によって統率されていた。ハッチ職長は、文字通り、一ハッチの指揮・監督を担当し、船

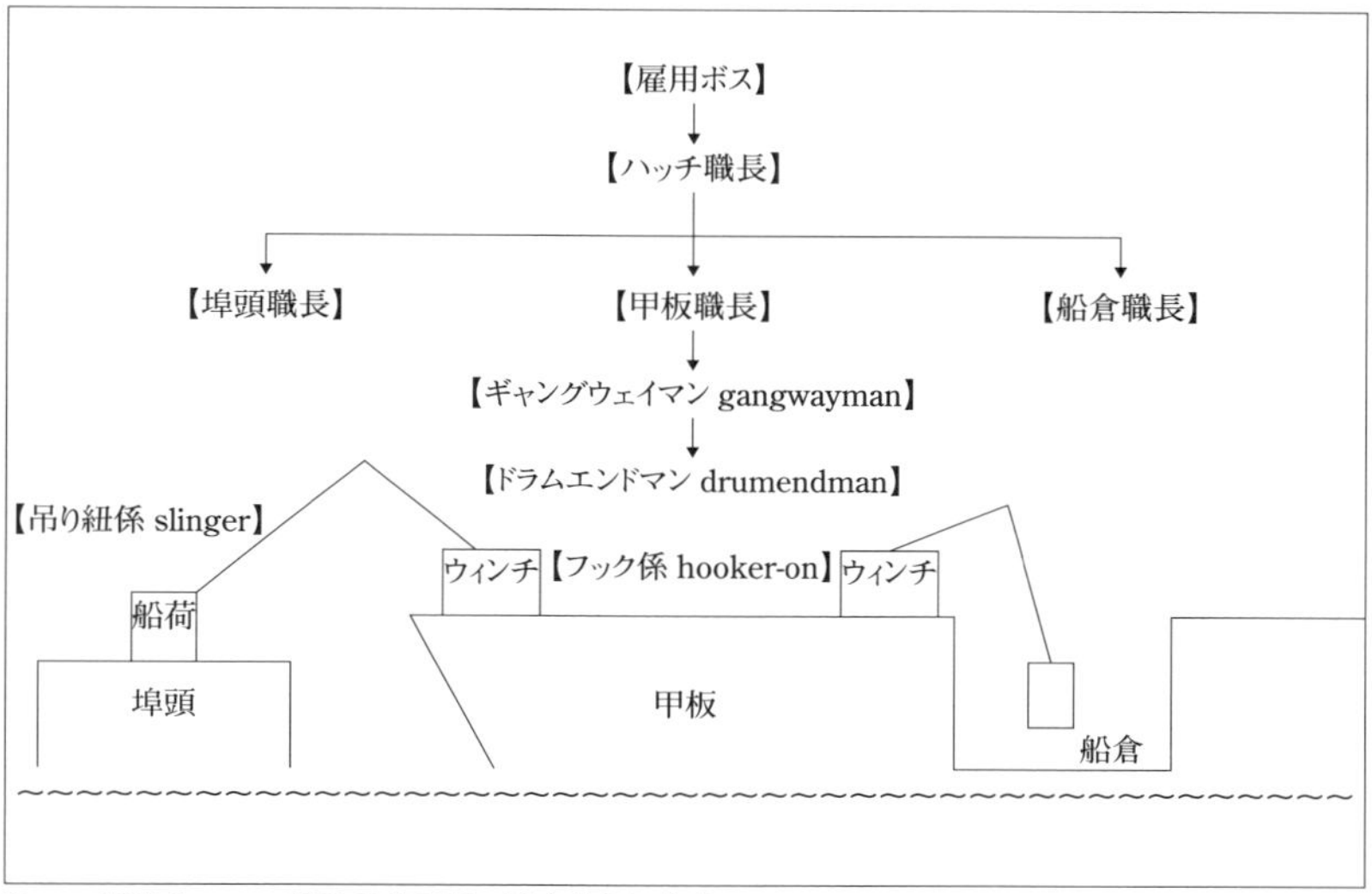

Barnes 1917, Larrowe 1955, Bell 1951a, *EI* をもとに作成.

図2　ニューヨーク港湾労働編成略図

全体の統率は、いうまでもなく、雇用ボスによってなされていた。このように編成されていた労働者は、どのような分業体制のもとで働いていたのか、次にみていこう。

埠頭から船倉へと船荷を積み込む場合、まず埠頭労働者が、船荷に「吊りひも sling」を巻く。この吊りひもをまく際に、その巻き方に技術を要することは当然であるが、さらに吊り紐をうまくまいて、船荷がずれたりしないようにしなければならない。さもなければ、ウィンチで船荷を引き上げたときに、労働者の頭のうえに船荷が落ちてきてしまい、大きな事故につながるからである（Barnes 1977, pp. 34-35)。

埠頭労働者が、船荷にしっかりと吊りひもを巻いたあと、船荷は、埠頭労働者の手を離れ、甲板労働者へと渡される。甲板にいる「ギャングウェイマン gangwayman」は、埠頭において船荷にしっかりと吊りひもが巻かれたことを確認したうえで、ウィンチ操作者である「第一ドラムエンドマン drumendman」に船荷を巻き上げるように指示する。このとき「ドラムエンドマン」は、ウィンチを何回巻けばよいのか、吊りひもがきちんとウィンチに巻かれているかといったことを確認しなければならない。こうした作業は、経験から得た「感覚」を必要とした。したがってこのようなウィンチ操作には、「経験」と「技術」とが不可欠であった(Barnes 1915, p. 37)。

こうして船荷を甲板まで引き上げたら、フック係が、船荷にかけてあるフックを掛け替える。というのも、船荷を埠頭から甲板まで引き上げるウィンチと、甲板から船倉までおろすウィンチとは、異なっているので、甲板上においてフックの掛け替えが必要となるからである。埠頭から船倉へと船荷を積み込む場合には、フック係は、それほどの技術を必要としないが、しかし船倉から埠頭へと船荷を下ろす場合、より高度な技術を要する。フック係は、ウィンチによって船倉から引き上げられた船荷に、フックを投げて掛けなければならず、このときに高度な技術を必要とする(Barnes 1915, p. 53)。

フックの掛け替えが完了したら、ギャングウェイマンは、「第二ドラムエンドマン」に合図を送り、船荷を船倉までおろすように指示する。このときどこまでウィンチをゆるめるかは、ひとえにギャングウェイマンの「勘」に頼らざるを得ない。船倉に下ろした船荷は、甲板からは見えなくなるので、ギャングウェイマンは、経験を通じて得た「勘」によって、どこでウィンチを止めるか判断しなければならない。もし船荷を下ろしすぎると、船荷は、船倉の床に激突し、船荷が傷みかねないし、船倉において働いている船倉労働者に負傷者を出してしまうかもしれない(Barnes 1915, pp. 37-39)。このようにウィンチの操作には技術が必要であるし、ギャングウェイマンにも的確な状況判断が必要とされた。こうした「甲板労働者の仕事」は、様々の種類の「判断」と「高度の責任」が必要とされ、しかもそれは、船倉や埠頭労働におけるよりも相対的により多く必要とされる

(Barnes 1915, p. 53)。こうした「熟練労働」は、クレーンの導入によって省略することが可能である。実際にニューヨーク以外の港湾においては、クレーンを導入した所も多くあった。しかしすでに指摘したように、ニューヨーク港には、当時クレーンが導入されていなかったので、依然として、このような熟練労働を必要としていた。

こうして甲板から船倉に下ろされた船荷は、船倉労働者の手に渡る。船倉においては、船荷をうまく積み込む技術が必要とされる。例えば機械や農業機器を積み込む場合、それを傷つけないように慎重に積み込まなければならない。あるいは石油樽を積み込む場合、一列目からうまく積み込まないと、積み荷作業が進んでいくにつれて、空間がなくなっていき、積み込む予定の石油樽をすべて積みきることができなくなってしまう。それゆえ船倉労働者は、船荷同士のあいだに無駄な空間が生じないように、船荷を積み込まなければならない。船荷の種類や形状によってどうしても船荷同士のあいだに隙間ができてしまう場合、その隙間を埋め、船荷が動かないように固定するために、「止め木 chocking」を用いる。この「止め木」をうまくはめ込まなければ、船の進行中に、船荷が動き、船が傾くことになってしまう。もしそうなれば、船が目的地に到着した頃には、船倉の積み荷は、使い物にならなくなるであろう。こうした事故は、実際に起こっており、船荷の積み方一つで、船会社を潰すほどの損失を出す事例もあった (Barnes 1915, p. 52)。このように船倉労働者には、「熟練労働」が要求されていた。特に船倉労働者のなかでも船倉職長は、「経験上、注目すべき明敏さをもっている」。例えば、「優秀な船倉職長」は、目測と自分のベルトによって、船倉の空いている空間を計ることによって、積み込み可能な船荷の数をほぼ正確に推測することができた。さらに異なる種類の船荷が、隣同士にならないように十分配慮し、その旨、船倉労働者に指示していた。というのも、万が一、積み荷が動いたときに、例えばバターと石油とを隣同士に積んでいたら、バターは使いものにならないからである (Barnes 1915, p. 52)。

以上みてきたように、ニューヨーク港湾労働においては、班ごとのチームワークが、非常に重要であり、いいかえると、荷役作業全体を統括する雇用ボスの統率力が、非常に重要であった。熟練を統制し、生産性を高めるために、雇用ボスは、不可欠の存在であった。このように港湾労働者のなかには多くの熟練労働が含まれていたので、ストライキが起きると、船会社は、代替労働力を簡単に見つけることができなかった。したがって船会社にとってストライキは、非常に大きな脅威であった。それゆえ労働者を完全に掌握し、いつでも労働者を使ってストライキを起こすことのできる雇用ボスは、船会社、船主協会に対して優位な立場に立っていた。船会社は、このように雇用ボスに逆らうことができない立場におかれており、しかも雇用ボスが一定の機能を果たしていたこともあって、あえて雇用ボスと彼に率いられたギャングの排除に乗り出すメリットをもちあわせていなかった。

4　港湾労働者におけるエスニックなパターン

港湾労働者には、エスニックな特徴が顕著にみられる。港湾労働には一九世紀中頃にアメリカ合衆国に到着したアイルランド系移民が従事し、一九一〇年頃のデータによれば、ニューヨーク港湾労働者数においてアイルランド系の数が一番多い。しかし一九世紀末に増加した南部イタリア系移民が、アイルランド系に替わって続々と港湾労働に従事していく。一九一〇年代、アイルランド系が最大のエスニシティであることには変わりはないが、南部イタリア系が、アイルランド系に次いで二番目に多いエスニシティとなり、ニューヨーク港湾労働者全体の三分の一を占めるようになった（Barnes 1915, p. 5）。港湾労働の種類を熟練度の高い順に並べると、それぞれの職長、甲板労働者、船倉労働者、埠頭労働者の順になる（Barnes 1915, p. 53）。一九一〇年のデータによれば、このうち職長は、アイルランド系が占めており、他方においてイタリア系は、主に埠頭労働、船倉労働に従事するか、あるいは技術を要しない石炭の積み下ろしに従事していた。イタリア系が職長を任されることもあったが、これは、イタリア系労働者が多数を占める港においてだけであった。このようにイタリア系は、アイルランド系よりも熟練を要しない仕事を任され、アイルランド系よりも低い地位に置かれていた（Barnes 1915, p. 10）。この両移民の対立関係を考慮することは、港湾労働者を分析するさいに非常に重要である。それゆえこの点については、第五節において改めて立ち返りたいと思う。

第三節　ＩＬＡにおけるギャング支配

以上のような状況におかれていた港湾労働者のほとんどは、ＩＬＡに組織されていた。すでに述べたように、雇用ボスもこのＩＬＡの組合員であり、ＩＬＡ内において雇用ボスが労働者を支配していた。それゆえＩＬＡは、港湾労働者によって構成された組織とはいえ、労働者の利益を保護する労働組合というよりも、ギャングのボスの支配装置であった。このＩＬＡは、全部で約七〇の支部から構成されており、そのうちの三〇支部が沖仲士組合であった。この支部一つは、一〜九の埠頭を管轄していた（*EI*, p. 182）。いく人かの雇用ボスたちは、これらの支部の複数を支配下に治めていた。こうしてそれぞれの地域にボスが君臨し、ニューヨーク港湾地域には、いくつかの「独立王国」が併存する状況にあった。このボスたちは、労働者と同様に、アイルランド系かイタリア系かどちらかのエスニシティであった。例えば、ハドソン川中部流域は、アイルランド系のボワー・ファミリー Bower Family に支配されており、チェルシー埠頭は、オマーラ Tim O'Mara、グリニッジ・ビレッジは、イタリア系のジョン・ダン John Dunn、ハドソン川下流域とイースト川流域は、同じくイタリア系のジョー・ランザ Joe Lanza、南ブルックリンは、アルバート・アナスタシア Albert Anastasia にそれぞれ支配されていた (1951a, p. 198)。これら指導者は、殺しあいなどの暴力的な抗争を通じて、諸地域の支配権を獲得、防衛していた。ＩＬＡ内には、こうしたボスが相並んでいたが、そのなかからＩＬＡ全体を統括する指導者が登場することとなった。この人物こそ、アイルランド系のジョセフ・Ｐ・ライアンであった。[4] ライアンは、一九二七年にＩＬＡ会長に就任後、会長職を保持し続け、一九四三年には終身会長に指名されるほど、ＩＬＡの実質的支配者であった。それゆえライアンは、ＩＬＡ会長として、ＮＹＳＡと団体交渉の名のもとに、毎年、労使交渉をおこなっていた。もちろんこの交渉に労働者の意見は、全く反映されることはなく、交渉は、ライアンの専権事項と化していた。

ライアンをはじめとするボスたちは、ＩＬＡを完全に掌握することによって、給与表の水増しなど様々な「組織的不正行為 rackets」をおこない、ここから利益を引き出していた。[5]

第四節　ＩＬＡとマシーン政治

ニューヨーク市は、当然ながら、右記のようなギャングの支配に対して、対応策を講じた。しかしライアンをはじめとするギャングが港湾支配を保持した。ベルは、この理由として、ＩＬＡと民主党マシーンとの「特異な政治的関係」に着目する。ニューヨーク市政においては、周知のとおり、民主党マシーン、タマニー・ホールが、アイルランド系の権力基盤であった。タマニー・ホールの影響力によって、アイルランド系が、ニューヨーク市政を掌握していた。もちろん同様に、ニューヨーク市警も、アイルランド系の影響下にあった。アイルランド系のライアンは、この「タマニー・ホールにおける実力者」であった（*EI*, p. 194）。ベルが指摘するように、「資金獲得」と政治的関係の確保とのために結成された「ライアン協会」のディナー・パーティーには、ニューヨーク市政の権力者たちが、数多く参加していた。一九三一年のパーティーには、当時のニューヨーク州知事フランクリン・D・ローズベルト、元知事のアルフレッド・E・スミス、当時の市長ジェームズ・J・ウォーカーらが出席した。一九五一年にも、ニューヨーク市長インペリテリ Vincent Impellitteri、ニューヨーク市警部マックェイド William MaQuade、ニューヨーク州務長官クラン Thomas J. Curran らが招かれた（1951a, p. 203. Larrowe 1955, p. 17）。さらにそのなかにタマニー・ホールに絶大な影響力を誇るビジネスマン、ウィリアム・J・マコーマック William J. McCormack が含まれていた。彼の業績は、タマニー・ホールとニューヨーク市政との緊密な関係を明瞭に示している。マコーマックは、「U・S・トラック社」や「コンクリート精製社」、「モラニア石油会社」などを所有していた。ちなみに「U・S・トラック社」の重役には、元ニューヨーク市長アル・スミスが名を連ねており、ここからもニューヨーク市政におけるタマニー・ホールの影響力の度合が明瞭にうかがうことができる。マコーマックとタマニー・ホールとの関係を基礎にして、「コンクリート精製社」は、市の建設計画にたずさわり、「モラニア石油会社」は、市へ燃料を供給していた（*EI*, p. 194）。このようにマコーマックが所有する両社は、市から多くの受注を獲得していた。ライアンは、こうしたニューヨーク市における権力の中枢と、緊密な政治的関係を築いていた。

ただしこの頃、港湾の支配体制にも、微妙な変化が現れ始める。ライアンは、先ほど述べたタマニー・ホールとの緊密な政治的関係を通じて、ニューヨーク市当局や市警による港湾への介入を排除し続けた。それゆえライアン以外のボスたち、特に市政に対する政治的影響力を全くもっていないイタリア系のボスたちは、ライアンの支配下に押さえ込まれざるを得なかった。こうした支配力を背景にして、先に示したようにライアンの会長就任以来、労使交渉は、ニューヨーク船主協会とライアンとのあいだでおこなわれ、常に平穏に決着してきた。ストライキが勃発するなどという事態は、あり得なかった。しかし一九四五年ライアンとニューヨーク船主協会との「経済的調停は、急速に崩壊した」。このことは、一九四六年から五一年にかけて、ライアンと船主協会との間の合意が成立したにもかかわらず、山猫ストライキが頻発したことに示されている。つまり港湾を掌握し、ストライキなど起こさせないほどの支配力をもっていたライアンが、ストライキの開始・終了を制御することができなくなった。こうなると、ストライキの発生を危惧しギャング支配を黙認してきた船主協会も、ライアンに従う必要はなくなり、ライアン支配は、崩壊し始めることとなる。

それではなぜライアン支配は、崩壊し始めたのか。ベルは、この理由をやや時代をさかのぼって、ラ・ガーディアの登場に見いだす。イタリア系のラ・ガーディア Firello Henry La Gurdia（1882-1947）は、一九三三年、タマニー・ホール支配に対抗すべく、ニューヨーク市長選に出馬し、勝利を収める。彼は、一九四一年にも再選され、この後、三期連続でニューヨーク市長を務める。ラガーディア政権下の市政改革によって、タマニー・ホールによる「独裁」は崩れ、「ウェストサイド・ギャング」、すなわちアイルランド系ギャングは、「警察の直接的保護」を失った。したがってイタリア系ギャングは、アイルランド系ギャングの支配下におかれる意義を失ってしまう（西山 2000, p. 358）。ニューヨーク港湾地域の状況に即していえば、アナスタシアなどのイタリア系ギャングは、ライアン支配に拘束される必要を失った。こうしてイタリア系ギャングは、ライアンに対する反抗を開始した。このようなエスニシティ間の対立は、ギャングのボスのあいだだけに限られず、港湾労働者のあいだにおいても顕著にみられた。すでに述べたように、一般的にイタリア系労働者は、アイルランド系よりも低い地位に貶められていた。アイルランド系よりもイタリア系の港湾労働者数が増加していくにつれて、イタリア系労働者は、「長きにわたるアイルランド系支配の下で、苛立っており」、彼らのボスと不満を共有していた（*EI*, pp. 197-198）。

一九三〇年代から弱体化しつつあったライアン支配の隙を衝いて、イタリア系ギャングは、彼らが支配するイタリア系労働者を指導し、ストライキをおこなわせた。山猫ストライキは、労働者を搾取する、船会社やＩＬＡに対抗して、労働者が自律的に起こしたものではなく、イタリア系ギャング、あるいはライアンに敵対心をもつアイルランド系ギャングによって指導されたストライキであった。それゆえベルによれば、このストライキは、アイルランド系ギャングからイタリア系ギャングへの支配権の移行を示唆している。

この時期、ＡＦＬは、『ニューヨーク・サン』誌上のジョンソンの暴露記事などによって、はじめてニューヨーク港湾地域における労働者の搾取状況を知るところとなり、こうした状況の改革に着手する。ＡＦＬは、ＩＬＡに強制的に組織されていた労働者を、ＡＦＬに再組織しようと試みた。こうして港湾地域には、ＩＬＡとＡＦＬとの二つの組合が併存することにより、ＮＹＳＡは、どちらが労働者の代表であるのか、見分けることができなかった。それゆえ船主協会は、タフト＝ハートリー法に従い、「全国労働関係委員会National Labor Relations Board」に、ＡＦＬとＩＬＡとのどちらが合法的な交渉相手なのか、決定して欲しい旨を伝えた。「全国労働関係委員会」の管理下において、港湾労働者による選挙によって、合法的な組合が決定されることとなった（*EI*, p. 203）。選挙権は、ニューヨーク地域内のＩＬＡ組合員のうち、前年中に港湾地域において七〇〇時間以上就労した者で、さらに港湾委員会に登録済みの者に与えられた（飯田 1973a, p. 55）。選挙の結果、九〇六〇対七五六八でＩＬＡが勝利した（*EI*, p. 204）。

ベルのみならず誰しも、「このような明らかに腐敗した搾取的な状況において、なぜ古い組合が勝利したのか」という疑問をもつであろう。ベルは、労働者が最終的にAFLよりもILAを選んだ理由として、次の二点を指摘する。

港湾労働者の雇用がいくら不安定であるといっても、すでに港湾で雇用されている労働者は、雇用における優先権を保持していた。彼らは、もしAFLという新しい組合が設立されれば、こうした既得権益が脅かされるのではないかと危惧し、AFLではなくILAを支持した。さらに第二に、ベルは、エスニックな観点の重要性を強調する。周知のとおり、アメリカ合衆国において、イタリア系移民は、親密な居住コミュニティにおいて生活していた。例えばブルックリンにおけるトニー・アナスタシアTony Anastasiaのように、イタリア系コミュニティにおいてギャングのボスの影響力は、絶大であった。こうしたコミュニティに居住する労働者に、AFLが支持を訴えることは、非常に困難であった。それゆえ結局、AFLは、イタリア系コミュニティ内に「足場を築くことができなかった」（*EI*, p. 208）。こうしてILAを通じたギャングによる労働者支配は、依然、継続することとなった。ただしベルが注目していることは、相変わらずのボスと労働者との支配・従属関係が存続したとはいえ、このボスがアイルランド系からイタリア系へと移り変わっていたことである。

近年、ドキュメンタリー映像『アメリカン・マフィア』（Royle 1993）においてもこのニューヨーク港湾の「マフィア」について光があてられている。ただし映像の中ではこの問題の内実は、詳細に描かれてはいるが、アイルランド系とイタリア系との対立という視点は皆無である。学術的研究でないといったこともあろうが、ベルの分析の独自性と鋭敏さを評価すべきであろう。

第五節　エスニシティをめぐるマートン、グレイザー、モイニハンとの理論的応答

以上のように様々な州政府、市当局の対策にもかかわらず、港湾地域におけるギャング支配を排除することはできなかった。というのも行政の対応策は、「道徳主義」や「陰謀論」に基礎づけられていたからである。こうした考え方は、港湾における「組織犯罪」についてだけでなく、ギャンブルにかんする「組織犯罪」に対しても根強く主張された。マッカーシズム論において確認したように、「道徳主義」、「陰謀論」は、どちらもアメリカ社会に潜在的な思想潮流であり、ことある毎に事態の説明論理として、アメリカ史を通じてもちだされてきた。「道徳主義」は、この文脈において、「良いヤツ」と「悪いヤツ」とを道徳主義的に区別し、イタリア系移民を「悪いヤツ」と位置づける思考法である。特に港湾労働の場合、すでに指摘したように、船が不定期に入港するので、港湾労働者は、船が来ない間、埠頭付近において待っていなければならなかった。このとき、待合い場になっていたのが、酒場であった。ただし港湾労働者は、船が入港すればただちに仕事を始めなければならず、港湾労働は、飲酒後にできるような容易な仕事ではなかったので、港湾労働者は、酒場において飲酒していたのではなく、ただ船の入港と自分のその日の雇用を待っていただけであった（Barnes 1915, pp. 16-19）。しかしカトリック系であるアイルランド系移民やイタリア系移民が、昼間から酒場に入り浸っているようにみえる光景は、プロテスタントの影響が強かった合衆国において、彼らが「不道徳」であるかのように映った。他方において、ここでいう「陰謀論」とは、特に「マフィアの神話」を指す。つまりアメリカ全土を股に掛ける「全能のマフィア」が「どこかで複雑な糸を引いているにちがいないという、アメリカ的感情」を意味する（*EI*, p. 141）。こう

した「道徳主義」、「陰謀論」に依拠して、例えばラ・ガーディア政権下において当時の地方検事トム・デューイは、「組織犯罪」解決のために、イタリア系ギャングの首領ラッキー・ルチアーノを逮捕し、刑務所へ送った。こうした行為に、イタリア系移民は、元来「悪いヤツ」であり、マフィアの首領がすべての「組織犯罪」の裏で糸を引いているに違いないという観念が、明確に示されている。さらに一九五〇年に組織された、上院議員キーファーヴァを委員長とする「組織犯罪にかんする上院調査委員会」も、同様の観念に依拠していた。それゆえ当時のイタリア系「マフィア」の首領であるコステロがすべての「組織犯罪」の根っこである、と考えられていた（*EL*, pp. 139-141）。実際にコステロに対して「禁固刑」が科されることとなるが、ベルは、こうした対応を、「社会的偽善を取り繕うためになされる、道徳性の捏造に等しい」、と厳しく批判している（*EL*, p. 148）。ベルの認識に示されているように、「マフィア」の首領を逮捕しても、それだけではいっこうに「組織犯罪」は、消滅しなかった。イタリア系移民が、なぜ「組織犯罪」に手を染めるのかという問題について、「道徳主義」や「陰謀理論」は、適切な説明を与えることはできない。ベルは、こうしたアプローチとは異なった仕方によって、「組織犯罪」がなぜアイルランド系、イタリア系移民によって担われたのか、そのメカニズムを説明している。

まずベルは、アメリカ社会の文化的背景に着目する。「開かれた」アメリカ社会において、「独行のビジネスを通じて独立しなければならないという『正常なnormal』目標」が所与とされている。さらに「社会的進歩や社会的威信」を追求するという「『道徳的』願望」が共有されている。こうした二つの価値規範は、マッカーシズム論において確認された「アメリカニズム」に由来している。しかしこうした価値規範が前提とされていながら、アメリカ社会は、少なくともこの国に到着したばかりの移民にとって、「開かれた」社会ということはできない。移民には、こうした目標を達成するための機会が与えられていない。それゆえ移民は、この目標達成を前提とした場合、周辺的な、たとえ非合法とされているような事業にさえ、携わらなければならない。このように移民にとって、社会上昇のための「梯子」は、「持続的利益のために組織された不正な活動」しか残されていない。この「組織的不正行為」は、あくまでもアメリカ的価値規範に従った場合、移民たちに残された最後の手段としての「奇妙な梯子」である（*EL*, p. 129）。ニューヨーク港湾地域において、この「奇妙な梯子」を登ったのが、アイルランド系移民とイタリア系移民であった。社会上昇の手段という意味において、「組織的不正行為」は、「社会学的にいえば」「社会における『機能』を有していた」。ベルのこのような説明は、言うまでもなく、マートンのアノミー論を下敷きにしており、この理論をニューヨーク港湾労働者分析に実証的に応用してみせたという側面をもっている。実際、マートンは、ベルの港湾労働者分析に言及し、「社会構造とアノミーにかんする」「優れた分析」である、と非常に高く評価している（Merton 1968, pp. 246-248. 一七七―一七八頁）。

この二つのエスニック・グループは、異なる時期に、梯子を登り始める。一九世紀半ばに、合衆国に到着したアイルランド系移民は、イタリア系移民よりも早く梯子を登り始め、すでに一九五〇年代には中流階級に上昇していた。中流階級に上昇したアイルランド系は、すでに「専門職業的訓練と正統な事業上の成功を獲得」するまでに至っており、こうした「組織的不正行為」に従事する必要がない位置にまで上昇していた。それゆえアイルランド系が、「地位政治」に参入することが可能であったことは、すでに前章においてみたとおりである。一九世紀末に移民してきたイタリア系は、アイルランド系に遅れて、この梯子を登り始め、一九五〇年代にようやく中流階級にたどり着きつつあった。このように「新しく来た移民集団は、それ以前に移民した集団がやっと捨て去ったばかりの社会の最下層をそれぞれ占めていた」（Merton 1968, pp. 246-247. 一七七頁）。こうした経済的・社会的階層を上昇した二つのエスニシティの時期のズレが、ギャングのボスのエスニシティの転換に関連している。アイルランド系が、中流階級に至り、すでに港湾地域における「組織的不正行為」に従事しなくてもよい状況におかれた時、イタリア系が、アイルランド系に代わって、この「組織的不正行為」に従事するようになった。ベルは、このような「組織的不正行為」にかかわる者に、「明確なエスニックな順序 ethnic succession」が存在する、と述べている(6) (*EI*, p. 147)。

したがってギャングは、不道徳であるがゆえにではなく、「擬似的」にでも「尊敬」を受けたいと願い、「彼ら自身の場所を確保しようとした」がゆえに、「組織的不正行為」をおこなった (*EI*, p. 138)。このことは、港湾における「組織的不正行為」から少し離れるが、イタリア系ギャングであるフランク・コステロ Frank Costello、ジョー・アドニス Joe Adonis の経歴に明確に示されている。両者は、禁酒法の時代に、酒の密売によって財をなし、その後もカジノなどのギャンブルによってその富を増大させた (*EI*, pp. 133, 144)。彼らは、蓄積した資金を利用して、イタリア系の政治家、裁判官を多く輩出した (*EI*, pp. 145, 147)。このような「ニューヨークにおけるイタリア系の政治的威信を確立しようとする動機」は、彼らの「個人的な」プライドから生じたというよりも、「エスニックな」プライドから生まれている (*EI*, p. 147)。ニューヨーク港湾地域においても同様に、アイルランド系、イタリア系のギャングたちは、「組織的不正行為」によって得た経済的富を通じて、「擬似的」にでも「尊敬」を獲得したいと考えた。したがってベルによれば、港湾地域におけるアイルランド系とイタリア系ギャングとの対立は、経済的・社会的階層をめぐる争いであった。

このような背景から生じた「組織的不正行為」を解消するためには、貧困者を援助する社会保障制度が、確立されなければならない。社会保障が充実すれば、貧困生活を余儀なくされる移民は、マシーン政治にとりこまれることなく、「奇妙な梯子」を昇る必要がなくなる。したがってベルは、第二次大戦後、「福祉国家」の登場により、「組織的不正行為」は、徐々に消滅しつつある、という認識を示している（*EI*, p. 150）。この提案も一般的には道徳主義的に「腐敗政治」と批判されたマシーン政治の「機能的」側面を指摘したマートンと共通している（Merton 1968, p. 248. 一七八頁）。両者の理論的応答をみると、単に相互に言及しているという以上の知的関係をよみとることができ、マートンは、ベルの指導教員であったマッキーヴァーの後任にベルをコロンビア大学に招聘したというエピソードにも、ニューヨーク知識社会の知的ネットワークの一端が垣間みえる。

ここまでみてきたように『イデオロギーの終焉』第二部においてベルは、マルクス主義にみられたような経済決定論、あるいは道徳主義、陰謀論に依拠しない方法によって、港湾労働者問題を分析した。ベルは、港湾経済、ＩＬＡとタマニー・ホールとの政治的関係、文化的要素、さらにエスニックな側面に着目し、それぞれの関連を描き出した。当時「豊かな社会」といわれた合衆国において、経済的要素は見失われがちであった。しかしベルは、いかに社会が経済的に豊かになろうとも、経済的要素の重要性はなお存続する、と述べ、港湾地域の経済的側面をも分析の対象に含めている（*EI*, p. 176）。この点に当時の社会状況からいって、まず注意を喚起しておきたい。さらにベルの分析において最も注目しなければならない点は、エスニックな側面に強調点がおかれていることである。当時のエスニシティをめぐる研究状況を考えると、ベルの分析の意義は、明らかとなるであろう。

当時、アメリカ合衆国に到着した移民は、「るつぼ」のなかで「同化」し、様々な「人種 race」が単一のアメリカ人になると考えられていた。しかしこうした「人種のるつぼ理論」に対抗して、ネイサン・グレイザーとダニエル・Ｐ・モニイハンは、『人種のるつぼを越えて』（一九六三年）を公刊した。このなかで両者は、それぞれの「人種」は、「同化」するのでなく、それぞれの「エスニシティ」は、各エスニック集団内において緊密な連帯を保ったままである、と主張した。この著作は、モイニハンが自らの出自である「アイルランド系」の章を担当し、グレイザーがその他の章を執筆する形で書かれた。ただし両者は、特にイタリア系のエスニシティについて述べるさいに、イタリア系の親密な連帯にかんするベルの分析を多々引用している（Glazer and Moynihan 1963, pp. 208-216. 二五九―二六八頁）。この点においてエスニシティ研究の先駆となった『人種のるつぼを越えて』は、ベルの業績も間接的にではあるがその一部を成している。ベルのニューヨーク港湾労働分析を念頭におけば、グレイザー＝モイニハンの共著とされる『人種のるつぼを越えて』も、ニューヨーク知識社会のネットワークから紡ぎ出された著作の一つとみなすことができる。

このようにベルは、当時の最先端の理論的資源を用いながら、それを港湾労働分析という具体的な事例に適用している。アメリカ社会学史の観点から、こうしたベルの先見性に、まず注目すべきであろう。しかもこの「エスニシティ」への着目は、『イデオロギーの終焉』第一部で示されたように当時流行していた「大衆社会論」批判という意味合いを帯びている。ベルのみるところ、「大衆社会論」は、現代社会において人間相互の「隔絶化」、「表面的な人間関係」、「匿名性」が顕著な特徴となっていると主張するが、しかし合衆国におけるエスニックな連帯をみれば、少なくともアメリカ合衆国は、「大衆社会論」が想定する社会とは、全く異なる社会であった（*EL*, p. 30. 一五頁）(7)。

ここでみたベルの議論は、現在の新保守主義からイメージされるものとはほど遠いということを最後に確認しておきたい。一概に移民の貧困を彼／女らの「自己責任」に帰すことなく、貧困のゆえに「組織的犯罪」という生業をおこなわなければならなかった移民集団の実情への眼差しがあった。そこには第一章からみてきたようにユダヤ系という出自をもち、自らも貧しい生い立ちをもったという経歴からみれば、きわめて自然なように思われるが、「新保守主義者」ベルというイメージからすると、その眼差しは、意外と映るかもしれない。しかも

『イデオロギーの終焉』という「反共イデオロギーの書」とみなされてきた著作において、このような視点が提示されているということは、その第二部が邦訳されていないこともあって顧みられることはなかった。第二部の分析をあわせて読むと、『イデオロギーの終焉』と五〇年代のベルの主張や意図は、これまでのイメージと相当異なってみえてくるであろう。次章では、「イデオロギーの終焉」それ自体の意味と意義について、当時の文脈を意識しながら考察したいと思う。

注

（1）第九章は、第七、八章のアメリカ社会における犯罪に関する分析と密接に関連しているので、本章において必要な限りで第七、八章も参照する。

（2）ベルが、港湾労働者問題について最初にふれたのは、一九五一年に『フォーチュン』誌に掲載された論文（1951a）においてである。この論考が、修正・加筆され、『イデオロギーの終焉』に第九章として収録されている。したがってここでいう「当時」とは、一九五一年当時を意味する。

（3）公聴会におけるヴァラキによる「コーザ・ノストラ」証言は、一九六三年のことであった。ヴァラキは、「コーザ・ノストラ」というマフィアの内部事情について証言し、この模様がテレビ中継された。この証言によってイタリア系「マフィア」に対する社会的関心がより一層高められた。

（4）ジョセフ・P・ライアン Joseph P. Ryan。一八八四年生まれ。一九一二年からチェルシー埠頭において港湾労働に従事し、七九一支部に所属していた。一九一八年にＩＬＡ副会長に就任し、一九二七年に会長に就任する。

（5）雇用ボスが船会社に提出する給与表に、実際働いている人数よりも多くの労働者を記載し、船会社から架空の労働者分の賃金を取得していた（1951a, p. 191. *EI*, p. 180）。この他にも雇用ボスは、ブラスチェック方式の賃金支払制度を悪用して、不正に利得を得ていた。ブラスチェック方式においては、労働者は、働いた日毎に、ブラスチェックを配られる。ただしブラスチェックは、週末になるまで換金されない。不安定かつ低額の賃金しかもらっていない労働者は、経済的余裕がないゆえに、換金日まで待つことができない。したがって換金日以前に、労働者は、ブラスチェックをある一定の割引率でギャングに売らざるを得ない。こうして換金日には、割引分の差額が、ギャングの収入となった（1951a, p. 194）。

（6） エスニシティに基礎づけられた、社会階層における序列的編成について、高城（1988）参照。

（7） ここで当時の文脈から少し離れ、ベルが指摘した「エスニシティの順序」という概念の現代的意義について付言しておきたい。ベルのいう「エスニシティの順序」は、シカゴ学派において提起された概念であるが、先にみたようにベルは、それを用いてニューヨーク港湾労働を分析した。この概念の現代的意義は、ステフェンスマイヤーらによって指摘されている。ナンバー・ギャンブルを非合法に経営しているのは、イタリア系であるという実態があるが、「エスニシティの順序」に従えば、アフリカ系がそうした非合法なビジネスに携わることが自然ではないか、という問題提起である。なぜイタリア系が非合法ビジネスに関わるかは、イタリア系コミュニティがもつ社会関係資本などの側面からアプローチがなされている（Steffensmeier and Ulmer 2006, Lee 2006）。「エスニシティの順序」が全面に押し出された研究とはいえないが、その初発の問題意識は、この概念から始まっており、ベルが扱ったような問題の現在的展開が問われ続けている。後のベルにとってもこの概念に関わる問題は、アファーマティヴ・アクションをめぐる論争において重要となってくる。

第五章　「イデオロギーの終焉」と福祉国家の登場

第一節　「イデオロギーの終焉」の意味と意義

本章では「イデオロギーの終焉」といったときに一般に想起される問題を扱いたい。すなわち『イデオロギーの終焉』の構成からいえば、第三部、特に終章の「西洋におけるイデオロギーの終焉」をめぐる論争についてである。この論争は、ベルが彼自身の思想信条としてマルクス主義をどのように相対化したのかという問題と深く関わっている。それゆえまずはこの点について考察してみたい。

ベルは、「複雑な」現代社会において、マルクス主義イデオロギーによる革命には、実現可能性がもはやないと考えた。ベルによれば、マルクス主義は、「千年王国説」的、「終末論」的に、世界「全体」を「一瞬にして」改革できると想定する（*EL*, pp. 436-437. 一七九－一八〇頁）。しかもこうした「イデオロギー」が掲げる「絶対的目的」は、「あらゆる手段を正当化する」。したがってウェーバーが指摘するように、「イデオロギー」の信奉者は、「一切の暴力の絶滅をもたらすであろう、最後の暴力の行使をうけいれる」こととなる（1973, p. 12）。こうした「千年王国説的」「イデオロギー」は、常に大衆の熱狂を政治の世界にもちこむ。その結果、「イデオロギー」としてのマルクス主義は、例えばスターリン体制下のソ連にみられるように、「世俗的宗教」となった（*EL*, pp. 399-400. 二五九頁）。「イデオロギー」としてのマルクス主義は、共産主義諸国において、「モスクワ裁判、独ソ不可侵条約、強制収容所、ハンガリー労働者に対する弾圧のような惨禍」をもたらした（*EL*, p. 402. 二六二頁）。さらにマルクス主義に依拠したアメリカ共産党、アメリカ社会党も、実質的な政治的影響力をもつことはなかった。これらのことから、ベルは、政治の領域においては、革命による救済を求めるのではなく、すでに第二章、第三章において確認したとおり、責任倫理に従って行為すべきである、と考える。こうしてベルは、マルクス主義が主張するような「革命」を一切拒否する。

ベルが「イデオロギーの終焉」というときの「イデオロギー」は、上記のような意味における「イデオロギー」を指している。こうした用語法は、「イデオロギーの終焉」に対する一般的な評価に修正を迫るものであるので、ぜひとも確認しておかなければならない。

しかしながら他方において、ベルは、いっさいの計画を排した、レッセフェール的市場経済に帰れといっているのではない。ニューディールを経た一九五〇年代において、「国家が経済においていかなる役割も果たすべきでない、と主張する『古典的』自由主義者は、ほとんどいない」（*EL*, p. 402. 二六二頁）。「資本主義の修正や福祉国家の興隆」が生じた当時の状況を考慮すれば、これは、当然のことである。こうして一九世紀的な意味における二つの「古いイデオロギー」は、その『真理』と説得力とを失ってしまった」（*EL*, p. 402. 二六二頁）。それゆえ「こんにち、西洋世界において、政治的争点について、知識人の間でおおまかな合意が存在する。［その争点とは］、福祉国家の受容、分権化された権力の望ましさ、混合経済ならびに政治的多元主義体系である」（*EL*,

pp. 402-403. 二六二頁)。
「福祉国家」への承認は、第四章の港湾労働者問題を扱ったさいにもすでにベルが抱いた立場であった。それゆえ「イデオロギーの終焉」=「福祉国家の承認」と捉えることは、ベルに思想的一貫性があるとすれば、自然であるように思われる。しかしこの解釈は、一般的な「イデオロギーの終焉」理解とは異なる。第三節で詳述するが、「イデオロギーの終焉」とは、共産主義に対する自由主義の勝利を宣言したものではない。「古典的自由主義の終焉」も含めた「イデオロギーの終焉」であり、一般に想起されるような「自由主義」を無条件に礼賛するといった類の議論ではない。さらに「イデオロギー」の意味を無限定に拡大して解釈し、「一切の思想が終焉した」といった批判がなされたが、これもベルのとる立場ではない。「千年王国説的革命イデオロギーの終焉」という限定的な言明が、ベルの「イデオロギーの終焉」である。

ここでより注視したい点は、ベルの思考がすでに古典的な二項対立図式の終焉を意味していることである。しかし冷戦の真っ只中において、このような言説を提示しても、その意図は、理解されることはなかった。なぜならば当時は、合衆国内外において冷戦に規定された二項対立図式的思考が支配的であったからである。今日の時点からみれば、「福祉国家」・「混合経済」を承認することは、常識的にみえるし、あるいは陳腐にすらみえる。しかしベルの社会民主主義的な思想的出自を考えると、体制派への妥協・転向にみえるし、この延長線上にある新保守主義化の前段階としての保守化とも受け取られる。この点については、本書の中でベルの思想的変遷を詳述していくが、とりあえずここでは、当時の文脈の中でベルが意図したことを強調しておきたい。

ベルが意図することは、ここまで述べたとおりであるが、しかしこの合意がおおまかなものであり、レッセフェール的市場経済を主張する知識人が「ほとんどいない」と述べられていることからも明らかなように、西洋に限ってみても、すべての知識人がこれに賛同するのではない。ここでいわれている知識人は、ベルを含むある特定のサークルの参加者、つまり「文化自由会議」に結集した知識人を指している。したがってこの「文化自由会議」と「イデオロギーの終焉」テーゼとの関連を次に考察していこう。

第二節　文化自由会議におけるニューヨーク知識人と「イデオロギーの終焉」

「文化自由会議 Congress for Cultural Freedom」は、反共知識人が文化における自由を追求して結集した会議である。当初、「文化自由会議」は、反共の姿勢を明確に示していたが、しかしその後、開かれたコミュニティを目指し、ソ連の雑誌編集者や共産主義者を交えて、議論を交わすこととなった。ただし「文化自由会議」には、容共リベラルから反共リベラル、厳格な反共である保守派まで様々な立場の知識人がおり、意見対立も少なくなかった。設立当初、数多く参加した、ジェームズ・バーナムのような、いわゆる反共知識人は、すぐにこの会議を去っていった。一九五〇年代に「文化自由会議」に参加していた主な知識人は、レイモン・アロン、マイケル・ポランニ、C・A・R・クロスランド、エドワード・シルズ、S・M・リプセット、ラインホールド・ニーバー、ジョージ・ケナン、カール・ヤスパースなどである（*EI*, p. 412. 一五二頁）。ベルは、この会議に設立当初から参加していない。彼は、一九五五年にアメリカ代表として初めてこの会議に出席する。その後、一九五六ー五七年には、パリに居住し、「文化自由会議」の国際セミナーのオーガナイザーを引き受けた。彼は、この期間中、パリにおいて国際セミナーを開催し、そこにおいてレイモン・アロン、クロスランド、エドワード・シルズらと議論を重ねた。このセミナーに提出したベルの論考は、『イデオロギーの終焉』の第一章、第二章の素材となっており、このことから『イデオロギーの終焉』の源泉は、「文化自由会議」にあることが明らかである。特に一九五五年ミラノ大会は、『イデオロギーの終焉』との関連において重要である。ミラノ大会においては、「自由と計画とは両立するか」という主題をめぐって議論が交わされた。ここでの議論から「イデオロギーの終焉」という主題が登場してくることとなる。ベルは、「自由と計画とは両立するか」という問いに対して、福祉国家や混合経済の興隆をみれば、両者が十分に両立する、と答える。しかもこのことについて、おおまかな合意が存在すると主張されたことは、すでにみたとおりである。実際、ベル以外の他の知識人たちも、ベルと同様の立場をとっている。例えば、リプセットは、「国家統制の増大が、民主主義的自由の衰退を結果するものではない」と主張し、「社会主義者も全能国家の危険性に対して関心を示した」と述べている。すなわちリプセットも、ベルと同様、市民の自由を脅かさずに、計画という要素を導入することは可能である、と考えていた。しかもリプセットは、ベルと認識を共有している。「伝統的な争点が比較的重要性を失ったという一般的意見の一致があった」と述べており、この点においても、シルズは、ミラノ大会において、「イデオロギー的熱狂主義の終焉」として描かれる事態が論じられた、とみなしており、「社会主義と資本主義との論争の激しさも弱まりつつあるように思われる」、とミラノ大会を振り返っている（Shils 1955, p. 54. Shils 1958, p. 455）。

このように自由と計画との両立について「文化自由会議」のなかには「おおまか合意」が存在した。しかしながら、こうした両立の可能性に真っ向から反対したのが、ハイエクである。ハイエクは、経済計画が「隷従の道」へと導くと主張し、スターリン主義の危険性に依然として警鐘を鳴らし続けた。したがって「知識人のあいだにおおまかな合意」が成立しつつあった会議の状況をみて、ハイエクは、「困惑」するほかなかった（*EI*, p.

418．一九五一一九六頁）。

ここまでみてきたように、「イデオロギーの終焉」という主題は、ベル一人が独自に発想したアイデアというよりも、ニューヨーク知識人を含む、「文化自由会議」を拠点とした知的ネットワークから紡ぎ出されたテーマであった。このテーマをベルが見事にサウンド・バイトとして、あらぬ誤解や激しい批判を巻き起こしながら、人口に膾炙させた。新保守主義者とみなされているリプセット、シルズも「イデオロギーの終焉」を唱えていたとなれば、一九五〇年代の保守化、一九七〇年代の新保守主義化という思想的変遷を、ベルも同様にたどっているというふうにみえてくる。したがって現在の地点から推測すると、「イデオロギーの終焉」に与することは、反共イデオロギーを意味しそうであるが、彼らの主張は、それに尽きるものではない。

「混合経済」、「福祉国家」の登場によって、二項対立図式的に市場の絶対性、完全なる計画化、どちらか一方に固執することはできなくなった。ただし市場の絶対性を信じることができないとしても、市場は、一つのメカニズムとして、未だ有効性を失っていない（**WP, p. 227.** 四五〇頁）。それゆえメカニズムとしての市場を、どの領域に適用するかが「混合経済」における問題となる。ベルは、この事例として環境問題をとりあげる。環境保護の観点から、工場から排出される廃ガスを規制しようとする場合、これは一見、市場メカニズムとは無縁の事例であるかのように思われる。しかしベルは、この事例への市場メカニズムの適用を有効である、と考える。環境保護のためには、環境省などの官僚機構を整備し、経済活動に規制をかける方向で対策を考える傾向がある。しかしベルの議論は、現在実施が検討されている排出権取引の仕組みを提言している。この制度の有効性等について論じることは、本書の範囲を大きく越えるが、ネオリベラリズム的市場原理主義とも、市場を排した計画経済とも一線を画した主張である点を確認しておきたい。

このような「混合経済」を運営する際に、これまでとは異なった新たな問題が浮上する。これは、いうなればベルなりの「イデオロギーとユートピア」の問題として提示される。ベルによれば「混合経済」における政策決定過程には、まず第一に具体的な目標の措定が必要である。次にこの具体的目標に「どうやって到達するか」という手段が選択され、「この事業に要する費用」が算出される。さらに「この費用を誰が支払うのか」についての考慮がなされ、その正当性が付与されなければならない（*EI*, p. 405. 二六六頁）。このようなベルの論理をみると、ただちにテクノクラートによって技術的に社会問題が解決されることを想定している、という批判が登場して来るであろう。しかしベルは、そう主張しているのではない。ベルがここでいう具体的「目標」とは、例えば失業者の生活保障のようなものである。この具体的目標達成のためには、政策決定者は、例えば、失業保険給付という手段を選択し、このための財源がどれくらいどこから調達可能かを決定しなければならない。しかしこの政策とそのための費用負担が正当化されるか否かは、より高次の目標に照らして判断されなければならない。ベルは、こうした高次の理想的な目標を「ユートピア」とよぶ。もしこうした「ユートピア」がなければ、場当たり的な具体的目標が次々と集積されるのみで、社会全体の将来設計や進むべき方針にそった改革、政策実施は、不可能となる。それゆえベルは、「イデオロギーの終焉がユートピアの終焉でないし、そうあるべきでもない」と述べている（*EI*, p. 405. 二六五頁）。

ベル自らの立場からいえば、この「ユートピア」は、「平等の理念」である。これは、マルクス主義からベルが受け継いだ遺産である。ベルのマルクス主義批判は、すでに確認したとおりであるが、しかしベルは、マルクス主義を全面的に否定していたわけではない。マルクス主義を批判しながらも、その遺産を受け継ごうとするベルは、自らの立場を「反マルクス主義者」ではなく、「ポスト・マルクス主義者」である、と位置づけている

(Dittberner 1976, p. 331)。

ベルが「ポスト・マルクス主義者」と自認する理由は、この点だけではない。ベルは、「通俗的」マルクス主義が、初期マルクスの「哲学的著作」を検討していない、と述べる。したがって彼らは、「千年王国説的」革命によって、私有財産制を打破すれば、「疎外」が消滅する、と考える。ベルによればそうではなく、「疎外」を消滅させるためには、「労働過程そのもの」を検討することが必要である。マルクスの「哲学的著作」は、「仕事と労働とにかんするヒューマニスティックな概念」を提示している。ベルは、この点に着目しながら、『イデオロギーの終焉』第一一、一五章において、労働過程論を展開している。これは、「脱工業社会」論と関連する主題であるので、ここで一言しておきたい。

「工業社会」において、あらゆる仕事は、「機械の単調なリズム」によって制御されている。このことは、工場労働者に限ったことではない。例えば、「石炭採掘工」の仕事は、「切断や運搬の機械化によって」、工場の仕事と同じ特徴を帯びるようになっている。あるいは「高速計算機、図表作成機、請求書作成機の導入は、ホワイト・カラーを、単調な機械的なペースに従わせる」(*EI*, pp. 255-256)。これらの事例は、仕事が次の三つの論理によって支配されていることから生じる。すなわちそれは、「規模の論理」、「『測量時間』の論理」、「ヒエラルヒーの論理」である。

「規模の論理」とは、労働者や機械の「集中」が「技術の観点から、効率的である」、という論理である。この論理にしたがって、「大量の労働者は、一カ所に集められる」。それゆえ労働者は、住居から仕事場まで、通勤することを余儀なくされる (*EI*, p. 231)。「『測量時間』の論理」は、フレデリック・テイラーの『科学的管理法』に依拠したものである。「テイラーは、仕事をその構成要素の作業ごとに分割し、それぞれの時間を計った」。

「これらの要素」を「最も効率的に組み合わせ」、再編成することが、「科学的管理法」であった（*EL*, p. 232）。仕事の細分化と再編成とによって、より複雑な分業体制が出現する。それゆえ労働過程全体を把握し、組織化する「新しい管理的上部構造」が必要になる。「この上部構造は、頭脳労働を、職場から可能な限り排除」し、「計画部門や設計部門に集中させる」。ライン労働者は、「生産についてのいかなる決定や修正からも切り離される」。これが、「ヒエラルヒーの論理」である（*EL*, p. 235）。

これら三つの論理は、「アッセンブリー・ライン」の出現へと収斂していく。「細分化された仕事」は、労働者に、「機械のペースに従った、一連の決められた動作」を押しつける。労働過程全体の「調整は、新しい……技術的ヒエラルヒーを生みだす」（*EL*, p. 235）。したがってアッセンブリー・ラインにおいて働く人々は、「仕事における意味づけ」を見いだすことができない（*EL*, p. 386. 二〇一頁）。ベルは、「効率性の概念への挑戦」が必要である、と主張する。それによって、労働過程の改革の可能性が生まれる。ベルは、改革の方向性として、「ジョブ・ローテーション」、細分化された作業を再度つなぎ合わせ、「作業を拡大すること」、あるいは「仕事のサイクルの延長」を提示している（*EL*, p. 262）。初期マルクスの遺産の継承という点において、ベルは、「ポスト・マルクス主義者」であった。反共イデオロギーの書と捉えられる傾向がある『イデオロギーの終焉』は、反マルクスという単純な言明というよりは、マルクスの批判的継承を主題の一つにしている。

「労働過程そのもの」の改革は、資本主義社会に限らず、社会主義社会においても同様に必要である。私有財産制を廃止したとしても、工場やその他の職場において働く人々の働き方が「機械のペース」に従っているのであれば、「疎外」の問題は、依然として存在する。それゆえどのような「所有」形態をとろうとも、労働過程は、「仕事における意味づけ」をみいだすためには、改良されなければならない。このことから明らかなように、『イデオロギーの終焉』時点において、ベルの視点は、社会主義か、資本主義かといった冷戦の思考枠組みを超えるものであった。この立場は、「冷戦イデオローグ」というベル像とは、全く相容れないものである。

ベルは、マルクスから受け継いだ「平等の理念」のもとで、「社会から排除されており、経済的資源の欠乏のゆえに、自己尊厳を保つことができない人々」に公的援助を与えるべきである、と考える。彼／女らには、「市民として社会に参加できるだけの資源が与えられなければならない」（*MS*, p. 203）。しかしこの「ユートピア」は、その名が示すとおり、完全なる意味においては、達成不可能である。まず国民国家レベルにおいて、すべての国民に十分な経済的資源が行き渡ることは、まず想定することができない。もし仮に、経済的資源が十分に存在したとしても、この資源の全く平等な配分方法を構想することは、不可能である。さらにもし経済的資源を全く平等に配分でき、経済的平等が達成されたとしても、その瞬間から、「地位」や「権威」をめぐる不平等が問題となる（*MS*, p. 203）。しかもこの「地位」や「権威」の希少性は、病院における医師と患者、大学における教師と学生、企業における上司と部下などの関係が、全く平等にならない限り、達成されない。それゆえ現代社会における社会的平等を完全な意味において達成することは、不可能である。

したがってこうした「ユートピア」としての「平等の理念」は、先ほど述べたように、より具体的な目標として特定化し、手段とその費用を考慮しながら、追求されるべきである。さもなければこのユートピアは、あらゆる手段を正当化し、一瞬にして社会を改革しようとする「イデオロギー」へと転化しかねない。ベルは、こうした危険性を危惧している。というのも、二つの「古いイデオロギー」が終焉した今、「常にそうであったように、人間には、情熱を知性に融合するなんらかの様式が必要であるという意味において、今まで以上にユートピアへの何ほどかの欲求が存在する」からである（*EI*, p. 405. 二六五頁）。ユートピアへの欲求が根強い理由の一つは、

「そうした衝動がキリスト教思想のユートピア的・千年王国説的起源に深く根ざしているから」である（*EI*, p. 410. 一四九頁）。こうした情熱が、再び「ユートピア」を「イデオロギー」に転化してしまうかもしれない。これが、ベルの危惧であった。シルズも同様に、「我々は、新しいイデオロギーの構築という誘惑を生みだすことなしに、我々の信念を再構築しなければならない」と述べ、「ユートピア」の意義とさらにその危険性とを注視している（Shils 1955, p. 60）。「イデオロギー」の終焉だけでなく、「ユートピア」の意義と危険性についても、「文化自由会議」における共通認識をみいだすことができる。

ベルは、こうしたユートピアの危険性を回避するために、ウェーバーの「責任倫理」の重要性を強調する。つまりベルは、手段や費用を考慮し、さらにその結果を見定めつつ、政治における妥協をおこないながら、「一つ一つの《ピース・ミール》」改良を行うべきであると主張する（*EI*, pp. 422-423. 1964, p. 261）。こうした主張の背景には、ベルの社会認識の転換が横たわっている。ベルによればマルクス主義は、経済的側面から社会を単一に扱った「全体論的」社会観に依拠していた。ベルは、これに対して、「複雑な」現代社会について、その「複雑性にみあった分析的区別」をおこなわなければならない、と主張している。つまりベルは、経済、政治、文化、法など様々な領域から構成される現代社会における諸領域間、諸要素間の関係を考慮しながら、社会改良を進めていかなければならない、と考えていた（*EI*, pp. 413, 422-423. 一五四、一六三頁）。

ここまでみてくると、ベル自身は、ウェーバーからの影響を受けたと述べているとはいえ、彼の叙述は、彼自身の言及はないものの、カール・ポパーの「漸次的社会工学」を想起させる。「漸次的社会工学」は、マルクス主義をユートピア工学と批判し、端的にいえば「制度をつくり、誤った部分を手直ししながら改革していく」ことを主張しているが（川村 1990, pp. 62-68）、これは、ベルの「イデオロギーの終焉」論と同趣旨の議論である。

ベルの議論を詳細にみていくと、ポパーのマルクス主義批判は、「イデオロギーの終焉」の下敷きになっていると考えられる。ここでは、「イデオロギーの終焉」と「漸次的社会工学」という一般には関連づけられ難い思想上の連関を見いだすことができる。ポパーとベルとの重なりという点からみれば、「イデオロギーの終焉」は、これまでと違った像を結ぶであろう。

第三節　「イデオロギーの終焉」論争——様々な誤解と批判

ここまでベルが「イデオロギーの終焉」というフレーズに込めようとした含意を確認してきた。ベル自ら述べるように、『イデオロギーの終焉』は、「その内容」よりも、「表題」の方が「良く知られている」(*EI*, p. 409)。それゆえ『イデオロギーの終焉』に対するあまりにも多くの誤解が存在する。このような研究状況を鑑みるとき、前節におけるその内容の確認は、必要な作業であった。前節に引き続き、本節においても、こうした多くの批判や誤解に対するベルの再反論を考察する。こうしてこれまで語られてきた「イデオロギーの終焉」理解、ベル理解を総括し、これを通じて「イデオロギーの終焉」においてベルが述べようとした要点を確認しておきたい。このように本節は、半世紀近くのあいだ流布してきた『イデオロギーの終焉』評価を覆し、新たな『イデオロギーの終焉』像の提示を企図している。

まず第一に想起される、「イデオロギーの終焉」に対する批判は、「イデオロギーの終焉」こそが保守的な「現状維持のイデオロギー」であるという批判である。ハーバー Robert A. Haber は、こうした主張を最も端的におこなった論者である (Haber 1968, p. 205)。ハーバーの他に、C・ライト・ミルズ C. Wright Mills、ルシーズとファーガニス Stephen W. Rousseas and Farganis、ロング Dennis H. Wrong などが、同様の批判をおこなっている。(1) こうした論者の見解に共通してみられることは、ベルが現状を肯定的に評価しているという理解である。それゆえ批判者たちによれば、「イデオロギーの終焉」は、まさにイデオロギーが終焉したと宣言しておきながら、それ自体が「現状維持」擁護のイデオロギーとなっている。

このような批判に対してベルは、真っ向から反論する。まずベルは、批判者たちがいう「現状」とは何か、と問う。ベルは、「漸次的」社会改革を主張したことから明らかなように、社会を単一のものとして捉える「全体論的」社会観に依拠しない（*EI*, p. 413）。それゆえベルの多元的社会観は、経済領域が他の領域すべての趨勢を決定づける、とみなす経済決定論とは相反する。例えば、「民主政治は、市場経済の産物でなく、法体系や自由・権利の伝統に独立した根源をもっている」。反対にブルーカラーからホワイトカラーへの「職業構造」の転換は、政治的原因によって生じたと言うよりも、テクノロジーの発展の結果である。このようにベルは、現代社会における様々な領域を想定している。それゆえ経済、政治、文化、あるいはその他の、どの領域の現状なのかを特定しない限り、「現状」という用語は、実質的な内容を指示することはできない（*EI*, p. 413）。こうして批判者たちと全く異なる視座構造にたつと述べたうえで、ベルは、明確に「社会民主的方向への漸次的変化」を擁護する、と主張する（*EI*, pp. 413, 422-423）。したがってベルを現状維持擁護論者とみなすことは、甚だしい誤解である。

「イデオロギーの終焉」に対する批判として、第二に、ベルは社会問題を技術的問題と捉えているという批判が、あげられる。ベルは、先に示したように、確かに具体的目標の特定、その手段の選択、費用の算出、その費用を誰が支払うのかについての正当性といった問題を考慮すべきである、と主張した。このようなベルの立論をとらえて、批判者たちは、次のように批判する。すなわちベルは、すべての社会問題を「技術的調整」の問題と捉え、「技術者、専門家」によって解決されるものである、と極めて楽観的に考えている(2)(Wrong 1960, pp. 122-123)。

ベルは、こうした批判に対して、確かに「社会政策にとっての経験的基盤の必要性を、常に認識してきた」と率直に認めている。ある具体的目標が所与である場合、この目標達成のために手段選択、費用計算について、「技術的能力」が要求されることは事実である。ここではテクノクラートの役割が重視されるであろう。しかしベルは、そのうえで、「政策の定式化における原則と価値との優先性」を主張している(*EI*, p. 423)。このことは、ベルが「ユートピア」の重要性を強調していることからも明らかである。この「ユートピア」としての理想的目標に照らして、具体的目標は、決定される。しかもこの具体的目標は、テクノクラートによって決定されるのでなく、政治的問題として扱われる。テクノクラートは、目標が決定された後、この目標達成のための手段選択、費用計算において力を発揮する存在である。このことは、後に「脱工業社会」論において確認される事柄である(『脱工業社会の到来』「第六章　支配するのは誰か——脱工業社会における政治家とテクノクラート」)。このようにベルは、「政治の問題」が「計算」と「調整」によって解決されるとは考えていないし、理想的目標をめぐっての論争は、依然続くので、「政治哲学」の問題がなくなるとも主張していない。これらのことは、一般的に流布している「イデオロギーの終焉」理解と全く異なるので、特に強調しなければならない。

第三は、ベルによるウェーバーの「責任倫理」理解をめぐる批判である。エイケンは、ベルが、「プラグマティックな対話の開始」を宣言し、それと同時に「一般的原則についての言説」の終焉を主張している、と批判する。これに応えてベルは、確かに「プラグマティックな対話」への信念を保持している、と認める。しかしベルにとって「プラグマティックな対話」は、無原則を意味しない。ベルの議論をみれば明らかなように、「プラグマティックな対話」の基礎には、「ゲームのルール」の共有がなければならない。この対話への参加者は、この「原則」を受けいれ、ぎりぎりの「妥協」を目指して相手と対話し続けなければならない（1964, p. 264）。ベルにいわせれば、エイケンのような批判者は、こうした側面を見逃している。

ルシーズとファーガニスは、ベルの「責任倫理」理解の不正確さを指摘する。ルシーズらによれば、ベルは、ウェーバーの「責任倫理」のみを重視し、「心情倫理」を一切否定する。しかしウェーバーは、「責任倫理」と「心情倫理」とが「両々相まって『政治への天職』をもちうる真の人間をつくり出す」、と述べている。ルシーズらは、この点を指摘し、「責任倫理」と「心情倫理」とが「絶対的な対照ではない」、と述べている。このように「ベルの安易な解釈とは対照的に、ウェーバーは、情熱のない政治を主張しなかった」（Rousseas and Farganis 1963, p. 211）。ルシーズらは、こうしてベルのウェーバー理解が一面的であると論じている。確かにウェーバーは、『職業として政治』の末尾において、「不可能と見えるものへの挑戦なくして可能なことも成就したためしがない」、と述べている（Weber 1919, S. 252. 一〇五頁）。この点は、ウェーバー研究者である雀部が敷衍しているとおり、「その『不可能』なものは、一種の理想、理念として、われわれの可能な……行為を引っぱり、それを不断に前進させるもの」である。それゆえ「『余の辞書には不可能という文字はない』と思いこみえてこそ初めて、可能的行為へのエネルギーも横溢する」。もちろん「責任倫理にしたがって行為する者」としては、「その不可能なもの、つまり理想ないし理念の限界性」をわきまえていなくてはならない（雀部 1993, p. 57）。ルシーズらは、ウェーバーの「責任倫理」と「心情倫理」との緊張関係をベルが理解していない、と批判する。

しかしながらベルのウェーバー理解も、ルシーズの理解と異なっていない。ベルは、「ユートピア」の終焉を危惧し、この意義を確認している。ベルは、「責任倫理」に徹しながらも、情熱をもって「ユートピア」の探求に邁進しようとした。これは、ウェーバーにも相通ずる立場である。それゆえベルのウェーバー理解が不正確であるという批判は、あたらない。

このように明らかにベルは、「イデオロギーの終焉」の基礎にウェーバーの議論をおいている。ベルがウェーバーから受けた影響は、ベルの思想形成にとって極めて重要であるので、ここで一言しておきたい。ベルは、マルクス主義からある意味における転向を図った時期である一九四五年、講師としてシカゴ大学へ赴任する。そこでベルは、シェルティング Alexander von Schelting と出会い、ウェーバーについて一緒に研究した。ベルは、マルクス主義に依拠していた時期、その「人間の本性と社会の本性とについての」「楽観主義的観点」に依拠していた。しかし当時「戦争とホロコーストとの衝撃」に直面していたユダヤ系であるベルは、こうした「楽観主義的観点」を改めざるを得なかった。この時期にベルは、ウェーバーを読み、すでに確認したように、現代社会が自分の「想像していたよりも複雑である」ことを学んだ。それゆえベルは、さらに政治における「責任倫理」の不可欠性、「千年王国的革命」ではなく「ゆっくり進むこと」、すなわち「漸次的」改革が重要であること、を痛切に感じた。こうしてベルは、「ウェーバーの思想に、より引き込まれるようになり、マルキストというよりもむしろウェーベリアンとなった」(Dittberner 1976, p. 319)。

ただし右記の認識を与えてくれた人物は、ウェーバーだけでない。もう一人が、ラインホールド・ニーバー、さらにドストエフスキーの『悪霊』からも影響を受けている、とベルは言及している。ドストエフスキーの『悪霊』は、日本においても浅間山荘事件を予言したと評価を受けているように、革命的左翼活動家たちの内ゲバを描いたものであり、革命への理想が仲間の命を奪うに至るという「恐るべき結果」を招くことを示している

(Dorman 2000, p. 92)。さらにベルは、当時、マルクス主義を相対化する上でニーバーの『人間の本性』から影響を受けたと述べているが、そこではやはり「悲劇」を学んだ、という一般的な評価を下しているだけである(Dittberner 1976, pp. 314, 320)。本章では、ベルの直接的な言及から離れるが、ニーバーのマルクス主義批判とベルのマルクス主義理解とに重なる部分が多いとみている。それゆえここではニーバーのマルクス主義批判、ウェーバーの「責任倫理」を重ね、その思想がベルに継承されているという点を確認したい。ニーバーは、『道徳的人間と非道徳的社会』において、「千年王国説的」マルクス主義革命を批判し、次のように述べる。

おそらく徐々に理想に接近していくような社会は、理想をすさまじくも一挙に捉えようとするような社会――実はそのような理想的社会は、歴史的現実や自然的現実によって解体されるのをみるようになるだけなのだが――そういう社会とくらべて、道徳的にあまり劣ってはいないであろう。宗教的理想主義また政治的理想主義のもつ絶対主義は、英雄的行為へのすばらしい刺激ではあるが、それは、直接的具体的諸状況においては危険な導き手である。宗教においてそれは、不条理を生みだし、政治においては、残忍さを生みだす。……社会が、絶対的なものにいたろうとギャンブルを試みるときには、何百万人もの人間の福祉を、危険にさらす。そして強制なるものは、社会の政策の不可欠の道具であるがゆえに、絶対主義は、この道具を耐え難い専制と残虐とに替えてしまう。個人の場合には無害な憐憫をもよおす奇行の相を呈してあらわれるファナティシズムも、いったんそれが政治的な政策において表現される場合には、人類に恵の門を閉ざすことになる。(Niebuhr 1932, p. 199. 二一五頁)

しかしニーバーは、ベルが「ユートピア」という言葉によって意味した理想的目標を、現代社会において必要不可欠である、と主張する。

プロレタリアがもっているナイーヴな信仰は、活動的人間がもっている信仰である。……すべての信仰においてそうであるように、このプロレタリアの信仰にも、幻想の要素があることはいうまでもない。しかしそれは、必要なる幻想であり、それなしには明確化されないような真理がある。社会の停滞性は、きわめて執拗なものであり、したがってもし誰かが、それは実際よりももっと容易に克服できると信じないかぎり、誰もそれに抗して動こうとはしない。あるいは、もしも誰かが、もっと純粋で公正な社会が、これから建設されるどのような社会にも勝って建設され得る、という可能性を信じていなければ、誰も、ラディカルな社会変革の過程にまきこまれる危険や苦痛を、堪え忍ばないであろう。こういう幻想は、狂信を正当化するゆえに危険である。しかしそれを放棄することも、停滞に傾くことになるがゆえに危険である。(Niebuhr 1932, p. 221. 二三五頁)

このように「イデオロギーの終焉」の基礎には、ニーバーとウェーバー、さらにドストエフスキーの人間・社会観が位置づけられていた。このことは、ベルの「イデオロギーの終焉」がもつ政治思想上の意義を考えるうえで、見逃されてはならない点である。「イデオロギーの終焉」は、ベル自身の中でのマルクス主義的社会観からの転換を示している。

最後に一九六〇年代に興隆したラディカリズムが「イデオロギーの終焉」の反証である、という批判について考察しよう。この批判は、「イデオロギーの終焉」が一九五〇年代のイデオロギーでありながら、さも普遍的な言説であるかのように装っている点に向けられている。ベルは、確かに「イデオロギーの終焉」が「一九五〇年代における、ある知的潮流の分析を表明する政治的観点」である、と述べている (Dittberner 1976, p. 330)。つまり「イデオロギーの終焉」がある時代の「ある特定集団の観点」であることを認めている。「文化自由会議」において、「イデオロギーの終焉」についての大まかな合意が達成されたとはいえ、ハイエクのようなそれに賛同しない知識人も存在した。この議論状況を踏まえれば、ベルの認識も理解可能である。

「イデオロギーの終焉」が、特定の政治的観点であるとしても、それゆえ一九五〇年代にしか妥当しない主張であると短絡的に言うことはできない。ベルは、こうした批判に反論し、一九六〇年代のラディカリズムの興隆が、「イデオロギーの終焉」の反証となるどころか、その論証になっている、と主張する。一九六〇年代のラディカリズムとして真っ先に想起されるものは、黒人解放運動における「ブラック・パンサー」、学生運動と学生運動とにおけるラディカリズムであろう。ベルは、黒人解放運動における「ブラック・パンサー」、学生運動における「民主社会を求める学生同盟 Student for a Democratic Society (SDS)」、特にそのなかでも「ウェザーマン」を想定している。両者は、運動の初期には革命的「イデオロギー」を掲げていた。しかし黒人解放運動についていえば、その「重要な部分」は、ラディカルな集団とは対照的に、「政治システムへ接近し、政治活動の着実な利益、すなわち公民権法、積極的差別解消策、選挙における相当の成果を得ることができた」(*EI*, p. 427)。このように「イデオロギーの終焉」宣言以後、確かに革命的「イデオロギー」を掲げる集団が、登場しているとしても、この集団が、実質的な政治的・社会的影響力をもつことはなかった。そうした形態における革命を望むことは、現代社会においてもはや不可能となっている。他方、学生運動のなかから登場した「ウェザーマン」は、「イデオロギー」に基礎づけられた

「政治運動」とすら認められない。ベルのみるところ、彼らの主張は、「イデオロギー」というよりも、「権威とヒエラルヒー」に覆われた現代社会に対する「ロマンチックな反抗」であった（*EI*, p. 403）。このように、「イデオロギーの終焉」テーゼは、「ブラック・パンサー」、「ウェザーマン」の存在によって反証されてはいない。それどころか、実質的な政治的成果をあげた黒人解放運動が示すように、政治システム内における活動こそ、社会改革をおこなう有効な道筋である。これは、「イデオロギーの終焉」テーゼの反証どころか、論証にすらなっている。

以上、『イデオロギーの終焉』公刊以来、数多く登場した批判は、ほとんどがベルの意図を誤解した、的はずれなものばかりである。こうした論争を考察することによって、「イデオロギーの終焉」に込められたベルの意図は、十分に理解可能なものとなったであろう。

注

（1）　他の論者の批判には以下のようなものがある。ロングは、我々が「イデオロギーの終焉を賞賛している余裕はあるだろうか」（Wrong 1960, p. 122）と述べ、ルシーズとファーガニスは、ベルが「イデオロギーの終焉を良いものとみなした」、と批判する（Rousseas and Farganis 1963, p. 222）。ライト・ミルズは、「イデオロギーの終焉」が「西洋において現実的論点が、あるいは重大な問題さえもがもはや存在しない」ことを仮定している、とみなしている。そのうえで彼は、「イデオロギーの終焉」論者が「混合経済、福祉国家」によってもたらされる「繁栄」を謳歌し、「福祉国家がより偉大な正義への道を歩み続けるであろう」、と信じている点を批判している（Mills 1968, p. 128）。

（2）　ロングの他にも、エイケンは、ベルが「政治の問題」を「計算」、「調整（あるいは妥協）とみなしている」（Aiken 1964, p. 280）とみており、このような誤謬に陥っているがゆえに、「道徳的論争の終焉」と「政治哲学」

の終焉とを宣言している、と批判している (Aiken 1964, p. 249)。

ミルズも、ロングやエイケンと同様の点を批判しており、ベルの立場は、「経験主義の物神崇拝」であるとみなし、「『イデオロギーの終焉』は、政治哲学の解明を拒否している」、と批判する (Mills 1960, p. 131. *EI*, p. 423)。

第六章　ポスト・マルクス主義としての「脱工業社会」論

第一節　マルクス主義から「脱工業社会」論へ

ベルは、前章で考察した「イデオロギーの終焉」論を五〇年代に書きながら、『イデオロギーの終焉』公刊の前年、一九五九年にすでに「脱工業社会」の着想を得ていた（*PIS*, p. 36. 五二頁）。さらに一九六二年には、サービス産業の拡大から、「知的技術」と「科学」との重要性へと分析の焦点を移すことによって、「脱工業社会」論は、さらに展開されていった。『脱工業社会の到来』の公刊年（一九七三年）からみても、ベルの「脱工業社会」論は、一九七〇年代に論じられ始めたかのように思われる。しかしそうではなく、「脱工業社会」論は、戦後一貫して続けられた、マルクス主義に代わりうる理論構築の試みの結晶であった。したがって第三章、第四章において考察したアメリカ社会論と同時並行的に、社会の構造変動を捉えるためのマクロ理論の構築が進められていた。ベル自身も述べているように、こうしたマルクス主義に代わる理論の構築という視点から、ベルの一連の著作を理解する見解がないのは、驚くべきことである（***EI***, p. **421**）。このような視点は、ベルの思想形成過程を解析するうえで見落としてはならない視点である。

ベルは、マルクス主義を批判しているとはいえ、「脱工業社会」分析にとって、マルクス主義に有用なものが何もない、と考えてはいない。ベルは、社会学者マルクスを非常に高く評価する。ベル自身は、このマルクスからの連続性を強調して、自らを「ポスト・マルクス主義者」と位置づけているほどである。ベルが評価している点は、マルクスの「階級構造」分析である（Dittberner 1976, p. 332）。これは、ヨーロッパにおける「工業社会」に妥当する分析である。合衆国においては、二大階級論は、妥当しないことがすでに確認された。しかし合衆国が「工業社会」であった時期には、経済的闘争が、主要な闘争であった。この意味においてベルは、マルクスの分析を肯定的に評価する。その他にも、ベルは、経済のグローバル化、投資銀行などの信用制度の拡充と株式会社の発達、それに伴って、ホワイトカラー、管理職の増大といった事態を捉えていることをうかがわせるマルクスの叙述を参照することによって、マルクスの先見性と卓越性を高く評価している(1)。

ベルによれば「概念的な理論体系は、本来、正しいとか誤っているとかではなく、有用か否かを問われる性質のものである」。「マルクスのそれは、多くの点において、一七五〇年頃から一九五〇年までの資本主義社会を理解するうえで、なお最も有用な概念体系である」。しかしマルクスは、「鉄の必然性」から、二大階級の分極化、資本主義の危機の到来が生じる、と想定していた（*PIS*, pp. 56-59. 七七－八二頁）。それゆえ一九六〇年代からの諸変化を、マルクスは、自らの理論へ組み込むことができなかった。たとえマルクスの理論が、「工業社会」分析にとって有用であっても、一九五〇年以降に進展した「脱工業社会」への移行を分析するさいには、有用ではない。こう認識したベルは、新たな理論構築に乗り出すことになる。この作業の出発点は、マルクスの「社会発展論」にある。マルクスの「社会発展論」は、「脱工業社会」論を基礎づけた極めて重要な理論的遺産である。

これは、「工業社会」の分析にとってだけでなく、「脱工業社会」分析にとっても、重要な示唆を与えてくれる。ベルは、「社会発展論」を修正することによって、「脱工業社会」論の形成に向かう。「脱工業社会という概念の出発点」は、「マルクスの図式を用いること」によって、現代社会分析のための「さらなる概念的明晰さを得ようと努めた私［ベル］自身の努力にあった」（*PIS*, p. xxx. 一八八頁）。マルクスの理論がどのように修正され、「脱工業社会」論に取り込まれたか、この点について、考察していこう。

マルクス主義は、社会の発展を単線的であると捉え、社会が封建制、資本主義、社会主義という線にそって「必然的」に発展する、と仮定した。このようにマルクス主義は、「生産の社会的諸関係」すなわち所有と、「技術」の発展に支えられた「生産力」とを、「生産様式」という単一の概念に結びつけた（*PIS*, 日本語版序文、三一四頁）。ベルは、この点にマルクス主義の欠陥を見いだす。

ベルは、こうした「所有」と「生産力」という二つの次元を区別し、両者を独立した軸として個別に扱う。こうすれば現代社会の比較分析が、可能となる。すなわち一方において、所有の軸についていえば、様々な社会は、「封建制」、「資本主義」、「社会主義」に分類することができる。他方において、「技術」に支えられた「生産力」についていえば、様々な社会について「前工業社会」、「工業社会」、「脱工業社会」という区別をおこなうことが可能である。このベルの枠組みにしたがえば、マルクス主義がいう「資本主義」か「社会主義」かという区別は、所有の軸からみた区別であることが明らかである。生産力の軸にそってみれば、資本主義であろうと社会主義であろうと、所有の区別に関係なく、「工業社会」、「脱工業社会」という区別をすることが可能である。したがって図3に示されているように、所有の軸からみれば、ソ連は、「社会主義」であり、アメリカ合衆国は、「資本主義」である。しかし、ベルが指摘するように、「技術」に基礎づけられた「生産力」の軸からみれば、どちらも

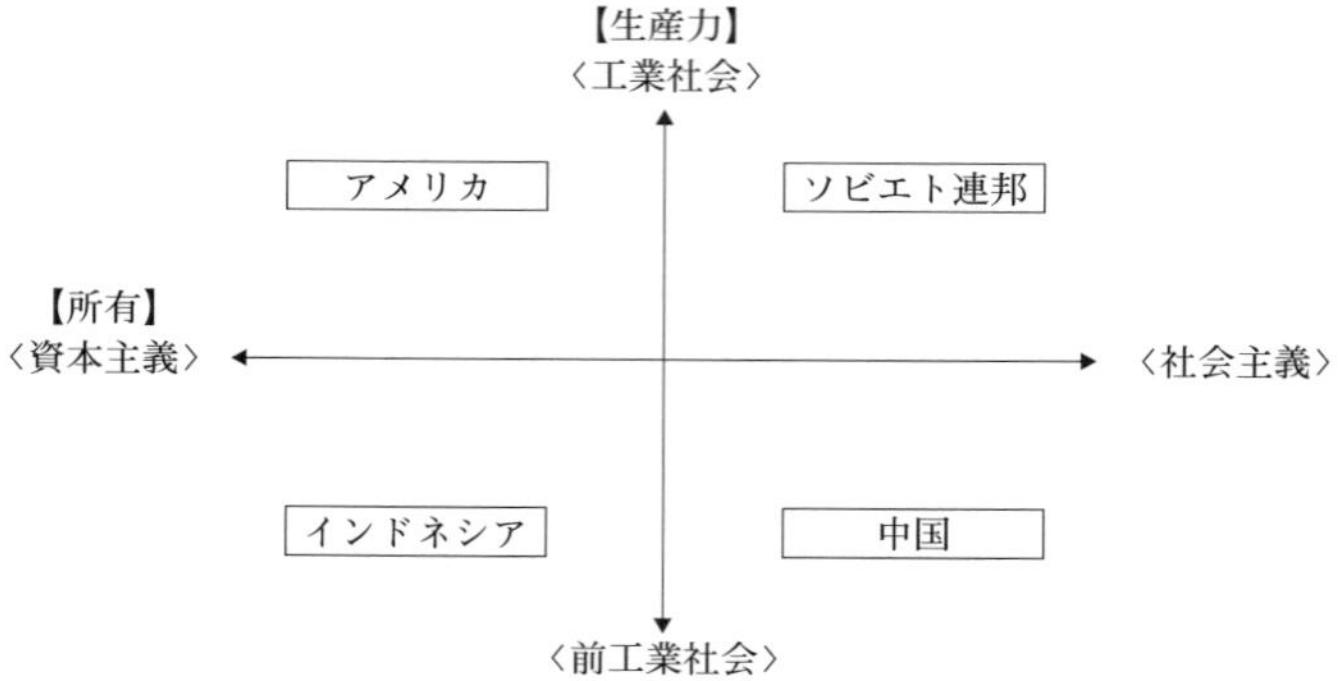

PIS, 1975年「日本語版への序文」を一部修正のうえ作成.

図3　「所有」と「生産力」との軸による国際比較

「工業社会」から「脱工業社会」への移行期にある（*PIS*, 日本語版序文、四頁）。この移行の規準をどこにみるかについては、すぐのちに述べる。

「自由」か「計画」か、あるいは「市場」か「経済計画」かという二項対立図式の不適切さは、すでに『イデオロギーの終焉』においてベルが主張したことである。ベルは、「混合経済」において両方の要素をいかに組み合わせるかに問題の焦点が移行していることを指摘した。こうした認識を前提にしたとき、「所有」の軸がもつイデオロギー的意味は、相対的に軽視されるべきである。このようにベルが提示した枠組みは、冷戦構造において想起される、所有の軸にのみ着目した「資本主義」対「社会主義」という対立を越えようとするものである。この意味においてベルの「脱工業社会」論は、当初から冷戦の枠組みを超える視角をもっていた。したがってベルは、もちろん「抽象のレベルにおいて」という限定つきではあるが、「社会形態として脱工業社会が、アメリカ、日本、ソ連、西ヨーロッパ諸国の社会構造において二一世紀の主要な特徴となるであろう」、と予測することが可能であった（*PIS*, p. xii. 四頁）。

それではこの「脱工業社会」の特徴は、工業社会のそれとどのように異なっているのか。以下この特徴について述べるが、これらの特徴は、当然ながらマルクス主義によっては、明確に指摘されることがなかったものである。先に示したように、「脱工業社会の到来」は、アメリカ社会に特殊な変動ではなく、先進産業社会に共通にみられる変動である。といっても、ベルは、「文化」や「政治制度」によって、「脱工業社会」の具体的ありようが様々に異なるという点を見落としていない。ベルの「脱工業社会」概念は、先ほどのべたように、あくまでも、「抽象のレベル」にある（*PIS*, p. xii. 四頁）。ベルの「脱工業社会」論は「歴史の必然性」を前提にしている、という批判があるがゆえに、この点は、強調しておかなければならない（Webster 1995, chap. 3)。

第二節　「脱工業社会」の特質

工業社会から「脱工業社会」への移行にともなって、まず工業からサービス産業への転換が生じた。工業社会においては、工業が主要な産業であったが、「脱工業社会」であるアメリカ社会において、中心となる産業は、サービス産業となっている（*PIS*, pp. xv-xvi. 一五－一六頁）。このような産業構造の転換は、生産力の上昇によって可能となった。第三次産業の増大をいち早く指摘したコーリン・クラークによれば、生産力の増大にともなって、産業の中軸は、第一次産業から第二次産業へ、さらに第三次産業へ、と推移していく。というのも例えば、第一次産業における一人あたりの生産性が増大すれば、第一次産業から第二次産業へと、労働力の振り分けが、可能となるからである（*PIS*, pp. xiii-xiv. 一八〇頁）。サービス産業の増大という産業構造の転換は、「所有」の軸とは区別された、「生産力」の軸から社会をみることによって、把握可能となった。

サービス産業は、労働価値説をとるマルクスによっては、価値を生まない「非生産的」な職種である、と考えられてきた。この点は、第三次産業の増大をいち早く指摘したコーリン・クラークにも共有されている。しかしベルにいわせれば、「こうした見解は、誤っている」。サービス産業は、今や社会の生産力に対する絶大なる貢献をなしている。ただしベルは、サービス産業全体が「脱工業社会」の生産力にとって等しく重要になる、と述べてはいない。サービス産業自体をさらに区別するためにベルは、それを、第三次、第四次、第五次産業へと細分化している。ベルのいう「第三次産業」は、「運輸・公益事業」を指し、「第四次産業」は、「商業・金融」を指し、「第五次産業」は、「健康・教育」を意味する（*PIS*, p. xiv. 一八〇－一八一頁）。このうちベルは、特に第五次産業の重要性を指摘している。ベルは、「脱工業社会」においては、それ以前に重視されていた「金融資本」というよりも、「人的資本」が経済発展にとって決定的存在になる、と主張している（*PIS*, p. xvi. 一八二頁）。「健康・教育」は、この「人的資本」にとって必要不可欠なものである。なぜならば、教育は、国民の技能、すなわち読み書き能力、計算能力を向上させるからであり、健康部門、特に医療は、病気を治療し、個人をより一層仕事に向かわせるからである（*PIS*, p. 14. 一八一頁）。

したがってベルのこうした認識は、サービス産業を単一の産業部門として想定し、しかもこのサービス産業一般の拡大を「脱工業社会」の定義とする見解とは相容れない。観光や小売業の増大に「脱工業社会」への移行の指標を求める見解が、一般的となっているので、この点は、強調しておかなければならない。そのような見解として例えば、イギリスの『エコノミスト』（一九九八年八月二二日）は、「脱工業都市グラスゴー」という記事において、次のように論じている。

下調べもしないでグラスゴーを訪れたりすると、ほこりや煤まみれの巨大な機械があるものと錯覚してきょろきょろしたり、何もない地平線に造船所の象徴ともいうべきクレーンの群を探し求めたりしてしまう。……しかし、グラスゴーは、かつてこの町を豊かにした造船業と製鉄業とがあらかた消失したのに伴って、消え去った。……しかし市の中心部から眺めると、今のグラスゴーは、観光とサービス、ショッピングを楽しめる脱工業都市の成功例の観をも呈している。（*PIS*, p. xi. 一七八頁）

この描写は、明らかに重化学工業・製造業の衰退とそれに代わるサービス産業の出現を強調している。ベルによれば、こうした理解は、一面的に過ぎ、「脱工業社会」における「巨大な範囲の諸変化」を見逃している（*PIS*, p. xi. 一七八頁）。少なくともベルの意図とは反対に、観光や小売業といったサービス産業の増大を、「脱工業社会」の指標とするほうが一般的な見方となっている。つまり「脱工業社会」論の意義は、十分に認められながら、肝心のその内容が、正確に理解されていない。サービス産業に言及するベルの意図は、こうした一般的に流布している「脱工業社会」理解と異なって、第五次部門の重要性の強調にある（*PIS*, p. xiv. 一八〇頁）。

「脱工業社会」における第二の特徴は、主要な職種がブルー・カラーからホワイト・カラーへと転換したことである。熟練労働を含むブルー・カラーは、相対的に減少し、専門職を含むホワイト・カラーは、相対的に増加した。ホワイト・カラーのうち特に管理職・専門職の増大に強調がおかれている。この点は、次に論じる第三の特徴、および「学生反乱」分析と密接に関連している。

「脱工業社会」のもつ第三の特徴は、社会的流動性の基礎が「財産」から「教育」へと移行したことである。例えば企業の経営についていえば、一九三〇年以前において、不動産や家族企業の「相続」によって、親から子へと、「地位」と「特権」とが引き継がれてきた。しかし今や企業経営者には、経営にかんする専門知識が不可欠となった。それゆえ単に親から財産を相続しただけの者は、企業を経営することができない。経営者の地位は、教育を通じた専門知識の習得によって、獲得されるようになった。ただしこうして地位についた経営者は、自分の子供に、自らの資産を相続させることはできても、経営者の「役職 position」を譲り渡すことはできない（*PIS*, pp. xvi, lxv. 一八二、二三八頁）。この経営者は、家族企業経営者とは全く性格を異にする。こうした専門職としての経営者の出現に伴って、企業の所有者は、経営者と同一人物によって担われるのでなく、複数の株主によって担われるようになった（*PIS*, p. lxvii）。こうして「所有と経営との分離」が生じる。ベルは、この事態を「資本家なき資本主義システム」とよんでいる（*PIS*, p. lxv. 二三八頁）。ただし「所有と経営との分離」は、すでにバーリとミーンズとによって、一九三二年に指摘されている。それゆえこれは、より一般的にいって現代社会の特徴ではあっても、「脱工業社会」の指標ではない。ベルも、「脱工業社会」の指標として、あくまで、「所有と経営との分離」を基礎づける、教育の重要性を強調している。

このように「脱工業社会」において、財産でなく教育が、「社会的流動性の基礎」となった。それゆえ社会階層を上昇するためには、教育、特に高等教育を受けることが不可欠となり、したがって進学率の上昇へと帰結する。「脱工業社会」においては、先ほど述べた経営者を含めて、専門職が増大していく。この点は、「工業社会」と異なる「脱工業社会」の顕著な特徴の一つである。

専門職の増大は、「脱工業社会」特有の組織形態を生みだす。確かにベルは、工業社会と同様に、「脱工業社会」においても、官僚制が広範に存在する、と述べる。したがってテクノクラートがいかに意思決定過程に参入してくるかについて、詳細に論じられている（*PIS*, chap. 6）。しかし「構造」と「形態」との点において、官僚制とは異なる組織が登場する。この組織は、専門職を構成員として含んでいる、大学や研究所、病院などである。これらは、マックス・ウェーバー以来、『一般的に承認された』学説」を覆すものである。「ほとんどの階層理論の研究者によって受けいれられてきた」学説は、官僚制の特質を次のように示す。すなわち官僚制は、「機能的専門化に基礎をおいた分業」、「厳格に定義された権威のヒエラルヒー」などの特徴をもつ（*PIS*, pp. 323-324. 四二六－四二七頁）。しかしベルが想定する専門職は、このような官僚制のなかに位置づけられるものではない。ベルによれば専門職は、「自己利益」に優先する「倫理」を内面化した存在である。このような専門職は、彼の同僚である専門職集団を通じて、責任を問われる。このように専門職は、あくまでも「自律的」に専門領域において行為する（*PIS*, p. 374. 四九〇－四九一頁）。専門職は、「厳格に定義された権威のヒエラルヒー」において、上司からの命令を遵守するのでない。彼／女らは、それぞれの「イニシアティブ」を発揮し、「協議」しながら意思決定をおこなう[2]（*PIS*, p. 324. 四二七頁）。このような専門職の性格は、「脱工業社会」における新たな組織の形態を基礎づけるようになる。ベルは、こうした「脱工業社会」特有の組織形態に着目している。この観点は、大学組織の再編問題においても活かされている。このことについては、第七章において改めて立ち返りたい。

　このようにみてくると、先行研究が批判するように、ベルは、「脱工業社会」の肯定的側面のみを描き出し、楽観的にすぎるとみえるかもしれない[3]。しかしすでに第五章において指摘したとおり、ベルは、五〇年代に「疎外」論を展開しており、ブルーカラーのみならずホワイトカラーの疎外についても言及していた。そのベルが「脱工業社会」論において楽観主義に貫かれていると考えることは、『イデオロギーの終焉』と『脱工業社会の到来』との関連性を無視して解釈するものである。本書は、この二著作の中に問題意識の一貫性を見いだすがゆえに、「脱工業社会」には悲観的要素も付随することを付言しておきたい。この点についていえば、ベルのテクノクラート支配の賛美という評価が下されることがこれまたしばしばあるが（大杉 1986, p. 81. Kumar 1978, pp. 198-199. 一六八頁）、事はそれほど単純ではなく、ベルは、『脱工業社会の到来』において「テクノクラートと民主主義」との対立を重要な問題として捉え、しかも後の『資本主義の文化的矛盾』において「福祉国家の危機」「民主主義の危機」を論じている。詳細は、第七章で論じるが、このような指摘も、これまでのベルの「脱工業社会」論評価に変更を迫ることになるので一言しておきたい。

第三節　「脱工業社会」の「基軸原理」

以上は、ベルが指摘しているように、「脱工業社会」にみられる主要な変化である。ただしこうした変化以上に重要な特徴を、ベルは強調する。すなわちそれは、「理論的知識の体系化」である。これは、テクノロジーを基礎づけるものである。「理論的知識の体系化」とテクノロジーとの関係は、ベルによって、「脱工業社会の最も重要な特徴」と指摘される（*PIS*, p. xiv. 一八一頁）。

まず前者、「理論的知識」は、「脱工業社会」の「基軸原理」と位置づけられている。この「理論的知識」は、基礎研究によって生みだされ、発展させられる。「基礎研究の拠点」は、アメリカ合衆国の場合、「大学 university」である（*PIS*, p. xl）。つまり大学は、「理論的知識を体系化し、豊富化する」場となっている。したがって社会の「基軸」としての「理論的知識」の発展・伝達を担う大学は、「脱工業社会」における「基軸構造」となる。このようにベルは、「理論的知識」の重要性と同時に、大学の存在を重要視する（*PIS*, p. 26. 三九頁）。

大学を「基軸構造」と捉えるこの認識は、ベルがいかに大学を重要視しているかを示している。一九六〇年代のアメリカ合衆国において相次いで生じた「学生反乱」は、いうまでもなくこの「基軸構造」としての大学における反乱であった。したがってこれは、「脱工業社会」にとって喫緊の問題となる。「学生反乱」は、「脱工業社会の到来」に伴って生じた事件であるので、その分析は、「脱工業社会」論を理論的前提におかなければ、不可能である。ベルは、こう認識したがゆえに、「学生反乱」分析を、「脱工業社会」論の論理構造における要に位置づけている。それゆえ次章において、「学生反乱」分析を切り口にして、「脱工業社会」論を論じていきたい。

ただしベルは、大学の重要性を強調するにもかかわらず、『脱工業社会の到来』において肝心の大学論を省略している。というのもベルの大学論は、一九六六年に公刊された『一般教育の改革』(*RGE*)においてすでに展開されているからである。「学生反乱」分析の解析のさいには、「脱工業社会」論の要であるこの大学論をも視野に収めなければならない。したがって「学生反乱」に関連のある限り、『一般教育の改革』を参照することとする。

ベルの「学生反乱」分析は、コロンビア大学「学生反乱」の具体的な経過に焦点をあてたものである。というのも当時ベルは、コロンビア大学の社会学教授のポストにあったからである。しかしこの分析は、一九六八年の一個別事例についての研究に止まらず、「脱工業社会」と大学との関連をも指摘している。

このようないわば社会理論としての「脱工業社会」論の意義という観点からと同時に、ベルと新保守主義との関連を考察するためにも、「学生反乱」分析は重要である。新保守主義は、一九七〇年代後半から合衆国において台頭してきたが、その根拠は、六〇年代のラディカリズムの行きすぎに対する反動であったと一般的に説明される(佐々木 1993)。「新保守主義者」とされるベルらNY知識人も、このようにみられているが、本書が提示する分析は、これとは異なったベルの姿である。次章において当時のコロンビア大学の学生反乱に対してベルがとった思想的立場を中心に考察していく。

注

（1）ベルが参照しているマルクスの叙述は、『共産党宣言』において経済のグローバル化を予見している点（Marx and Engels 1848, S. 5-6. 四四頁）、および『資本論』においては、信用・銀行制度の発展、株式会社の進展、それらに伴って生じる経営者、技術者、ホワイト・カラーの増大が指摘されている点である（*PIS*, pp. 59-60. 八二頁。Marx 1894, S. 712. 七、五一〇頁。S. 454-455. 七、一二七―一二八頁。S. 352. 六、四八七―四八八頁）。

（2）高城によればパーソンズは、病院や大学などの組織を「合議制アソシエーション」として特徴づけている。これらの組織は、専門職人の対等・平等な合議によって運営されている（高城 2002, pp. 143-152）。

（3）大杉は、すでにベルの「脱工業社会」論が楽観論に終始するものではないことを指摘している（大杉 1986, pp. 83-84）が、この認識がベル理解として共有されていないように思われる。

第七章　「学生反乱」――コロンビア大学の事例

第一節　「学生反乱」の三つの争点――ベトナム反戦、人種差別、学生処分問題

コロンビア大学「学生反乱」の発端は、一九六八年四月二三日にＳＤＳによっておこなわれた学生集会である。この学生集会に参加した学生が、大学の建物を占拠し、学生反乱は、開始されることとなる。学生が大学に対する「反乱」を起こした背景には、学生の何らかの不満が存在していたと考えられる。それゆえベルは、この不満の所在を突き止めようとする。分析を開始するにあたって当然ながら、学生集会において提起された要求が、学生の不満を示しているのではないか、と考えることができる。まずは、この点について考察していく。なお「学生反乱」の具体的経過について、『コックス・レポート』(The Fact-Finding Cox Commission 1968) に依拠しながら、ベルの認識を確かめようと思う。『コックス・レポート』は、コロンビア大学「学生反乱」の原因を究明した調査報告書である。この報告書は、ハーバード大学アーチボルト・コックスを委員長とする、事実調査委員会によって提出された。事実調査委員会は、「学生反乱」後の一九六八年五月四日に発足したものであり、五人

の学外有識者から構成されていた。この委員会が提出した報告書は、委員長コックスの名をとって、『コックス・レポート』として広く知られている（The Fact-Finding Cox Commission 1968, 訳者まえがき）。この『コックス・レポート』にはベルの評価と異なる認識も散見されるが、事実確認をおこなううえで非常に参考となるので、ベルの分析の背景にある実態を探るために、必要な範囲において参照することとする。なお「学生反乱」のおおまかな経過と、コロンビア大学構内、周辺の状況とについては、表5および図4を参照されたい。

学生集会において提起された問題は、ＩＤＡ問題、大学建物内におけるデモ禁止規則に違反した学生の処分問題、体育館建設問題の三つである。まずＩＤＡ問題から検討することにしよう。ＩＤＡ（「防衛分析研究所 Institute for Defense Analysis」）は、大学からの研究や助言を組織的に確保する目的で、国防総省と統合参謀本部が一九五五年に共同設置した研究機関である。当時、ＩＤＡは、ワシントンの本部に三〇〇人以上の専門研究者を雇用し、年間予算は、一二〇〇万ドルにのぼった。ＩＤＡ設立当初、ＭＩＴ、シカゴ、プリンストン、スタンフォード、バークレイ、ケース、カリフォルニア工科大、ミシガン、イリノイ、ペンシルヴァニア州立大、ツレーヌなど、一二の大学がＩＤＡ運営委員会に名を連ねていた。コロンビア大学が、この運営委員会に正規に加わったのは、一九五九年であり、カーク学長とウィリアム・Ｍ・バーデン理事が、ＩＤＡの理事および執行委員を務めていた。さらに著名な四人の物理学者、フォーレイ Henry Foley、レーダーマン Leon Lederman、ラビ I. I. Rabi、非常勤教授のガーウィン Richard Garwin などが、ＩＤＡのジェイソン部門のメンバーであった。この部門は、研究者に対して先進的研究にかんする助言を求めるために設置された部門である。ただしこうしたコロンビア大学関係者とＩＤＡとの関係は、あくまで「提携関係」であり、ＩＤＡに対して何らかの義務を負わなければならない「契約」関係ではなかった（*CON*, p. 74. The Fact-Finding Cox Commission 1968, pp. 89-91. 一一

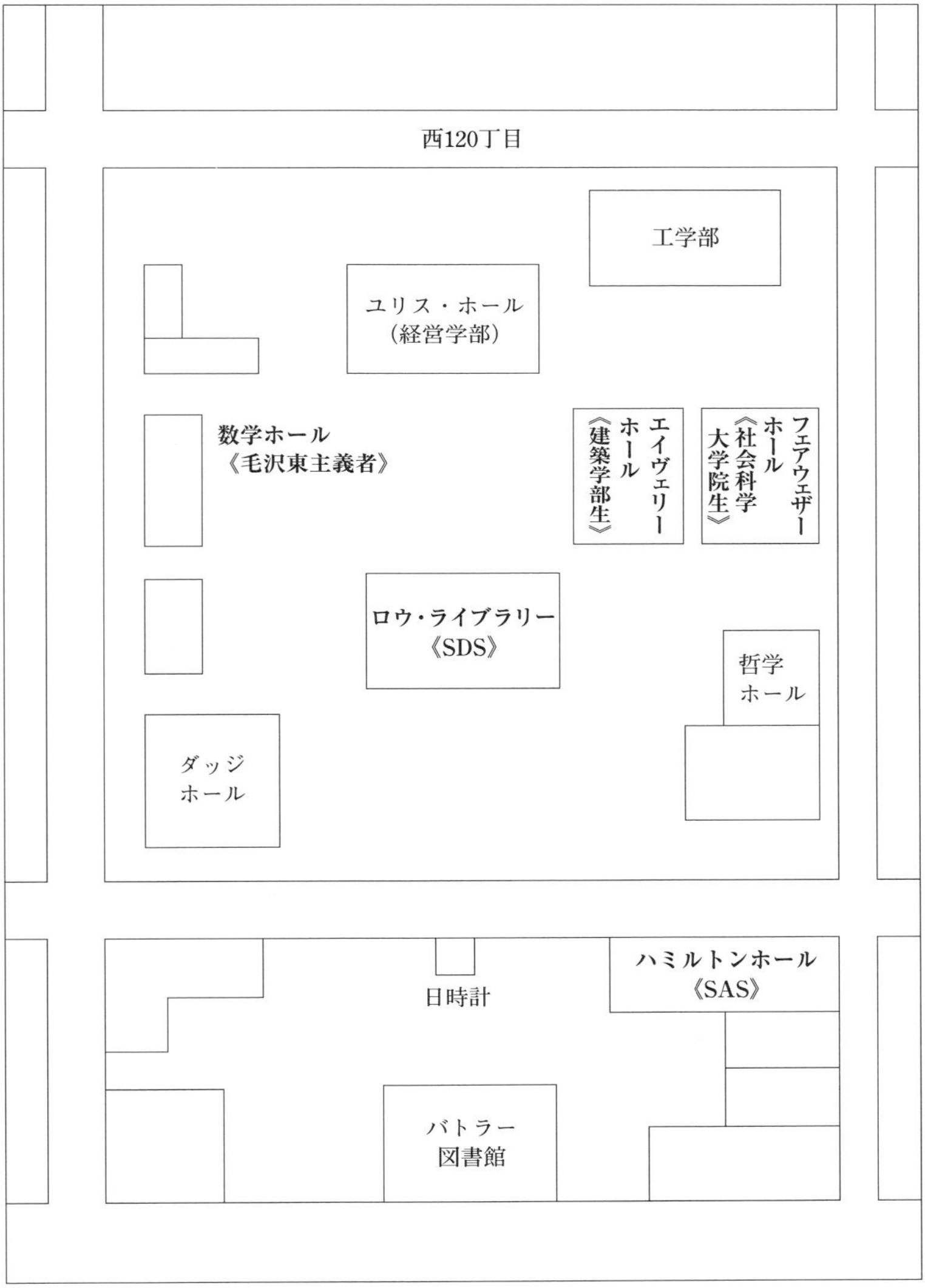

The Fact-Finding Cox Commission 1968をもとに作成．
※学生に占拠された建物は，太字で表記している．
《　》は，建物を占拠した学生グループを示している．

図4　コロンビア大学構内略図

表5 コロンビア大学紛争経過

1968年4月23日（火）

12:00　SDS、日時計前において集会。

12:30　建物内への侵入に失敗。モーニングサイド公園の体育館敷地内においてデモ。学生が1人逮捕される。

13:35　450人以上のデモ隊は、ハミルトン・ホールに侵入し、座り込み。

13:40　コールマン学部長代行、ハミルトン・ホール内にあるコロンビア・カレッジ学部長室に軟禁される。

4月24日（水）

2:00　ハミルトン・ホール内のアフリカ系学生と白人学生との対立激化。

5:30　白人学生は、アフリカ系学生によりハミルトン・ホールから追い出される。

6:15　追い出された白人学生は、ロウ・ライブラリーの学長室を占拠。

15:00　コロンビア・カレッジ教授会開催ーBellも参加

決定事項

①建物占拠に参加した学生に「恩赦」を与えず、何らかの処分をおこなう。

②学生処分問題を扱うための教授会・学生・行政部の三者委員会の設置。

③体育館建設の即時中止。

教授会における合意

：この紛争は、「平和的に解決されなければならない。大学の建物の占拠を排除するために警官隊は導入されないであろう」。

22:00　エイヴェリー・ホール、建築学部生により占拠される。

4月25日（木）

2:00　フェアウェザー・ホール、社会科学系の大学院生により占拠される。

11:00　哲学ホールにおいて非公式の教授グループが対策を協議

ーBellがイニシアティブをとる

16:00　臨時教員団結成ーBellもメンバー

決定事項

①体育館建設作業の延期。

②学生処分問題についての最終権限を三者調停委員会に与える。

③「恩赦」の拒否。ただし運動の指導者だけに重罰を科すことはしない。建物占拠への参加者全員に仮及第という処分を科す。

4月26日（金）～29日（月）

臨時教員団と学生側との交渉。

4月30日（火）

2:30-5:30　ニューヨーク市警の警官隊約1000人が、学生たちを建物から排除。

逮捕者712名、負傷者148名。

The Fact-Finding Cox Commission 1968および*CON*をもとに作成.

六一一一八頁)。

SDSは、IDAと大学との関係がいずれであるかにかまうことなしに、両者の関係を問題として取り上げた。いうまでもなく、当時アメリカ合衆国は、ベトナム戦争を遂行中であり、国内においても反戦運動が、盛んにおこなわれていた。こうした状況において大学が何らかの軍事関連研究にかかわることは、ベトナム戦争への加担であるという批判を、容易に引き起こす。SDSは、両者の関係に焦点をあてることによって、IDA問題を「ベトナム戦争への大学の共謀の象徴」である、とみなした(*CON*, p. 73)。

学生処分問題の発端は、「学生反乱」の一年前、一九六七年四月の「海兵隊員募集事件」にさかのぼる。この事件は、海兵隊員募集担当官がコロンビア大学にリクルートに訪れた際に起こった。このとき、担当官の学内立ち入りに抗議して、三〇〇人のデモ隊がジョン・ジェイ・ホール内においてデモをおこなった。このデモ隊に対して、保守派の学生が対峙し、「重大な傷害事件になりかねない、一触即発の事態」を招いた。このとき「幸いにも」怪我人はでなかったが、行政部は、今後同じような事態が起こるのではないかと危惧した。というのも、ベトナム戦争に加担する軍事関連企業、あるいは軍それ自体、CIAの募集担当者が大学構内を訪れた際に、しばしば学生のデモ隊がこれに抗議して、デモをおこなったり、担当者の立ち入りを妨害したりしていたからである。特に軍事関連企業のなかでも、ダウ・ケミカル社は、ナパーム弾を製造していたがゆえに、多くの学生のデモの標的とされていた。行政部の危惧の背景には、この種のデモの頻発という事態があった。それゆえ行政部は、大学構内の職業紹介所のある場所の廊下が狭いことを憂慮し、もし軍事関連企業や軍のリクルーターに対するデモが再度生じたら、極めて危険である、という判断に至った(*CON*, p. 72. The Fact-Finding Cox Commission 1968, pp. 66-74. 八八一九九頁)。

こうした事態をうけてカーク学長は、一九六七年九月二五日、「ピケッティングまたは示威行動 demonstrations を、大学の建物内においておこなってはならない」という見解を発表し、大学建物内におけるデモを全面的に禁止する（The Fact-Finding Cox Commission 1968, p. 68. 九一頁）。

こうした状況において、SDSは、マーク・ラッド委員長の指導により、一九六八年三月二七日、大学とIDAとの関係に抗議するデモを組織した。このデモは、さらに「大学の建物内におけるデモ禁止規則に対する意図的な挑戦」でもあった（The Fact-Finding Cox Commission 1968, p. 95. 一二三頁）。上述のように行政部は、禁止規則を曖昧に適用していたので、ラッドは、これを揶揄し、「諸君がわめき、絶叫し、事務室をぶち壊すというなら、それは許されている。ただしデモは、するな」と学生たちにむかって演説した。ラッドの演説を機に、デモ隊は、ロウ・ライブラリーに押し掛けた。彼／女らは、一五〇〇人以上の教師と学生が署名したIDAとの協力関係終了要求の嘆願書を携えていた。嘆願書は、カーク学長に手渡すようにと、トーマス・マッゴイ経営担当副学長に突きつけられた。この後、一〇〇人以上の学生が、約三〇分間にわたってロウ・ライブラリーの中廊下を、建物内使用禁止とされていたスピーカーでどなりながら行進した。この示威行動が終わったとき、トルーマン副学長が構内を横切って歩くのがみえた。それゆえデモに参加した学生たちは、トルーマンのもとへ駆け寄り、少しの間、トルーマン副学長が哲学ホールに入るのを妨害した。ここで行政部は、建物内デモ禁止規則の適用に踏み切った。こうして一九六八年四月五日にSDSの指導者である五人の学部学生が、プラット副学生部長に呼び出された。しかし五人は、公開審理の機会が与えられないならば、この呼び出しに応じない、と返答した。この返答をうけて行政部は、四月二二日、五人の学生に対して、一定期間、一切の課外活動への参加を禁止する「懲戒的保護観察処分」にし、さらに大学院生一人に対して同様の処分を課した（The Fact-Finding Cox Commission 1968, pp. 72-73. 九六―九七頁)。

建物占拠に帰結した四月二三日のデモにおいて、六人の学生の処分の取り消しが要求された背景には、このような一連の事件が存在していた。この学生の処分問題も、学生たちの要求の一つとなっていった。

「学生反乱」における第三の争点は、体育館建設問題である。SDSは、当初、体育館建設問題をデモにおいて取り上げようとは考えていなかった。しかしデモに参加していたSAS(「アフロ・アメリカ系学生協会 Students' Afro-American Society」)のアフリカ系学生が体育館建設への反対を要求することによって、体育館建設問題は、デモにおける主要な争点となっていった。

当時コロンビア大学は、体育館を、大学に隣接するモーニング・サイド公園内に建設しようとしていた。モーニング・サイド公園は、アフリカ系やプエルトリコ系住民が多く居住するハーレム・コミュニティに隣接していた。それゆえモーニング・サイド公園は、ハーレム・コミュニティ住民に利用されるべき公園であった。しかしSASや体育館建設に反対する立場の人々から言わせれば、大学は、この公園内に大学専用の体育館を建設することによって、アフリカ系住民が使用すべき公的土地を私的に利用しようとしていた。SASが体育館問題をこのように問題視する背景には、それ以前の大学の拡張政策がある。大学進学率の上昇に伴って、コロンビア大学への入学者数も増加していた。さらに学部から大学院・専門職養成学校へと進学する学生数も増加しており、当時のコロンビア大学において学部生の八五%が進学を選択していた(*RGE*, p. 2)。さらに「理論的知識」の発展にともなって、学科数が増加し、研究部門も増加した(*CON*, p. viii. *RGE*, p. 75)。このように大学の規模の拡大に応じて、大学の敷地・施設を拡張していく必要が生じる。それゆえ大学は、「拡張政策」をとり、この結果、「学生反乱」以前の七年間において、大学に隣接するハーレム・コミュニティの一五〇軒以上の建物が買収され、七五〇〇人以上の住民が立ち退くこととなった（CON, p. 55）。こうした経緯を前提として、SASは、体育館建設問題を、数年間続けられてきた大学の拡張政策の一環とみなした。こうして体育館建設問題は、大学による「組織的人種差別主義」の象徴となった（CON, p. 97）。

以上述べた三つが学生から提示された争点であった。この三つの争点をめぐって、「学生反乱」がどのように展開し、終結したのかについて、次節において検討することとしたい。

第二節 「学生反乱」に対するダニエル・ベルのイニシアティヴ

一九六八年四月二三日、SDSは、大学構内の日時計の前で集会を開いた。この集会には、約一〇〇人の学生が参加していた。この集会の目的は、デモ隊を組織し、ロウ・ライブラリー内にデモ行進し、建物内デモ禁止規則を破ることであった。すなわちこの集会は、すでに述べた禁止規則に対する抗議を意図しておこなわれたものであった。この集会において、登壇した指導者たちは、先に述べた三つの争点について大学を批判した（CON, p. 75）。それゆえ建物占拠直前のこの集会において提示された三つの争点が、「学生反乱」時に一貫して問題となっていった。

この集会に参加した学生たちは、当初の目的にしたがって、ロウ・ライブラリー内に侵入しようとした。しかし副学長トルーマンの命令によってロウ・ライブラリーは施錠され、さらに一〇〇人ほどの学生からなるデモ反対派が、このデモ隊に立ちはだかり、警備員も、デモ隊の立ち入りを阻止した。このような妨害にあい、デモ隊は、ロウ・ライブラリーに立ち入ることができなかった。そこで彼らは、今度は、モーニング・サイド公園内にある体育館建設予定地を目指して行進しはじめた。体育館建設予定地にはフェンスが張り巡らされていたが、デモ隊は、このフェンスを押し倒し、そこにいた警官を襲った。しかしこの時デモ隊のなかの一人が警官によって逮捕され、デモ隊は、その後、大学構内に引き返すこととなる。デモの参加者のなかから、学生が一人逮捕されたので、デモ隊の側も人質をとるべきである、という意見がだされた。さらに当初の目的である建物内におけるデモを再度試みるべきである、という主張がなされた。こうした意図の下、デモ隊は、ハミルトン・ホール内へ突入した。このときちょうどハミルトン・ホール内に入ってきたコールマン Henry Coleman 学部長代行が、デモ隊によって拘束され、彼のオフィスに軟禁された。デモ隊は、コールマンのオフィス前において座り込みをおこない、オフィスを包囲する形をとった。こうして建物占拠は、開始されることとなった（CON, pp. 75-76）。その後、最終的には様々な学生グループによって、大学内の五つの建物が占拠された。

学生によって建物が占拠されるという異常な事態を受けて、教員の何人かは、哲学ホールの大学院学生用休憩室において、非公式な会合を開いた。この会合が、コロンビア大学における教員側の対応の先駆であった。この会合を先導したのは、ダニエル・ベルとユージン・ギャランター教授である。ギャランター教授は、四月二四日午後、コロンビア・カレッジ教授会を召集するために必要な、二〇人の教員の署名を取りつけ、教授会開催の請求を提出した。この教授会は、二四日一五時から開催されることが決定し、この教授会に提出する決議案を、先の会合に参加していた、ベルとギャランター、シドニー・モーゲンベッサー教授の三人が起草する。このいわゆる「ベル提案」には、以下の四点が記載された。一、コールマン学部長代行を学生が軟禁した行為に「遺憾」の意を表明すること、二、カーク学長室への侵入と室内の書類の強奪に対する非難、三、建物内の学生排除のために警察力を行使することに対する警告、四、座り込みにともなう処分問題や「大学コミュニティの正統な関心事となるべきその他の諸問題」を検討するために、教授・学生・行政部からなる三者委員会の設置、以上の四点が提示された。一五時から開催された教授会において、「ベル提案」は、圧倒的多数によって支持された。特に、第三点目について教授会の態度を補足しておくと、教授会は、「どんな差異も平和的に解決されなければならない、大学の建物占拠を排除するために、警官隊が導入されることはないであろう、と信じていた」(*CON*, p. 79. The Fact-Finding Cox Commission 1968, pp. 113-114. 一四七―一四八頁)。ここでは教授会が示したこの見解を、後の議論との関連において強調しておきたい。

さらにこの教授会において重要な二つの決定がなされた。第一に、ＩＤＡ問題にかんする建物内デモ、あるいは最近の紛争から生じたいっさいの不処分要求を、教授会は、否決した。第二に、教授会は、「ベル提案」に次の一節を書き加えた。すなわちそれは、直ちに体育館建設を停止し、そののちに市長の任命する地域コミュニティの代表と体育館建設問題を全面的に再検討することを求める、という一節である(*CON*, p. 79. The Fact-Finding Cox Commission 1968, pp. 113-114. 一四七―一四八頁)。このように教授会は、体育館建設問題、学生処分問題を、あくまでも平和的に解決しようと模索していた。

二五日にも哲学ホールにおいて非公式会合を開いていた教授集団は、このような危機的な事態をみて、「臨時教員団」(1)を組織し、さらに執行機関として、一五名からなる「臨時委員会」を設置した。ベルによれば臨時委員たちは、皆、「政治的にリベラルな志向」をもち、「ラディカルな運動」を研究したことがあり、「比較政治学」研究の経験をもった教員であった。臨時委員の選出当初、ベルは、所用により大学を離れていたので選ばれていないが、のちに臨時委員に名を連ねることとなる。(2)「臨時教員団」は、先に指摘した学生間の暴力防止という目的の他にも、体育館建設の即時中止、処分問題の三者委員会による検討、警官隊の導入阻止という要求を共有していた。このことは、「臨時教員団」に参加した約二〇〇人の教員が署名したことから、明らかである。こうした点について、教員の間に広範な合意が存在した（CON, pp. 82-83)。

特に警官隊導入阻止について教員たちが一致していたのは、次のような確信を抱いていたからである。建物占拠には、急進的組織であるSDSとは、何の関係もない、いわゆる「穏健な」学生が参加している。しかもこの「穏健な」学生のほうが、多数派である。これは、建物占拠に参加した学生数が七〇〇人以上であるのに対して、SDS構成員は、一〇〇人程度であることからも明らかである。もし行政部がこの「穏健な」学生と交渉すれば、彼／女らは、平和裡に建物を明け渡すであろう。したがってSDSと「穏健な」学生とを区別し、「穏健な」学生の側と交渉すべきである。しかしもし警官隊を導入すれば、「穏健な」学生を含めて学生全体が「急進化」し、SDSの側に「穏健な」学生が引き寄せられてしまう。こうなればSDSに勝利を与えてしまい、紛争解決の道は、遠のいてしまうであろう。このような目的をもちながら「臨時委員会」は、「第三勢力」として行政部と学生との仲介役を果たすことによって、紛争を解決へ導こうと企図した（CON, pp. 82-83)。

しかし四月二九日までに紛争解決の道筋は断たれ、行政部は、四月三〇日二時三〇分、ついに警官隊の導入に踏み切る。警官隊は、五つの建物から学生を追い出すが、このとき、急進的な学生である、SAS、毛沢東主義者、SDSに占拠された建物（ハミルトン・ホール、数学ホール、ロウ・ライブラリー）は、予想に反して、混乱無く学生を退去させることができた。しかし反対に、穏健な学生に占拠された建物、フェアーウェザー・ホール、エイヴェリー・ホールにおいて、激しい暴力が、警官隊によって振るわれた。さらにこうした警官隊の行動をみていた、建物占拠に直接関係のない学生に対しても、暴力が振るわれることとなった。警官隊が建物内に突入し、学生を退去させようとしているとき、そのそばで一〇〇〇人ほどの学生が、警官隊を野次り嘲りながら、この光景を眺めていた。建物から学生全員が退去させられたあと、警官隊は、何の警告もなしに、傍らでみていた学生たちに警棒で殴るなどの暴力を行使してきた。学生に野次られ嘲られた警官隊は、怒りにまかせて暴力を振るったので、一〇〇人以上の負傷者をだす惨事となった。「臨時教員団」において危惧されていたとおりに、こうした暴力の行使は、学生たちの態度を「急進化」させ、紛争の解決をより一層困難にした（CON, pp. 86-87）。このことは、その後の学生たちの対応をみれば、明らかである。

「学生反乱」の発端となった四月二三日の学生デモにおいて提起された三つの要求をめぐって、教授会、行政部、学生の三者がどのように対応したか、その経過をここまでみてきた。この経過を踏まえて、三つの争点が「学生反乱」においてもった意味について、ベルは、どのように分析しているか、この点について考察することにしよう。

第三節 学生の不満の源泉――「脱工業社会化」に伴う高等教育の危機

まずIDA問題についていえば、すでに述べたようにSDSは、IDAを「ベトナム戦争への大学の共謀の象徴」であるとみなし、建物占拠の間中、IDAとの関係を絶つように、大学側に繰り返し要求していた。

しかし、大学は、IDAと契約関係を結んでいたわけではなく、両者の関係は、あくまで提携関係に止まっていた。さらに行政部は、紛争以前にこの問題が学生たちに取り上げられた時点において、IDAとの関係の見直しに着手していた。一九六八年一月の時点において、行政部は、IDAを含むすべての防衛研究機関と大学との組織的関係にかんする調査委員会を設置し、カーク学長は、その委員長にヘンキン Louis Henkin 教授を任命する。その後、大学関係者は、ＩＤＡの理事にはあくまで個人の資格で参加することとなった。このように行政部は、学生たちの要求に応じるかたちで、ＩＤＡとの関係を見直そうとしていた（*CON*, p. 74. The Fact-Finding Cox Commission 1968, p. 94. 一二二頁）。

しかしＳＤＳは、大学がこのような対応をおこなったという事実を無視し、ＩＤＡ問題を「学生反乱」の実質的な争点としようとした。しかしベルから言わせれば、それは、何ら実質的な争点足り得なかった。こうした認識は、ベルの「脱工業社会」論に基礎づけられている。したがってここでベルの「脱工業社会」の論理をＩＤＡ問題に関連のある限りで取り上げたい。

前章において確認したようにベルは、「脱工業社会」の主要な特徴として、「理論的知識の体系化」、「科学とテクノロジーとの新しい関係」をあげている。つまりベルは、「理論的知識」がテクノロジーの発展にとって、今や欠くことのできないものとなっているという認識を示している。この理論的知識は、基礎研究から生まれるものである。この基礎研究の本拠地は、アメリカ合衆国の場合、いうまでもなく大学となる（*PIS*, p. xiv）。したがってベルは、大学を「脱工業社会」における「基軸構造」として位置づけ、その重要性を強調する（*PIS*, p. xl）。

さらにこの理論的知識は、応用研究と結びつけられ、知識の「社会的利用」がおこなわれるようになってきた。知識の「社会的利用」とは、統治機構や企業からの要求によって、経済計画や軍事テクノロジーに知識が応用される事態を指している（1970, p. 62）。確かにこのように理論的知識が、最終的に軍事テクノロジーと結びつけられ、大学が軍事テクノロジーの発展にかかわっているという側面は否めない。しかし実際には、当時、国防総省からよりも「国立保健研究所 National Institutes of Health（NIH）」から与えられる研究資金のほうが多額であり、研究費の配分は、すでに相対的に軍事から「生命科学」へと転換していた（*RGE*, p. 90）。したがってベルによればＩＤＡと大学との関係は、大学と軍産複合体との共謀を示しているというよりも、「脱工業社会」における科学とテクノロジーとの関係の変化を示している。したがってベルは、「学生反乱」が「大学のベトナム戦争への共謀」に対する反抗から生じたという見解を、否定する。

第二の争点である体育館建設問題についていえば、すでに述べたように、モーニングサイド公園内における大学の体育館建設を、学生は、「組織的人種差別主義」とみなし批判した。

しかし実際には、この体育館問題は、「人種差別主義」とは無縁であった。四月二三日の建物占拠後の教授会、翌二四日の教授会、紛争解決のために設置された臨時教員団においても、体育館建設の中止が明確に提示されている。もしこの体育館建設問題が実質的な要求であったならば、学生は、占拠を解除したはずである。しかし学生が建物占拠を続けたことからみても、この争点は、実質的な意味をもっていなかったことが理解できる。何より四月二六日にトルーマン副学長が、体育館建設の停止を明言したことからみて、その時点においてこの問題は、すでに「学生反乱」の実質的争点ではなくなっていた。

それにもかかわらずＳＤＳが、大学の「組織的人種差別主義」を取り上げる背景には、体育館の立地条件があった。偶然にもコミュニティ用の体育館の階上に、コロンビア大学の体育館が建設される予定であった。それゆえ体育館の位置関係が、あたかも人種差別の可視的な象徴であるかのように思われた（The Fact-Finding Cox Committee 1968, p. 87. 一一三頁）。こうした立地条件も加わって、ＳＤＳは、体育館建設問題を、「大学の組織的人種差別主義」の象徴であるとみなした。しかしすでに述べたことから明らかなように、そうした立地条件も象徴としての意味しかもたず、「学生反乱」は、大学の「組織的人種差別主義」に対する反抗である、とＳＤＳ

の喧伝どおりに単純に捉えることはできない。

第三点目の建物内のデモ禁止問題も同様に、ベルは、「学生反乱」の実質的争点とはみなしていない。SDSが喧伝する「大学による抑圧」とは、「この程度」のことであった（*CON*, p. 73）。ベルによれば「この程度」の「大学による抑圧」が、建物占拠といった前代未聞の大規模「反乱」を引き起こした、と考えることはできない。

それでは、三つの争点が実質的な争点ではなかったとするならば、「学生の不満の源泉」は、いったいどこにあったのか。ベルは、「学生の不満の源泉」を見いだすためには、SDSとは関係のない「穏健」な学生に着目しなければならない、と述べる。すでに確認したとおり、SDSではなく、「穏健」な学生が、「学生反乱」において多数派であった。しかし行政部は、SDSとその他の「穏健」な学生とを区別することなく、「穏健」な学生によって「学生反乱」の趨勢が決定づけられたことを理解できなかった。それゆえ行政部は、警官隊の導入によって事態の収拾を図り、多くの負傷者を出し、学生を「急進化」させてしまうこととなった。こうした行政部の見解と異なって、ベルは、「穏健」な学生を、「破壊者」でなく、「大学に対する、未だ形にならない不満を表明しようとする」者である、とみなす（*CON*, p. 101）。ベルによれば彼／女らの不満は、「脱工業社会の到来」にともなって生じたものである。というのも「脱工業社会」は、学生たちに「組織の鎧」を着せるからである。ベルは、この「組織の鎧」という独特の用語によって、以下のような事態を示そうとしている。

まずベルのいう「脱工業社会」において、専門職に対する社会的要請が高まる。もちろん専門職は、それぞれの領域における「理論的知識」の獲得者である。こうして増大する専門職は、社会階層の上位を占めることとなる。すなわち教育が、「社会における流動の基礎になっており」、教育を通じて人々は、階層を上昇していくようになる（*PIS*, p. xvi）。こうして「大学は、未来社会の階層システムを決定することにおいて擬似独占的」となっていく。それゆえ大学進学率は上昇し、大学の大衆化が生じる。同年齢の競争者が増加することから、高校生たちのあいだに、「良い」大学に入学できるかどうかという不安が生じる。さらに大学院進学率も特にコロンビア大学の場合、八五％という極めて高い率となっていた。それゆえさらに大学に入っても「良い」大学院へ入るために、大学において「良い」成績を取らなければならないという圧力がかかる[3]（*CON*, p. ix）。

さらに大学進学率、大学院進学率の上昇によって、大学の教師数が不足していた。当時、大学関係者は、将来的にこの不足が深刻な事態を引き起こすであろう、と危惧していた。それゆえ博士号を取得した大学教員の養成が、緊急の課題として浮上することとなった（*RGE*, pp. 104-105, 280-281, 296）。

このような事情から、学部の一、二年生から早期に専門課程を開始するように、大学に対して圧力がかかる。したがって当時、学部を三年に短縮すべきであるといったような、学部教育の意義を軽視する議論がなされていた（*RGE*, p. 5）。すなわち学部は、中等教育と大学院教育とのあいだにある「通り道」にすぎないような状況におかれていた。こうした専門課程を重視する傾向にともなって、特に、カレッジにおける一般教育が、軽視されることとなった。このように当時の大学は、学生に専門職に必要な専門知識のみを訓練する「職業訓練校」化されつつあった（Dorman 2000, p. 151）。ベルによればこうした状況は、青年に必要な「モラトリアム」を浸食することになり、学生たちが「自分は誰であり何ものであるか」を探求する時間を奪うこととなる。したがって学生たちには、関心を試しながら、専攻や進路の選択に向かうという余裕が、与えられなくなる。こうして学生たちは、早期に専門課程を履修させられ、専門知識の習得をせかされ、なるべく早く、組織に雇用されるように、極めて強い圧力を受けることとなる（*RGE*, pp. 113-114, 142）。このことは、「大学が、未来の階層システムの決定において擬似独占的である」ことから生じている（*CON*, p. ix）。「脱工業社会」において学生たちは、メリトクラシーに基づいた激烈な競争にさらされる。この変動が、「学生の不満の源泉」の一つとなっている。

さらに専門化圧力は、専門職の養成という観点からも問題を生じさせる。というのも一般教育を十分に受けていない学生は、大学院や専門職養成学校を修了しても、ベルが想定する「専門職」足り得ないからである。ベルが想定する「専門職」は、彼らの行為に対する期待が、「自己利益」に優先する「倫理」から生じているという存在である。このような特別な専門職の倫理を内面化した専門職は、彼／女の同僚である専門職集団を通じて、責任を問われる（*PIS*, p. 374. 四九〇―四九一頁）。このように「専門職」は、本来「自律的」な存在である。しかしながら当時の一般教育を経た専門職は、専門知識の訓練を受けているのみであるので、「自律的」であるか否か、疑わしい。それゆえ彼／女らは、大学から輩出されても、ベルの想定する「専門職」としてでなく、官僚やテクノクラートとしてしか働くことができない。このようにベルは、「脱工業社会」の中軸を担う専門職養成にとって、当時の学部教育が不適切な状態にある、と危惧している。ベルは、こうした一連の事態を「組織の鎧」という用語によって表現しており、ここに学生たちの不満が存在している、と捉えている。

このような事態に加えて、さらに学生の不満を生じさせた要素がある。それは、大学における教育と研究との比重の変化にともなって生じた、学部と大学院との比重の変化である。「脱工業社会」において、「理論的知識」が増大し、教育部門よりも研究部門の拡大が要請される。それと同時に、拡大するカレッジのために、教員養成の必要が生じる。したがって大学院の拡充がおこなわれる。こうして特にコロンビア大学の場合、学生数からみても、学部生よりも大学院生のほうが、多数を占めるようになった（The Fact-Finding Cox Commission 1968, p. 32. 四六頁）。これに加えて、大学院に籍をおく教員のほうが、カレッジの教員よりも有利な条件を与えられた。例えば、大学院の教員は、カレッジよりも多額の研究費を利用可能であるし、大学院生を研究助手として使うことができる。さらに大学院に所属する教員は、カレッジに所属する教員よりも、一般に高い「地位」を得ることができた（*RGE*, pp. 65-66, 88）。ベルは、このように「アメリカの大学院が、学部を犠牲にしながら、大学の中心的特徴となっていった」事態に、着目している（*CON*, p. viii）。

さらにベルは、教育と研究との比重の変化について、もう一点、指摘している。「脱工業社会」において大学教員は、多機能化を要請される。すなわち大学教員は、教師、研究者、大学の運営にかかわる作業、博士課程の院生の指導や博士論文の審査、専門雑誌論文のレフリー、学会への出席、といった義務を引き受けなければならない。さらに大学は、社会的サービスを求められる存在となっていくので、教員は、行政の委員会への出席を要請される（*RGE*, pp. 65, 99）。当時のコロンビア大学において、教員の昇進は、教育実績でなく、研究実績によって評価されていた。それゆえこのような多機能化し多忙である教員は、教育負担の軽減を要求する。こうしてコロンビア大学においては実際に、教員の教育負担は、軽減され、この負担を、カレッジが負うこととなった。つまり一般教育は、若いアシスタントに任され、教授クラスの教員は、一般教育をほとんど担当していなかった（*RGE*, pp. 65-66, 101-102）。こうしたことも、学部教育の形骸化を促進する要素となった。

このように軽視されつつあった一般教育を受講するカレッジの学生のあいだに、無関心の感覚が広がり、彼／女らは、「カリキュラムのほとんどが意味がない without relevance」ように感じていた（Dorman 2000, p. 151）。さらに当然ながら、多忙な教授は、学部生に対する個別指導などもできない状況にあった。例えば「週に二回の教授の相談時間のうち、その一回の数分間でよいから、時間を割いて相談にのってくれる教授を見つけるために、学生たちは、列をなして並んでいた」。しかし「学生が傾倒している教授のほとんどは、自己の学術的業績づくりに追われていて、学生との話し合いに多大のエネルギーを割いたり、注意を向けたりする余裕がなかった」

(The Fact-Finding Cox Committee 1968, p. 32. 四五頁)。こうした学部教育やそのカリキュラムに対する不満は、コロンビア大学内に、建物占拠以前から充満していた。例えば、一九六七年当時、学部長であったトルーマンは、大学の教育政策にかんする意思決定機関であった「教育政策委員会」へ、二人の学生を参加させた。この「教育政策委員会」は、ABCDといった「段階的成績評価」でなく、「合否判定」のみで、あるコースの履修が可能となるようなカリキュラム改革を提示した。この改革は、すでに述べたように、専門課程を学部の早期から履修する圧力が強まるなかで、学生たちの、専門以外の科目も履修したいという要求に応じたものであった。この改革によって、専門外の科目に対して低い評価が与えられることなしに、学生の関心に応じた科目の履修が可能となった（*CON*, p. 69）。こうした改革にも、学生の不満の所在が、明確に現れている。

このような認識は、すでに一九六六年に公刊されたベルの『一般教育の改革』（*RGE*）において示されている。この著作は、学部教育の充実と、さらに学部教育と大学院・専門職養成学校との関連を視野にいれた、大学カリキュラムの再編とを企図して書かれた。ベルは、このように「脱工業社会」に対応した大学教育プログラムを構想しようとしていた。このことは、「学生反乱」以前から、すでに「一般教育の改革」が求められていたことを示している。このようにベルは、反乱以前から、学部教育に対する学生の不満が根強いことを十分認識しており、この不満が、「学生反乱」の主要な要因の一つであった、と考えている。

第四節　ニューレフトとダニエル・ベル

前節において「穏健な」学生の不満の源について検討した。ベルは、学生たちに好意的に、こうした不満への対処を考慮する一方において、「穏健な」学生と異なる態度を示すSDSへ批判の矛先を向ける。なぜならばSDSの社会認識は、現代社会において妥当しないからである。SDSは、現代社会の「複雑性」を認めようとしないので、社会を描写するときに「単純化されたレトリック」を必要とする。したがって彼／女らは、このレトリックを「権力の隠されたネットワークという陰謀理論」に見いだした。例えば、「ベトナム戦争における大学の共謀」や「組織的人種差別主義」といったレトリックが、これにあたる。政治的立場の如何を問わず、このような単純化された「陰謀理論」が頻繁にもちだされることは、ベルのマッカーシズム論においてすでに指摘したところである。こうしてSDSは、社会を単純化して捉え、社会「全体」の変化を求める。それゆえ彼／女らは、部分的な妥協や交渉を認めない（CON, p. 95）。このことは、「ストライキ運営委員会」が「臨時教員団」の妥協案を一切拒否したことにも、明確に示されている。しかし「イデオロギーの終焉」論においてすでに確認されたように、「全体的」な社会の変化を望むことは、もはや不可能である。それゆえSDSは、社会「全体」を変革することを諦め、だんだんと大学のなかへと撤退した。SDSは、大学を「社会の縮図」とみなすことによって、社会が腐敗していれば大学も腐敗しているとみなす。こうしてSDSは、外からの攻撃に対して脆弱な大学に、攻撃の矛先を向けるようになる（CON, p. 95）。しかし彼／女らは、「誇大妄想的」で実現不可能な「参加民主主義」の他には、「対抗社会」についての有効な展望をもっていなかった。それゆえ他の「穏健な」学生が、「学生反乱」直後、具体的な大学「再建」に取り組もうとしたとき、SDSは、大学所有のアパートの占拠という、「事態を混乱させる」という戦術に依拠する他はなかった（CON, p. 89）。SDSのとったこうした態度を、「穏健な」学生は、「軽蔑」し、SDSと一線を画すこととなった。

大学を「社会の縮図」とみなすSDSは、「穏健」な学生やアフリカ系学生に先んじて、大学を攻撃対象とした。確かに大学は、社会階層の再生産をある程度おこなっている。しかしベルは、大学を「脱工業社会」における「基軸構造」と位置づけるがゆえに、大学に攻撃を仕掛けるSDSに「怒り」を感じていた（Dorman 2000, p. 152）。社会における権威は、私的暴力に攻撃された場合、もしこれを制御しなければ、その有効性を失ってしまう。もしSDSが主張するように、大学が「社会の縮図」であれば、学生の暴力・建物占拠は、警官隊によって制御されなければならない。しかしベルによれば、「大学は、社会の縮図でなく、学術共同体である」（CON, p. 101）。したがってもしこの「学術共同体」を学生が攻撃した場合、学生を暴力によって抑圧しても、大学の権威は、回復されない。そうではなく、大学は、「十分な議論に従事することによって、提示された変化の利点が認識されたときに、権威を獲得できる」（CON, p. 101）。つまり大学は、学生と話し合うことによってのみ、その「忠誠」を獲得できる。それゆえ「破壊的な学生は、警官によってでなく、教授会や他の学生によってのみ抑制される」（CON, p. 101）。こうした認識を示すベルは、「臨時教員団」において示されたように、警官隊を導入した行政部の対応に批判的である。ベルは、「臨時教員団」における活動をみれば明らかなように、最後の最後まで、交渉による解決に望を託していた。ベルのこうした態度は、建物占拠中にトルーマン副学長と交わした次の会話に、端的に示されている。

ベル：あなたが何をしようとも、警官隊の導入だけはおこなってはならない。私は、今、ある学生とマルクス主義や社会学について議論をしてきた。あなたも学生のところに行って、議論しなければならない。

トルーマン：私は、癇癪もちの子供たちと議論するつもりはない。

ベル：あなたは、権威を示すことはできない、権威を獲得しなければならない。

トルーマン：ナンセンス。

(Dorman 2000, pp. 154-155)

しかし結局、警官隊の導入によって事態の収拾が図られた。ベルは、このとき、ライオネル・トリリングと帰宅途中であった。彼は、自宅に帰り、警官隊が導入されたことを知り、泣き出してしまった（Dorman 2000, pp. 154-155）。当時四八歳であった大学教授が泣き出した、と告白しているところに、警官隊の導入が、ベルにとっていかに痛恨の極みであったかをうかがうことができる。ベルは、その後、「後味の悪い感情」が残り、コロンビアに残る気にはなれず、以前から誘われていたハーバード大学へ移ることとなる（Dorman 2000, pp. 154-155）。ベルにとってコロンビア大学「学生反乱」は、これほど衝撃的な出来事であった。

このような警官隊の導入をおこなった行政部は、紛争経過中も常に、学生との対話を拒否するような権威主義的態度を示し続けた。例えば、すでに述べたように、学生処分の最終的権限を、三者委員会に譲らず、あくまで学長権限であると主張し続けたことが想起される。さらに警官隊導入後、五月に入り、行政部は、ＳＤＳの四人の指導者を停学にすることによって、権威を示そうとした。行政部の対応に反抗して、五月二三日、二五〇人の学生が、再びハミルトン・ホールを占拠する事態に至った。ここで再度、警官隊が導入され、学生のなかから負傷者六八人、逮捕者一七四人が出る事態となった（*CON*, p. 90）。さらに紛争中に限らず、紛争以前においても、行政部は、同様の姿勢をとっていた。建物占拠以前の一九六七年、ハーバート・ディーン大学院副部長は、ＳＤＳのインタビューに答えて、次のように発言した。

大学というものは、断じて民主主義的機関でない。もし大学での意思決定が民主的におこなわれるようならば、私は、もはやこの地位にとどまっていないつもりである。

学生たちがある問題について、『イエス』といったか『ノー』といったかは、私にしてみれば、彼らがイチゴについて好きだとか嫌いだとか言っているようなものである。

(The Fact-Finding Cox Commission 1968, pp. 48-49. 六七頁)

ベルに言わせれば、こうした権威を示すような態度をとっても、大学の権威は、かえって浸食される。こうした態度とは反対に、大学は、権威を「獲得」するように努力しなければならなかった。

ベルによれば学生たちは、「学生反乱」において、「学生の生活に影響を与える制度」への「参加要求」をおこなった。これこそ、彼らが提起したかった問題であった。SDSが主張する「参加民主主義」は、この要求を表す端的なレトリックであった。もちろんベルは、「参加民主主義」という要求を直接受けいれるべきでないと考えている。ベルによれば「大学の権威を守るために」、まず「大学内における機能と位置に応じた権利・権力・責任の領域を定義する」必要がある (CON, pp. 96, 107)。つまり教員、院生、学部生を権限や責任に応じて階層化しなければならない。このような認識は、当時実際にあったベルと学生とのやりとりに明確に示されている。当時、ベルたち教師にむかって、「何を学ぶべきか」を教えてもらう必要はない、と息巻いた学生がいた。ベルは、この学生に対して、何を学ぶべきかを教えることが教師の役割である、と反論した。しかし「彼らは、こんな単純なことすら理解しなかった」(Dorman 2000, p. 153)。

こうした階層化を前提にしてではあるが、ベルは、大学を「できるだけ参加的制度」にすべきであると考えている。それゆえベルは、階層化され、教員と全く平等に一人一票の原則に従うことはないとはいえ、学部生や院生も、意思決定に参加できるような制度設計をすべきであると述べる（CON, pp. 96, 107）。第六章において確認したように、「脱工業社会」においては、非官僚制的組織形態が登場する、と示唆された。ベルは、「脱工業社会」特有の「合議的な」組織形態を、大学内において構想していた（1969, p. 1034）。この組織形態は、パーソンズがいう「合議制アソシエーション」と同様のものを意味している。「合議制アソシエーション」の構成員は、専門的能力と経験とにしたがって、成層化されている。大学に即していえば、それは、古参教員・若手教員・大学院生・大学生の、「アカデミック・ステイタス」をもつ四つの層から構成され、おのおのの層は、学問的能力と経験とを基礎として、成層化されている。したがって大学構成員の「フラットな平等性」はありえない、と考えられる。ただし「各階層の内部では、平等なアソシエーショナルな関係が支配的である」。「このようなアソシエーションにおいて、権力でなく、影響力による合意形成が支配的形態である」（高城 1989, pp. 72-73）。大学の組織形態についての見解は、ハーバード大学において「学生反乱」に直面したパーソンズと、コロンビア大学のベルとのあいだで一致している。両者が提示した組織形態こそ、「脱工業社会」の明確な特徴の一つである。

本章において、コロンビア大学で起こった学生反乱の状況、それに対するベルの思想と行動、さらにベルの「脱工業社会」論と関連づけつつ「学生反乱」分析の特質を析出した。ベルは、あくまでも紛争の平和的解決を望み、その方向に教授会を導こうと奮闘した。さらに彼は、反乱の要因となっている学生たちの不満の所在に分析のメスをいれ、大学が抱える制度的・構造的問題を注視した。ベルのこのような態度・分析は、一般にいわれているラディカリズムへの嫌悪といった新保守主義的対応とは全く異なっており、極めてリベラルなものであった。本章において依拠した報告書は、ベルに典型的にみられるリベラルな対応が紛争の解決を遅らせたと批判しているほどである。こうしたベルの対応は、他のニューヨーク知識人のなかでも際だっている。たとえば当時、ニューヨーク在住のシルズやライオネルの妻ダイアナ・トリリングは、大学の外から警官隊の導入を紛争発生当初から強力に主張していた。当時、学内にいたホフシュタッターは、「暴力を最初に大学内に導入したのは学生の方であることを教授会は忘れ始めている」、とベルが主導した教授会の動向を批判している（堀 2000, p. 200. Jumonville 1991, pp. 206-207. Trilling 1977, p. 123）。このようなニューヨーク知識人の思想・対応と比較すると、ベルの対応は、極めて対照的である。しかしニューヨーク知識人の対応が学生たちに対して抑圧的であれば、そのメンバーであるベルの立場も重なってみえてしまうという問題がここでも指摘できる。特にシルズやホフシュタッターと同じような見解を提示してきたベルがここでも彼らと同様の立場にたつことは自然のことのように思われてしまう。ニューヨーク知識社会と新保守主義との交差は、ベルの実像を照らすこともあれば、曇らせることにもなる。「学生反乱」評価に限っていえば、後者の結果を招いてきた。

注

（1）「臨時教員団」決議文

我々ここに署名したコロンビア大学教授会メンバーならびにその他の教員は、現下の危機解決のため次の提案をおこなうものである。

一、我々は、理事会に対して理事会がその必要があれば電話投票などの方法によって決議のうえ、体育館用地の基礎工事を即時中止するよう要請する。

二、我々は、行政部に対して現在の危機にかんする一切の処分権を、学生・教員・行政部の構成する三者委員会に委任することを要請する。
三、我々は、学生諸君に対してすべての建物からの即時引き上げを要請する。我々は、解決のために我々の信義と力を尽くすことを誓うものである。もし学生諸君が建物から引き上げようとしないならば、我々は、上記の線にそって、危機が解決されるまで授業をおこなわない。
四、現下の危機が解決されるまで、我々は、占拠中の建物の前に立って、警察力その他の学部勢力の強行侵入を阻止する（The Fact-Finding Cox Commission 1968, pp. 116-117. 一五〇頁）。

（2）運営委員会は、ベルの他に以下の一四名によって構成された。ダリン Alex Dallin（政治学）、ロストウ Dankwart Rustow（政治学）、ウォーラスティン Immanuel Wallerstein（社会学）、ホプキンス Terence Hopkins（社会学）、シルバー Allan Silver（社会学）、シェントン James Shenton（歴史学）、ロスマン David Rothman（歴史学）、フォゲルソン Robert Fogelson（歴史学）、メツィガー Walter Metzger（歴史学）、カミング Robert Cumming（哲学）、モーゲンベッサー Sidney Morgenbesser（哲学）、ベルナップ Robert Belknap（ロシア文学）、メルマン Seymour Melman（産業工学）。

（3）この点について竹内洋は、丸山真男論の中で日本の大学紛争において学生の心情をベルと同様の仕方で捉えている。竹内によれば、「かれらは、理念としての知識人や学問を徹底して問うたが、あの執拗ともいえる徹底ぶりは、大学生がただの人やただのサラリーマン予備軍になってしまったことへの不安とルサンチマン（怨恨）抜きには理解しがたい」（竹内洋 2005, p. 248）。

第八章　「資本主義の文化的矛盾」論からアメリカ市民社会論へ

第一節　「資本主義の文化的矛盾」とパーソンズ社会学

ベルは、一九七三年『脱工業社会の到来』を公刊した後、一九七六年に『資本主義の文化的矛盾』を執筆する。この『資本主義の文化的矛盾』は、ベル＝新保守主義者という評価を決定的にした著作である。例えばハーバーマスは、ベルが『資本主義の文化的矛盾』において論じた文化批判、宗教への希望的観測を指摘し、その新保守主義的思想を批判している。そこで本章は、ベルと新保守主義との関係を検討するうえで要となる『資本主義の文化的矛盾』を取り上げ、その理論的・思想的内容を検討する。それを通じて新保守主義に対するベルの立場を明らかにしたい。結論を先取りしていえば、「資本主義の文化的矛盾」論は、これまで批判されてきたこととは反対に、新保守主義に対する対抗的要素を多く含んでいる。

前章で扱った「脱工業社会」論は、ベル自身が述べるとおり、「資本主義の文化的矛盾」論との関連で考察することが必要である[1]（CCC, p. xxx. 一七頁）。というのもベルは、経済、政治、文化の三領域の矛盾を現代社会の問題の淵源とみなすが、「脱工業社会」論においては、三領域のうちの経済領域のみを分析対象とした。政治・文化領域の分析、さらには三領域の関連、矛盾の分析は、「資本主義の文化的矛盾」論で展開されている。本章では、「資本主義の文化的矛盾」論を考察する際に、こうした両著作の関連に留意する。

さらに本章は、ベルの「資本主義の文化的矛盾」論構想の背景として、パーソンズ社会学への批判的視点に着目する。これは、ベルの思想を当時の理論状況にそくして理解しようとするがゆえである。『資本主義の文化的矛盾』執筆当時、ハーバード大学で教鞭をとっていたベルは、同じくハーバードでアメリカ社会学の中軸を担っていたパーソンズ批判を足がかりに、自らの理論を構想してきた。両者は、同時代のアメリカ社会の諸問題と格闘していたにもかかわらず、本章で示すようにその社会認識と理論枠組みを対照的なものとするという、興味深い位置関係にあった。そこで本章は、ベルの理論をパーソンズ社会学と比較することによって、その独自性と有効性とを析出していく。この点は、ベル理論の「専門社会学」としての側面に光をあてることにつながる。当時の社会学の主流であったパーソンズ社会学との比較を通して、ベル理論の「専門社会学」としての側面にも光をあてたい。

ベルのパーソンズ理解における中心的論点は、パーソンズの一般理論体系への志向である。ベルによればパーソンズは、ウェーバーの議論から類型論の「非歴史的」分析の論理を析出し、さらにそれを進めて、「一般理論」という形で「完全な社会形態論を構築しようと努めた」(2)。ベルは、この「努力」を「社会学に対する重大なる貢献」である、と高く評価する一方で、その抽象化の度合いのゆえに、多くの社会学者に受けいれられていない、とその問題点を指摘する。この批判は、過度に抽象的でジャーゴンを羅列した理解不能な理論であることを意味しているのではなく、次の点に向けられている。たとえその理論の体系的精緻化が達成されているとしても、

「理論は実質的に例証されるべきであり」、その意味においてパーソンズの理論は、「歴史的な、現在起こっている出来事」を理論的に処理できていない（*SS*, p. 42. 九五頁。*WP*, p. xxii. 四四頁）。それゆえ本章は、この点に焦点をあて、ベルの理論がパーソンズ社会学よりも一般理論として優れた体系性をもっているかどうかという点よりも、七〇年代以降のアメリカ社会の実態に照らしていかに有効な分析をもたらしているかという視点から考察を進めていく。

第二節　経済領域における矛盾――『プロ倫』の現代的読解

ベルは、パーソンズの「社会体系論」に対置させる形で自らの議論を提示しているが、パーソンズと異なり彼は、先ほど述べたように「社会」内に四つのサブシステムではなくて三つの領域を措定する。すなわち経済、政治、文化の三つである。この三領域は、それぞれに相矛盾する「基軸原理」をもっており、現代社会は、三領域間の矛盾を抱えこんでいるものとして捉えられている(3)。

まずベルは、経済と文化との矛盾について、彼のウェーバー理解に基づいて議論を展開している。近代資本主義生成期の時点でみれば、「歴史的にピューリタンの信念とその天職概念によって、[経済・文化という]二つの領域は結合されていた」（*CCC*, pp. 14-15. 上四五頁）。ピューリタンの世界観では「すべての仕事」は「天職」であり、「天職概念は、日々の生活において宗教的行いを実践させる道徳的義務であった」（*CCC*, p. 288）。しかし「仕事と蓄積は、もはやそれ自体が目的ではなく、消費とみせびらかしのための手段となった」（*CCC*, p. 74. 上一六八頁）。そこには流れ作業による大量生産方式、クレジット・カードと分割払いによる収入取得以前の消費財の購入、広告による消費欲求の喚起などの要因が介在している（CCC, p. 66, 68. 上一四九、一五五頁）。この議論は、現在の文脈でいえばリッツァーの「消費手段の革新」という意味での「再魔術化」論と同様の趣旨のものである。リッツァーも、クレジット・カードや数々の「消費の殿堂」を、多くの具体例をあげつつ指摘している（Ritzer 1999）。

この資本主義の展開についてのベルの理解は、リッツァーの立論と再び符合するが、ウェーバーの『プロテスタンティズムの倫理と資本主義の精神』という「あの偉大な書物の結論部分」を敷衍したものである（1996, p. 36. Weber 1905, S. 108–109. 三六五―三六六頁）。ベルによればプロテスタント的な職業倫理を内面化した近代人は、しかし「精神なき専門人、魂なき享楽人」に成り果て、快楽主義的消費欲求に動かされつつも、仕事の場面においては、一旦作動した資本主義の論理に基づいて禁欲的に働く。もちろんそれは、「天職」をまっとうしようというようなものではないが、外面的には現代人は、きわめて「禁欲的」に働いていることは疑いない。ショアーによればアメリカ社会における生産力の上昇は、余暇時間の増大ではなく、労働時間の増大を招いている。もちろんその要因として、雇用主の抵抗、労働組合の脆弱さ、専業主婦の労働時間に対する低い評価などが考えられるが、消費水準の上昇や浪費文化も大きな要因である（Schor 1992,「日本語版への序文」）。ショアーが『働きすぎのアメリカ人』執筆後、『浪費するアメリカ人』を公刊したことが端的に示すように、「過労と浪費」の「悪循環」から抜け出せない現代アメリカ社会の実態が浮かび上がる（Schor 1992, chap. 5. Schor 1998）。

ベルは、ウェーバーの診断が「禁欲主義の運命」を言い当てていたとすると、「アメリカ資本主義の文化的矛盾を理解するために、資本主義に関するもう一人の主要な歴史家であり、ウェーバーの敵対者であったゾンバルトに目を向けるべきである」、と主張する（1996, p. 36. Sombart 1912）。ベルは、資本主義の駆動力を、禁欲的な職業倫理であると同時に、「獲得欲求」でもあると捉え、ゾンバルトとウェーバーとを重ねることによって、現代資本主義の特質を描いた(4)。

ベルは、「経済」という領域を一口に措定しているだけであるが、そこには「生産」と「消費」という下位領域が含まれていることは明らかである。生産の下位領域においては、デュルケムやパーソンズをもちだすまでもなく、専門分化がますます進展し、機能分化が加速度的に進行し、個人の役割のレベルで、過剰なまでの専門性と要求が課せられてくる。ベルによってこの領域の「基軸原理」は、「機能的合理性」である、と措定されるゆえんである。それは、脱工業社会化の進展に伴って生じる、専門職・管理職・技術者の数的質的増大として、ベルによって論じられたところであった。前章で述べたとおり、「脱工業社会」におけるメリトクラシーの圧力は、大学内に極度の緊張を高めた。「脱工業社会は、その主要な論理からいえば、メリトクラシー社会である。地位の格差、収入の格差は、専門能力や高等教育に基づいている。これらの業績がなければ、この社会における特色である新しい産業部門に受けいれられる必要条件を満たすことはできない」(*PIS*, p. 409. 五四〇頁)。このように経済領域における「機能的合理性」が、「脱工業社会」において特に強化されている。他方で「消費資本主義」ともよばれる事態を前にすればベルの「人間は昼間、『まじめ』でなければならないが、夜は『遊び人』でなければならない」という譬えは、現代資本主義の核心を突いた表現であろう(*CCC*, p. 72. 上一六三頁)。

ただしここで「資本主義の文化的矛盾」を解消する新たな働き方を確立する存在に注目すべきである。ベル自身も指摘しているように、「ボボス」というこの対立を乗り越えるエリート層が現れてきている。仕事と趣味との区別を乗り越え、二四時間仕事をし続ける「仕事依存症」の存在である(Brooks 2000)。リッツァーが「再魔術化」を論じるさいに依拠しているバウマンも、仕事の中に審美的価値を見出すエリート層を指摘しており、このようなエリート層の有り様は、ベルとバウマンの議論を重ねてみるならば、「資本主義の文化的矛盾」を新しい形態において解消するものである（Bauman 1998, chap. 2）。

ここにはベルとパーソンズとのウェーバー、ゾンバルト理解の明白な違いがみられる。すでに周知のとおり、パーソンズは、終生、一貫してゾンバルトとウェーバーを対照的に捉え、ウェーバーの側にたって、しかもウェーバーのペシミズムの乗り越えを企図して、資本主義の精神を論じてきた（高城 2003, 第二章。Parsons 1929）。この態度の背景にはパーソンズの「プロテスタント倫理は死んでいない」という確信があった（Parsons 1978, p. 320. 二七九頁）。したがってパーソンズは、アメリカ文化が快楽主義的であることに同意しないであろう。それに対してベルは、ウェーバーのペシミスティックな展望を直接的に現代社会理解に援用し、そこにゾンバルトとウェーバーの重複をみた。ゾンバルト・ウェーバー理解の相違は、ベルとパーソンズとの対照的なアメリカ社会論の背景の一つとなっている。この点は、本章五節で改めて考察することとするが、ここではベルの視点の有効性を示す見解をいくつかあげておこう。パーソンズ生誕一〇〇周年記念論文集に寄稿したレヴィンは、パーソンズ理論からは、ベルが指摘したような「近代の不満」が見落とされるという、パーソンズ理論に内在する欠陥を指摘し、ベルが指摘した「矛盾」もその「不満」の一つであると位置づけている（Levin 2005, p. 161）。あるいはブライアン・ターナーも同様に、「社会諸システムの統一性や一貫性の仮定への厳しい批判は、文化と社会、あるいは政治との矛盾した原理の理念を発展させている」、とパーソンズからベルへの理論的発展に着目している[(5)]（Turner 1990, p. 2）。

第三節　文化領域における矛盾——モダニズムからポスト・モダニズムへ

ベルは、近代資本主義を生み出したプロテスタンティズムの倫理の喪失を主張しているが、それが衰退した後の文化において、ポスト・モダニズムという運動が興隆してくる事態を捉えている。ポスト・モダニズムという運動は、「芸術」に至高の価値を認めるというモダニズムの主張を受け継ぎ、そこから一歩先に進んで、芸術の領域を踏み出て、「人生の意味を本能的行動に求め」、「衝動と快楽だけが実感できるものであり、人生に意味を与える」と主張する。それは、自己の直接的経験のみを重視し、「自己の絶対性の徹底的な主張」に帰結する（CCC, p. 47. 上一〇七頁）。そこにはもちろん「衝動への抑制とか限界」、「聖なるもの」など何もない（CCC, p. 51. 上一一六頁）。こうした理念は、「ハプニング」・「環境芸術」、「プロセス・アート」、「ミニマル・アート」、枚挙に暇がないほどの暴力・性表現に見出される（CCC, p. 51. 上一一六頁）。ここでは最も典型的な事例として「リビング・シアター」でおこなわれた演劇をあげておく。「リビング・シアター」は、対抗文化の新たな試みの一つとして、ＳＤＳ元議長トッド・ギトリンによっても指摘されている（Gitlin 1987, p. 28. 四四頁）。そこでは観客が舞台にあがり、服を脱ぎマリファナをすってまさに欲望自然主義的に振舞うことがよしとされる。「舞台で表現される芸術を観客が愉しむ」といった態度は、消えうせ、芸術と日常生活との融合がみられる。この意味においてポスト・モダニズムは、芸術の領域を踏み越え、人生の領域へと足を踏み入れてきている（CCC, p. 140. 中一一八－一一九頁）。当時の芸術は、自己の衝動の表出としての単なる一時的な「デュオニソス的饗宴」に熱中し、「センセーション」と「新奇さ」のみを追求するものであった（CCC, pp. 105-106, 139, 156. 中五〇、

一一七、一五二頁)。ベルは、ここにカウンター・カルチャーの背景をみている。

こうした文化的変動をみると、役割と専門分化によって組織化されている経済と、「自己を高め、『まるごとの』人間に関心をもつ文化とのあいだに緊張関係が生じる」(CCC, p. 14. 上四四頁)。経済変動との関連で言えば、過剰なまでの合理性や業績達成への圧力、専門職への誘引が、反動としての「まるごとの自己」の追求をもたらしている。これは、パーソンズ流にいえば「脱分化」という現象であろう。この自己の絶対性は、消費活動へも影響を与えていることはいうまでもない。ベルは、文化領域の「機軸原理」を「自己」の称揚や「自己充足」であるとする。つまり「この自己の潜在的部分の充足あるいは『実現』が、社会諸集団の生活様式と、文化の表出的領域における新奇性の探求と実験とを形作る正統な基準である」。ベルは、ここに「ほんとうの自分」を探し求める現代人の姿を見て取るのであるが、しかし七〇年代も後半になると六〇年代の熱狂から覚めたポスト・モダニストたちは、新奇さの追及は止め処もないセンセーションと新奇さの繰り返しに帰結し、それに「飽き飽きしてしまったという倦怠の感情」を残す(CCC, p. 53. 上一二〇頁)。結局のところ「個人と自己とに強調をおきながらモダニズムを生み出したブルジョア社会は、それ自体、文化的に涸渇してしまった」。残されたのは、「疲れた自己」、ラッシュにならうならば疲れた「ナルシズム的自己」である(WP, p. 302. 五八四頁。Lasch 1979)。これが、ベルが描いた現代的個人像であった。

第四節　政治領域における矛盾——福祉国家の行き詰まりと「公共世帯」

ここまで経済と文化との矛盾の論理を追ってきたので、本節においてはベルが措定する政治領域と経済領域との矛盾についてみていこう。本来、政治領域は、「正義」という本質的な原理のもとに紛争を統制するものである。それゆえ政治領域において選択される支配の形態は、時代や場所に応じていく通りか想定される。現代アメリカ社会においては、広範な参加に基づく民主制が採用されており、それゆえ「政治領域」の「基軸原理」は、「平等性」と捉えられる。国民に対して法の下の平等、機会の平等、権利の平等が保障される。

この政治領域と経済領域との関係に決定的な影響を与えたのは、ニューディールであった。ニューディールによって、大恐慌以前には想像もできなかったような統治機構の経済への介入、経済の管理がおこなわれるようになった。ベルが『イデオロギーの終焉』で指摘したことの一つは、この「混合経済」「福祉国家」の登場であった（*EI*, pp. 402-403. 二六二頁）。統治機構には、あらゆる経済的・社会的不平等是正の要求が寄せられ、統治機構は、それに応えることなくして、その存立を保つことはできない（CCC, p. 225-226. 下九四頁）。したがって「平等性」という原理のもとで社会保障受給等の「権利付与 entitlement」が正統化されていった。それゆえベルは、政治領域の「基軸原理」を「平等性」であると述べる（CCC, p. 233. 下一〇八―一〇九頁）。一九六〇―七〇年代にかけてこの「権利付与」は、「結果の平等」さえ正統化する段階に至り、平等・不平等の再定義を迫るという事態を招いてきた。この問題は、アファーマティヴ・アクションに典型的にみられる。経済の原理は、「機能的合理性」であるがゆえに、そこでは業績本位によって個人の評価が定められる。しかし政治における平等要求は、業績主義によって惹起される経済的不平等を指摘する。その不平等が、特定のエスニック集団に偏在しているときに、なおさら平等要求は強まってくる。ベル理論においてアファーマティヴ・アクションをめぐる問題は、経済と政治との「矛盾」の顕在化という形で析出される。(6)

こうして「経済と社会とにかかわる重要な決断」が、大恐慌以前の市場原理によって決定されるのではなくて、

「政治的な闘争の場」に集約され始めた。しかしここで新たな問題が生じる。第二次大戦直後のアイゼンハワー大統領の年頭教書は、政治による経済への介入によって生じる問題を的確に表現したものであった。「社会によって決定されたあらゆる社会的目標にかかる経費を計算してみたら、我々は、目標を同時に遂行する資源を持ち合わせていない」(CCC, p. 22. 上六〇頁)。多くの利害要求が政治の場に集約され始め、しかも利害要求をおこなう個人の背後に右にみたような文化的背景があるとしたら、先進諸国が一九七〇年代以降、財政問題に直面したことは、当然の帰結であった。「福祉国家」の誕生は、「損する側を敵に回しこそすれ、得する側からすれば、何だこれだけかということにしかならない。というのも要求を全部満たしてもらえる人も、自分の得たものを十分だと感謝する人もいないからである」(WP, p. 269. 五二七頁)。福祉受給への「期待」は、上昇し続けるので、国民の不満は、充足されることはない。

経済・政治・文化の諸領域間の矛盾から生じた福祉国家の危機は、他の論者によっても様々な仕方で指摘されている。ハーバーマスは、この問題を「正統性の危機」として論じているし、ハンチントンらは、「政治的要求の民主化」には制約がないとして、統治不可能性という問題を指摘している(WP, p. 216. 四三一—四三二頁)。ベルの議論は、こうした議論と軌を一にしているし、実際にはベルを批判するハーバーマスと問題状況についての認識を共有している。ハーバーマスとベルとの違いは、「正統性の危機」を克服する理論的方向にある。

ここまでみてきたような極めて不安定な三領域間の矛盾を解く鍵としてベルは、「公共世帯」という概念を提示する。これは、家族世帯・市場経済に並んだ第三の部門ではなく、この二つを包括して、できるだけ市場のメカニズムを利用し、しかも社会的目標の明白な枠組みのなかにとどまっているような部門である。ベルは、矛盾した三領域の再統合をこの「公共世帯」に託している(CCC, p. 25. 上六五頁)。この概念は、先に述べたような深刻な財政的危機の必然性を念頭においたものであり、ベルの危機意識は、後にソローとの共著『財政赤字』（*DEF*）を執筆させるほどであった。ベルの議論は、単にどうすれば赤字が減るかといった財政再建の技術論を論じたものではなく、「種々の要求の正統性を判断するにあたって、資源と必要性との公共的性格を認識することが必要であり」、さらには「何か公共善のために自発的に進んで犠牲を捧げるという『市民精神 *civitas*』」がなければならない、という強い危機意識に裏打ちされたものである。「公共世帯」という理念の内実や、これがどのような形で実現可能であるのかは、ベルの文化論をより詳細に考察する必要がある。その際にパーソンズ社会学と比較することを通して、ベルの「公共世帯」の内実を明らかにしていきたい。

第五節　ベル、ベラー、パーソンズと現代アメリカ社会論

ここまでみてきたようなベルの認識とは極めて対照的に、パーソンズによれば、七〇年代のアメリカ社会も、禁欲的プロテスタンティズムに起源をもつ「道具的活動主義」という価値の一般化の延長線上に置かれる（Parsons 1963, p. 417. 高城 1992, 二六八、二七三頁）。パーソンズは、この価値をベラーが論じたような「市民宗教」という各宗派を超える合意にみている（Parsons 1978, p. 203. 六五頁。高城 1992, p. 264）。パーソンズによればベルは、「『プロテスタント倫理は死んだ』という主張」を「あますことなく展開している」が、しかしそれとは反対に現代アメリカ社会においても「プロテスタント倫理は死んではいない」。パーソンズに言わせれば、「我々は、『天職』における体系的で合理的な労働を評価しているし、しかもそれをあるレベルでの宗教的背景からおこなっている」（Parsons 1978, p. 320. 二七九頁）。このパーソンズのアメリカ社会観は、ベルがウェーバーのプ

ロ倫の末尾を援用し、プロテスタント倫理の喪失を指摘したこととは、極めて対照的である。

さらにパーソンズのこの認識は、当然ながらベルの文化領域に関する議論とも異なってくる。ベルは、カウンター・カルチャーの進展を受けて「文化領域」の「基軸原理」を「自己表出」、「自己充足」と捉えた。パーソンズは、ベルとともに、カウンター・カルチャーを、高等教育の進展が増大させた合理的・認識的要素の反作用としての感情的・表出的要素の興隆と判断した。しかしパーソンズによれば、この反作用は、「社会の旧来の価値システムの過激な革命的拒絶をともなうものではなく」、合理的・認識的要素と感情的・表出的要素との「相対的な配置」の変化にとどまる。したがってカウンター・カルチャーも、やはり「市民宗教」の進展の延長線上におかれ、しかも「伝統的な功利主義的意味での私的利益の強調を弱め、個人相互の感情的連帯（すなわち愛）を強化し、本来のピューリタン的理想の重要な一部である集合的連帯感の復興の方向」を示している。それゆえこれは、「市民宗教の新版」、すなわち以前よりも「連帯的な人間関係や恋愛関係」を強調した「市民宗教」を形成する可能性を内包している（Parsons 1978, pp. 320-321. 二七九―二八〇頁。高城 1992, p. 272. 西山 2005, pp. 90-92）。

ただしパーソンズが依拠する「市民宗教」を提示したベラー自身は、アメリカ社会理解についていえば、パーソンズよりもベルの議論に重なってくる。ベラーは、『心の習慣』において現代アメリカ社会の支配的な思考・行動様式を功利的・表出的個人主義である、と分析した。功利的個人主義は、かつての「天職《コーリング》」が「労働」へと変化することによって生じてきた。各人の仕事が全体の利益に貢献していることが目にみえる地域社会は、「大規模な工業化社会」へと変化することによって、「労働を全体への貢献として捉えることは困難となった」。そこで人々は、より広い世界の一員であることを理解させる「天職」に代えて、「個々ばらばらに私的利益を追求する」「労働」をおこなうようになった（Bellah *et al.*, 1985, p. 66. 七七頁。山本 2003, p. 110）。そこでおこなわれる「労働」は、文字通り「功利的」動機によるものである。他方で表出的個人主義は、「私的世界に閉じこもって自己の感情を表出する生活を求め」、余暇や消費に限定された関係である「ライフスタイルの飛び地」を形成する（Bellah *et al.* 1985, pp. 71-72. 八三―八五頁。山本 2003, p. 110）。ベラーが示したような功利的個人は、ベルのいう経済領域にみられる個人であり、表出的個人は、ベルの文化領域の「基軸原理」に対応している。ベルが提示した「資本主義の文化的矛盾」に苛まれる個人は、ベラーによって功利的・表出的個人として批判的に捉えられた。このようにベラーは、ベルが問題としたアメリカ個人主義の現代的有り様を、別様の表現で示している。

パーソンズが「市民宗教の新版」の可能性をみるカウンター・カルチャーも、ベルによれば、「自己表出」という基軸原理に沿って生じた運動でしかない。個人の「直接的経験の探求」が唯一の基準となった現代社会において、諸個人は、「経験と感性の共有を求めて」同質的集団を形成していく（*WP*, p. 315. 六〇七頁）。コミューン運動は、この直接的経験の共有を求めた運動である。たしかにベルも、パーソンズが「愛の宗教」という用語を使っているのと同様に、この運動にみられる「愛」という究極的意味を強調しようとする宗教的関心に着目している（1971, pp. 475-477, 490-492. Parsons 1978, p. 319. 二七七頁）。しかしそこで営まれる「無為な暮らしは、つまらないものとなり、その不快感は、彼／女らが拒絶した世界のそれとなんら変わらないように思えてくる」。通常の家族にも沈殿してくる困難のすべてが、一〇倍にもなって彼／女らに降りかかり、コミューンの崩壊へと導く（1971, p. 494）。

ベルは、こうして衰退に向かうコミューンについて、それが若者の集まりであったことに注目する。この運動に参加した若者たちには、役割分化の速度を速めていく経済生活へ入っていくことへのためらいがみられる(1971, p. 494-495)。コミューン運動は、第二節で述べたような経済領域の基軸原理である「機能的合理性」の高まりへの反動と捉えられている(1971, pp. 475-477)。この意味においてコミューン運動は、若者にとってアイデンティティの探求の途上にある息抜きの空間であり、すなわちエリクソンが指摘するような「心理的・社会的モラトリアム」であった(1971, pp. 494-495)。

右に述べたようにベルは、コミューンの崩壊をみていたし、パーソンズも、カウンター・カルチャーが「制度化」を果たさなければ「文化と社会への変動的効果」をもたらすことにはならない、と予測していた(Parsons 1978, pp. 318, 322. 二七四、二八二頁。高城 1992, p. 272)。しかしパーソンズは、この運動に旧来の価値、すなわち「市民宗教」との連続性を見出し、「将来的に重要性をもつ新しい宗教運動」という性格を付与している(Parsons 1978, p. 320. 二七八―二七九頁)。他方でベルは、文化領域の「基軸原理」にそったこの運動の先に「矛盾」の深刻化をみていた。ベルとパーソンズとは、カウンター・カルチャー理解についてかなりの程度、重なりあいつつも、その評価や展望については決定的に異なっている。

こうしたベルとパーソンズとのカウンター・カルチャー評価の違いは、互いの理論枠組みの違いとも相まっている。それゆえベルは、パーソンズの社会体系論を批判するところから、自らの理論構築を始めなければならなかった。しかしパーソンズの側からみれば、ベルは、「信託体系」の理論的有効性に着目していない。「信託体系」は、真善美に対応する三つのシステム、合理的・道徳的・目的システムと構成的システムを含む(高城 1989, pp. 216-219)。ベルの枠組みは、パーソンズの用語を用いれば、表出性にかかわる「目的システム」のみしか析出されていない。これと同様な批判は、ハーバーマスからもなされている。ハーバーマスは、ベルの「文化」概念を「芸術を生活に無媒介的に変換するシュールレアリスム」にしか妥当しない、と批判している。しかもベルは、美的領域の自律化という文化的近代の特徴を見逃している、と批判される（Habermas 1985, S. 37-38. 四九—五一頁）。庄司も、ベルの「文化領域」が表出的側面に限定されている点を指摘している[7]（庄司 1980）。確かにベルは、パーソンズと同様、認識的合理性の高まりを背景に「学生反乱」が生じたと考察した。とすれば、「文化領域」は、表出的要素しか含まないというのは、ベルの認識に照らしても、単純化のしすぎに思われる。この点を先の論者たちは、指摘している。ただしベルは、「基軸原理」をあくまでも理念型的に索出している、と述べる（SS, p. 42. 九五頁。WP, p. xx-xxii. 四一—四四頁。1996, p. xvi）。これは、ここまでみてきたように、ポスト・モダニズムが深く広く現代社会に浸透している事態を浮き彫りにする点で有効である。ベルは、諸「基軸原理」の相互矛盾とカウンター・カルチャーへの批判的視点を、パーソンズ社会学を批判しながら提示している。

ただしベルが当時の状況を極めて悲観的に捉えていたとしても、ベルの議論において公共性の再建の可能性が示されていないわけではない。この可能性が、いかにベルの理論から導出されるかを次節においてみていこう。

第六節　アメリカ市民社会における「贖いの宗教」

ベルの議論をみれば一見、ポスト・モダニズムが進展し、「聖なるもの」が消滅してしまうような世界が出現するかのように思われる。しかしベルは、宗教の衰退を主張するという意味での「世俗化」論には与せず、「信仰の性格や広がりが必ずしも縮小する必然性はない」と考えている（WP, p. 332. 六三七頁）。ベルが描く「矛盾」の帰結は、「聖なるものへの回帰」という事態である。ただしベルがいう「聖なるもの」は、あらゆる形態の宗教を無限定的に含めるのではなく、一定の限定が付されている。ベルは、宗教を「実存的苦境に対する反応である」と考える（*WP*, p. 347. 六六五頁）。この意味における宗教は、儀式の形態において表現される「畏怖の感覚」を見いだすような、共有された経験や反応から生じる。禅、ヨガ、タントラ、アイ・チン、スワミ運動などは、疲れたナルシズム的自己がこの共有された経験を求めたものである。しかしこれらにみられるような「エキゾチックな意識を高揚させる様々な運動」は、「多層的で不協和な世界において真正の「私I」を求めようとしていることの例証」と捉えられるので、これらは、「文化領域」の「基軸原理」に沿った運動である（*WP*, p. 348. 六六五―六六七頁）。ベルの見方からすれば、カウンター・カルチャーに担われた一連の運動は、現在の「基軸原理」の延長線上にある。ここでベルは、文化領域の「基軸原理」を転換せしめる「聖なるもの」のいくつかの形態を指摘している。(8)

第一は、ベルが「道徳的宗教」とよぶ宗教である。この基礎には、「福音主義的な」原理主義的信念があり、ここでは人間の「原罪」が強調される。これは、「同性愛者の権利、妊娠中絶などの個人的自由の権利要求に対する」「サイレント・マジョリティの激しい反動」と捉えられる。自発的結社のなかでも最も伸張しているファンダメンタリストの教会は、「中期的にみれば宗教再興の最も強力な要素でありうる」と、ベルは述べている（*WP*, p. 349. 六六七―六六八頁）。この見解は、共和党内で政治権力とむすびつきながら、極めて広範な影響力を保ってきたキリスト教右派の台頭を鋭敏に捉えたものである。しかし「道徳的宗教」は、唯一の「聖なるもの」ではない。ベルは、「道徳的宗教」とあえて区別された形態を指摘し、そちらに積極的な意義を見いだそうとしている。したがってベルの宗教論は、キリスト教右派との連合を組む新保守主義者という短絡的なイメージでは捉えきれない内実をもっている。

文化領域の「基軸原理」を転換せしめる「聖なるもの」とは、「贖いの宗教」とベルがよぶものである。この源泉の一つは、「モダニズムの過剰」状態に陥っている現代社会においては、実存的苦境の一つである「死」を捉えることができないという点にある。ベルがここで「死」を問題にするのは、次のような観点からである。人間が人間であるのは、人間のみが「死」という自らの運命を知り、死を避けるためではなく「種の意識をもち続けるために儀式をつくりだした」ところにある。「動物は、互いに死をみるが、自らはその死を自分のものとして想像しはしない」。ここでいう儀式は、「超越的な空間意識」を与える。この空間意識によって人間は、過去と境を接することができる。ここで「過去を振り返ること」によって人間は、「死」に向き合うことができる。「人間が過去を受けいれて（というよりも自己が形成されたのは、まさにそれによってであるが）、道徳的意味の継続性を保つために伝統へ回帰することとは、道徳的代理人としての自己を新しく意味づけることになる」。ここでの「個人は、コミュニティの道徳的規範命令に対する義務」、すなわち「養育してもらったことに対する負い目」、「道徳的意識を保ち続けている諸制度に対する負い目」を意識する。これが「贖いの過程」である（*WP*, pp. 349-350. 六六九―六七〇頁）。

ベルが示す共同体の姿は、我々を伝統と結びつけ、自己を道徳的に意味づけるという点において、ベラーのいう「記憶の共同体」と重なってくる。ベラーによればこの「真の共同体」を合衆国において見つけることは、「さして難しいことではなく」、「民族集団的・人種的共同体」や「宗教共同体」に具体的な姿をみることができる（Bellah *et al.* 1985, p. 153. 一八七頁）。とすればユダヤ系として強いアイデンティティを抱くベルが属する共同体にも、ベラーやベルが述べる道徳的再生の諸要素が見出されるはずである。そこで本節においては、ベル自らが属しているユダヤ系のエスニック共同体に含まれる「贖いの宗教」につながる要素に着目し、「贖いの宗教」の内実をより明確にしておきたい。

ベルは、ユダヤ系へのアイデンティティを強く保持しているが、そのユダヤ系としてのアイデンティティは、当然ながら宗教的アイデンティティとの重なりを意味する。それゆえベルがアイデンティファイする「記憶によって織り成された共同体」は、ベラーが指摘する「民族集団的・人種的」と「宗教的」という両側面を併せもつ（*WP*, p. 316. 六〇八頁）。ベルは、この共同体の結び目をイズコールと考えている。イズコールというのは、ユダヤ教における近親の死者のための祈りであり、過ぎ越し、五旬節、仮庵、贖罪というユダヤ教の四つの祝祭において唱えられる。イズコールという共通の祈りを通して、さらにはある亡くなった特定の人の名前を祈りのなかで選び出すことを通して、記憶との結びつきを見出し、ユダヤ人は、ユダヤ人として生きることとなる（*WP*, p. 318. 六一二頁）。それゆえベルが、「宗教」は「私にとって神の領域でも、神々の領域でもない」とか、「贖い」は「神と人間との紐帯ではなく、人々の間の紐帯を指摘している」と述べるとき、もちろんユダヤ教的神がその背後に位置しているとしても、「記憶」・「死者」との関係を含意している（CCC, p. 338. Reigadas 1998, p. 310）。ただしここで次の点を注記しておかねばならない。上記のベルの言葉をインタビューで引き出したリーガダスは、「人々の間の紐帯」という言及から、他者との「互酬的関係」をベルが意味している、と解釈している。しかしあくまでも「死者」たちとの「非互酬的関係」が、ベル自身の「贖いの宗教」において決定的である(9)（Reigadas 1998, p. 310）。「聖なるもの」がもたらす「我々を超え、破壊できない」ものへの感覚や「人間の力の限界」という意識は、「畏怖の感覚」を示す儀式において生じる（CCC, p. 338）。この感覚こそ、文化領域の「基軸原理」を転換せしめる「贖いの宗教」の核心であった。

以上の二つの形態は、ベルの「文化」概念に関わる限りで、「聖なるもの」として位置づけられる。ベルは、文化を、「人生において人類が直面する実存的苦境への一貫した答えを提供する努力」と捉えている。そうであるならば「伝統」が、「文化の活力にとって不可欠」である。なぜならば伝統は、「祖先が同じ苦境にどう直面したかを教えてくれる記憶の連続性を提供するからである」(CCC, pp. xv, 12-13)。このように「実存的苦境」を乗り越える伝統こそ、文化の要諦である。その限りでベルは、先の二つの形態を、特に「聖なるもの」として取り上げている。しかし前述したように、ベルは、文化の基軸原理を「自己表出」とみた。この基軸原理は、一見するとここでのベルの文化概念と矛盾することとなる。しかしベルの理論においては、六〇年代の診断としては、ポスト・モダニズムが文化の基軸原理であったが、七〇年代以降、それが、聖なるものとポスト・モダニズムとの矛盾・対立として描かれている。それゆえ前述のとおり、ベルの「文化」概念は、ハーバーマスによって批判された側面だけではない。例えば島薗は、ベルの「文化」概念について、軸の時代を画した歴史宗教と同義とみなしている(島薗 1996)。両者が使用しているテキストの違い、ベルの文脈を異にする叙述が、これらの解釈の違いを生んだと思われるが、ベルの議論の要点は、文化領域内における二つの原理の矛盾にあった。経済においてもすでに指摘したように、生産と消費の矛盾がある。政治においては、機会と結果の平等という平等概念の矛盾が明らかにされた。このようにベルの議論を論理的に再構成すると、ベルの経済と文化との矛盾という主題は、三領域内の矛盾と、それに媒介された三領域間の矛盾として描き出される。

第七節　「市民宗教」と「贖いの宗教」

ベルは、「道徳的宗教」とは区別された「贖いの宗教」により積極的な意義を見出している。アメリカ社会におけるその具体的な有り様は、次章で検討することとするが、「贖いの宗教」を、パーソンズが用いる「市民宗教」概念と比較することによって、両者の違いを明らかにして、本章を閉じることとしよう。ベルは、「市民宗教」を道徳的再生の基盤として受けいれられない積極的な理由をもっている。この点は、ベラー自身の次の見解と一致している。「市民宗教」は、神の超越的次元を欠落させ、「国民の自己偶像化」へと至る危険性を潜在的にもつ（Bellah 1965, p. 168)。このタイプの「市民宗教」は、「司祭」がおこなうように、「神ではなく国家（または国是、安全保障）そのものを、その行動を評価する究極的な拠り所」とし、「国家の使命を国民に思い起こさせ、同時に国民を褒め称える」[10]（堀内 2005, p. 34)。九・一一以降のブッシュ大統領は、このような「司祭的」市民宗教に依拠して、イラクに平和と自由をもたらす「歴史的使命」をアメリカ国民が負っている、と主張する（堀内 2005, pp. 57-59)。第五章で確認したようにベルは、ラインホールド・ニーバーを自らの知的支柱としており、諸理念に内在する「集合的エゴイズム」を常に警戒してきた（Dittberner 1976, pp. 314, 320. 1992, pp. 95-96)。この主題は、ホロコーストやスターリン体制を目の当たりにして、「イデオロギーの終焉」論において全面的に展開された。ベルが危惧した事態は、「聖なるもの」の一つである「道徳的宗教」と絡み合いながら、合衆国において展開している。この状況は、ベルが指摘した「矛盾」の論理の帰結とみることもでき、ベルが析出しようとした「現在、歴史的に起こっている出来事」として位置づけられる。

ベルとパーソンズとの相違は、「社会」を三領域と捉えるか、四領域と捉えるか、という視点に端的に現れている。パーソンズの理論体系では、この「国民共同体」は、多様な人種、エスニシティ、階級をアメリカ社会に「統合」するシステムである。「国民共同体」は、「信託体系」、「政治体系」「経済体系」から「分化」したシステムである。このような「国民共同体」の内容をみると、ベルの「市民社会」概念との類似性が明らかである。ベルは、リプセットの「アメリカ例外論」への批判的評論のなかで、合衆国の唯一の例外性を、「市民社会」の「国家」からの解放にみる。そこでホフシュタッターのいう「歴史によって支えられてきた相互礼譲の伝統」が成立した。「相互礼譲」とは、合衆国における「道徳的合意」であり、政治的・宗教的対抗勢力の「存在や価値の正統性を否定したり」、「一方が追求している利益の実質を超えるほどの極端でその必要のない屈辱を与えたりすることは避けるように努めることである」(Hofstadter 1968, pp. 454-455. *WP*, p. 270. 五二八－五二九頁。1989)。「相互礼譲」は、政治的対立が社会的対立へと拡大することを防止するアメリカ的伝統を意味している。この点には、ベルの理論図式に明確に図式化されてはいないが、両者のアメリカ社会理解に関する収斂がみられる。しかも先にパーソンズの「市民宗教」とベルの「贖いの宗教」との違いを際立たせたが、パーソンズは、「市民宗教」を、アメリカ社会における宗派を超えた「広範な合意」と理解している。このパーソンズの意図に照らせば、ベルとパーソンズの相違は、ほぼ消えるが、しかし「市民宗教」のもつもう一つの含意、すなわち「司祭的」市民宗教の側面は、ベルの理論枠組みにとって、相容れないものである。

以上、ベルの議論を、より広く膾炙しているパーソンズ社会学と比較することで、ベルの理論の特徴について述べてきた。これまではベルは、新保守主義者と捉えられてきたが、その評価を提示した代表的社会学者は、ハーバーマスである。ハーバーマスは、新保守主義を批判する文脈において、ベルの『資本主義の文化的矛盾』を中心に取り上げている。その批判の要点は、ベルら新保守主義者が文化的危機への対応として、「宗教意識の復活によってのみ」、「世俗化した社会の道徳的基礎が再び打ち立てられる」、と主張する点にある。確かにベルは、「聖なるもの」＝「宗教意識」の重要性を指摘している。しかし少なくともベルは、ネオコンを支える福音主義とあえて区別された「贖いの宗教」という概念を提示している。この区別を無視して、単に宗教を論じることが即、新保守主義者と考えることは、短絡的である。[11] そこでこの区別の意義を含めて、ベルの思想体系全体を考察し、ベルと新保守主義との距離を見極めようと思う。

注

（1）ベル自身は、『脱工業社会の到来』と『資本主義の文化的矛盾』との関係を「弁証法的関係」と表現している。両書の関係を「弁証法的」と捉えられるか否かは論証できないが、両書の密接な関係を本章で解析していく。

（2）ベルは、この点にかんするパーソンズのウェーバー理解に同意するのかどうか言及してはいないが、高城によれば少なくともパーソンズは、ウェーバーの類型論を批判し、類型に含まれる「分析的諸要素」に着目し、そこからパターン変数分析、一般理論の体系化に向かった（高城 2003, pp. 57-68. Parsons 1937, vol. 2, chap. 16）。『ジャーゴン』の羅列といった悪口を浴びせる類の、彼の理論を何も理解していない批判」が横行しているという時代状況を考えれば、ベルは、パーソンズの「意図を理解する」という点で同時代人として傑出した存在であったことをうかがうことができる（SS, p. 42. 九五頁）。

（3）この三領域の矛盾の論理は、ウェーバーの文化的諸領域の固有法則性というアイデアを導入したものである。この認識は、千石らによってすでに確認されている（千石 2000, 奈良 1991, Smart 1990）。

（4）佐伯は、ベルと同様に、ウェーバーとゾンバルトとを重ねた上で、「終わりなき拡張の論理」として資本主義を捉えている。佐伯によれば、「資本主義とは、人々の欲望を拡張し、それに対して物的な（あるいは商品という）かたちをたえずあたえてゆく運動」である（佐伯 1993, p. 74）。ベルの「資本主義の文化的矛盾」という視角は、この佐伯の指摘に通底する。

(5) その他、ベルの「資本主義の文化的矛盾」論の肯定的評価をいくつか指摘しておく。ターナーは、「モダニズム、ポストモダニズム、ナルシズム的消費主義の出現について現在の議論における先取りした争点の多くを予期し、あるいはある程度まで明らかにしている」、とベルの議論を高く評価している（Turner 1989, p. 199）。ＳＤＳの指導者のときに、ベルを激しく批判してきたトッド・ギトリンも同様に、一定の留保をつけながら、ベルの「資本主義の文化的矛盾」論の的確さを評価している。

(6) アファーマティヴ・アクションについてのベルの見解は、次章においてより詳しく検討する。

(7) 島薗は、ベルの文化を生活様式全般でもなく、階層性のある「文化人」というときの「文化」でもなく、軸の時代を画する人類の歴史宗教を指しているとしている。いずれの解釈も、それぞれの解釈者の文脈にそって的確になされていると思われる。島薗は、まったく別の解釈をしているが、それは、島薗がベルの宗教論を軸に議論をしているからである（島薗 1996, p. 356）。

(8) ベルは、「聖なるもの」の三つの形態を析出しようとしている。本節においては、そのうち「道徳的宗教」と「贖いの宗教」とを考察の対象とする。ベルは、この二つの形態の他に「神話的・神秘主義的思考」をあげている。この指摘は、老荘思想に代表される東洋宗教のアメリカ社会における拡がりを受けてのものである。しかしベルは、この形態について詳細に論じることはないし、本書の主題である新保守主義との関連も薄いがゆえに、ここでは「神話的・神秘主義的思考」について詳述することはしない（*WP*, pp. 350-351. 六七〇－六七一頁）。

(9) この点は、ベルが参照している社会人類学者バリッジの議論において詳細に展開されている（Burridge 1973）。

(10) 堀内は、「預言者型」、「牧師型」という類型との比較のうちに「司祭型」を分析しており、九・一一以前のブッシュ大統領の演説における「牧師型」の側面を析出している（堀内 2005, pp. 53-55）。

(11) ハーバーマスは、ベルがいくつかの「宗教的志向性」に着目していることを指摘し、それゆえ典型的な新保守主義者とは異なっていることにも言及している（Habermas 1985, S. 58. 七〇頁）。しかし結局のところハーバーマスのベル批判をみる限り、彼は、ベル＝新保守主義という理解を示している。本書は、ハーバーマスのいう「宗教的志向性」の区別にこそ、非新保守主義的要素が内在していることを明らかにしていく。

第九章　アメリカ新保守主義とダニエル・ベルのトライユニティ論

第一節　アメリカ新保守主義とは何か？

ベルは、とかく新保守主義者である、とみなされてきた。それは、ハーバーマスの批判に典型的にみられる(Habermas 1981, 1985)。ハーバーマスは、ベルについての評価をシュタインフェルズに依拠しておこなっている。シュタインフェルズは、ベル、グレイザー、クリストルを「新保守主義者」とみなした。このラベリングは、ベル自身が述べるとおりに、現在のベルの評価に決定的な影響を与え、ベル＝新保守主義というイメージを広めていった(Steinfels 1979)。

しかしベルは、自らが「新保守主義」といわれることを明確に否定している(CCC, p. xi)。それにとどまらず、前章で考察したような経済、政治、文化という三つの領域に対応する形で三つの立場を鮮明にしている。「経済における社会主義」、「政治におけるリベラル」、「文化における保守主義」がそれである。この「トライユニティ」ともいえる立場は、『資本主義の文化的矛盾』を単に新保守主義的著作であるとしか評価されないことへの再反論を行うべく、その内容をより理解しやすくするために、一九七八年に附された「序文」で提示された。

この三つの立場の意義は、まずもって「新保守主義」や「リベラル」といった単一の基準で社会像・観を表現することに批判を加えるために提示されている点にある。冷戦時代には、「自由主義」対「共産主義」という形で単一のイデオロギーによって各自の立場を示すことは容易であった。しかし冷戦終焉以後、もはやそうした二項対立図式では、立場を適切に指示することができなくなった。ネオコンという立場が意味するものは、一般的に自由主義経済と公立学校での礼拝の推進・ポルノグラフィの禁止といった保守的な社会政策と思われている。しかし自由主義的経済政策を推進する者が、論理必然的に保守的な社会政策を主張するわけではない。リバタリアニズムのように経済政策においても、ポルノグラフィのような社会政策の面においても、自由主義的政策を推進するという立場は可能である。さらに例えばポルノグラフィの禁止を主張するフェミニストは、この論点に限っていえば、ネオコンと立場を共有することができる。このように各イデオロギーが各争点ごとに重なりあうケースもみられる（1996, pp. 332-334）。ベルの三領域の矛盾論に対応したトライユニティは、このような複雑性を増すポスト冷戦時代をみすえ、一見、相矛盾するかにみえる立場の融合を企図したものであった。それゆえそもそもベルに対して「新保守主義」という単一のイデオロギーをラベリングすること自体、ベルの意図から大きくずれている。

とはいえハーバーマスの論をはじめとする、これまで提出されてきたベル像からして、ベルの立場が結局のところ新保守主義と大きく変わらないという疑念がある。そこで本章ではベルのトライユニティの内実を考察することとする。しかしその前に当の「新保守主義」とは何か、という問題を明らかにしなければ、ベルがそれであるか否か判別がつかない。そこで代表的な新保守主義者であり、「新保守主義」イデオロギーの定式化をも試みているアーヴィング・クリストルの議論を手がかりに、「新保守主義」イデオロギーの意味するところをまずは検討しておきたい。

クリストルの議論は、時代ごとに変遷してきており、彼の「新保守主義」を定義することは実際には容易ではない。とりあえずここでは初期の議論を取り上げておきたい。クリストルは、「新保守主義」の内実を次の五点に集約させている。第一は、反福祉国家である。ただし新保守主義ときいて通常想起されるような形での反福祉国家ではない。クリストルは、「福祉国家の理念に敵対的であるいうわけではない」と述べ、基本的には福祉国家を前提に議論をしている。クリストルは、「社会保障、失業保険、ある形態の国民健康保険、ある種の家族援助プラン」の必要性を認めている。しかし彼が批判するのは、ジョンソン政権によって形成された「偉大な社会」型の福祉国家である。なぜなら社会問題を解決するための大きな力を官僚機構がもち、「パターナリスティックな国家」が登場することとなるからである。

第二は、市場に対する肯定的評価である。ただしここでもクリストルは、いわゆる市場原理主義的な立場を主張しているわけではない。ある種の社会問題を解決するためには、市場への介入が必要な場合もある。しかしその場合にも官僚機構による直接的な介入をさけるべきである、というのがクリストルの主張である。クリストルが提示する事例によれば、低所得者の住宅問題を解決するためには、政府が低所得者用の住宅を建設するよりは、住宅用バウチャーを取り入れるという手法を選択すべきである。あくまでもクリストルは、福祉国家において市場メカニズムを有効に適用していくという立場をとっている。第五章の「イデオロギーの終焉」論において確認したとおり、以上の二点について、クリストルは、福祉国家を肯定的に評価しながらも、そこに市場メカニズムを組み込んでいくことを主張していた。ここにクリストルの一九五〇年代からの一貫した姿勢を見いだすことができる。

第三は、伝統的価値や制度を重視することである。宗教や家族を尊重し、伝統的な価値観を重視する。クリストルは、それに真っ向から対立する「カウンター・カルチャーへの嫌悪」を露骨に示す。なぜなら「伝統的価値がなくなれば、人は、ニヒリズムの混乱と絶望にさいなまれる」からである。

第四に、「結果の平等」批判がある。「すべての市民へのすべての条件の平等を政府は追及すべきではない」として、クリストルは、「機会の平等」を追求しこそすれ、「結果の平等」の追求を否定する。この点は、アファーマティヴ・アクションに関連して「新保守主義者」がとる立場としてよく知られている。

第五は、外交政策にかかわる論点である。クリストルは、民主主義を世界に広めることを主張する。その理由は、アメリカン・デモクラシーがアメリカ的価値に圧倒的に敵対的な世界においては存続できないと考えるからである（Kristol 1976)。

さらにもう一点、主知主義という特徴をつけ加えることができる。アメリカの古典的保守主義は、本章第三章で示したような反主知主義的傾向をもつ。クリストルや『パブリック・インタレスト』に集った知識人たちは、政策の効果を社会科学的知見に基づいて評価しようとする点で一致していた。反主知主義的な古い保守主義と異なって、主知主義的に理念を練り上げようとしたところに、「新保守主義」の「新しさ」がある。

クリストルの「新保守主義」論をみてわかることは、九・一一以降、表だって登場してきた「ネオコン」と重なる部分があるとはいえ、それとは異なる面がかなりあるということである。例えばアーヴィングの息子、ウィリアム・クリストルに代表されるような「ネオコン」は、ネオリベラリズム的経済政策を推進すると受け取られているが、しかしアーヴィングは、ジョンソン政権が推進した福祉国家を批判しているとはいえ、反福祉国家というイデオロギーを唱道しているわけではない。実際にレーガン政権を支持していたクリストルも、レーガン政権の高齢者扶助施策を批判した。「なぜレーガン政権は、社会保障給付を引き上げて、高齢者の貧困を追放したと誇らしげに宣言できないのか」と憤ることがあった（Kristol 1987, p. 20. Lipset 1996, p. 200. 三〇二頁）。福祉政策に関する限り、一般的な新保守主義イメージとは異なる内容がクリストルの主張には含まれている。その一方で五番目にあげた外交政策に関しては、「ネオコン」の原アイデアがみてとれる。

このようにクリストルの言説をみれば、九・一一以降のネオコンと七〇年代に登場した新保守主義との主張が一貫性をもちつつも、微妙にずれてきていることが明らかになる。新保守主義もしくはネオコンの実像が明確でない状況において、ダニエル・ベルは新保守主義者か、という問題を考えることは、非常に困難である。そもそもこの「新保守主義」というイデオロギーの不明確さは、その出自に由来している。「新保守主義」というイデオロギーは、本書が注目するニューヨーク知識社会における一九六〇年代のイデオロギー対立から生み出された。当のクリストルや、新保守主義者とみなされるリプセットが述べるところによれば、この語を使い始めたのは、この両者ではなく、政治的に対立していたマイケル・ハリントンであった。アーヴィング・ハウの「盟友」、「自称社会民主主義左派」のハリントンは、ベトナム戦争に対して反対の立場を鮮明にしていた。しかし彼は、SDSが支持していたベトコンを批判し、SDSと対立することとなった。それは本意でないハリントンは、SDSに対してクリストルのような「元ラディカル」や「タカ派である社会民主主義右派」とは自分は異なっている、というアピールをした。その際にハリントンが「元ラディカル」からの「転向者」という意味合いで用いたのが、「新保守主義」という呼称であった（Lipset 1996, pp. 191-193. 二八八―二九一頁。Kristol 1995, p. 33. Dorman 2000, p. 20）。それゆえリプセットは次のように述べる。「新保守主義の考え方のイデオロギー上の系譜を探すことは今でも難しい。その理由は、まさに多様な政治的敵対者にラベリングするために、『イズム』が創作されたからに他ならない。教義を創って自分自身を新保守主義者と呼んだ者がいたわけでない」(Lipset 1996, p. 199. 三〇一頁)。「新保守主義」は、このように敵対的他者から規定されたネガティヴなイデオロギーであり、その内実は、当初から曖昧であった。このラベリングに内容を肉付けする形でクリストルは、彼なりの「新保守主義」思想を形成していった。しかし「新保守主義」は、クリストルの手をも離れ、「ネオコン」という単純化されたイデオロギーへと帰結した。リプセットは、この事態を次のように表現している。

新保守主義者は、基本的には存在しなくなった。その言葉は、本来は強烈な反共主義左翼に適用されていたのに、これを越えて用いられたがゆえにその意義を失った。それ以来このレッテルは、国内問題では古典的自由主義の反国家主義者で、外交政策では強硬派である内外の広範な伝統的保守主義者を表現するのに主にアメリカ人以外の人々の間で用いられた。(Lipset 1996, p. 200. 三〇二頁)

リプセットは、このようにアメリカ人以外のハーバーマスのような批判者・敵対者がアメリカの知識人にラベリングする事態を的確に表現している。現在の「新保守主義」をめぐる概念上の混乱や曖昧さは、このような事の経緯を踏まえると自然なことのように思われる。

本章では新保守主義概念の変遷を念頭におきながら、ベルの思想がクリストルの新保守主義、あるいは「ネオコン」というイデオロギーとどのような関連にあるかを明らかにしたい。その際、ベルが述べる抽象的な原理原則論を整理するだけであれば、その内実は、鮮明にならないと考えている。そこでアメリカの社会・政治状況に即して、ベルのトライユニティを位置づけ、さらにその有効性を考察していく。

第二節　「経済における社会主義」・「政治におけるリベラル」——アファーマティヴ・アクション論争への批判的視座

ベルは、経済においては「社会主義」という立場を表明している。「社会主義」とは、一般に想起されるような「国家統制主義 statism」や「生産手段の集団的所有」を意味していない。それは、ベルの「イデオロギーの終焉」論をみれば明らかである。ベルの「社会主義」が意味するところは、経済政策において「個人よりコミュニティを優先させる」ことである。社会の資源は、まず第一に「個人に自己尊厳の生を享受させ、コミュニティの成員であることを許すような、『社会的最低限』を確立すること」に向けられるべきである。より具体的にいえば、「妥当な生活水準を維持できる仕事」の保障、「市場の障害に対する適切な保障」、「医療への適切なアクセス、さらに疾病に対する保護」を最優先とすべきという理念である。これら「社会的最低限」は、諸個人が「自己尊厳」をもつ基礎となる。「自己尊厳」なくして、コミュニティの統治に主体的に参加することはできない。「自己尊厳」ある諸個人が、自己統治に参加することによって、「市民としてのアイデンティティ」と「責任感」とを獲得する。ベルは、すべての市民を社会に「包摂」するために「社会的最低限」が必要である、と考えている（1996, p. 336）。

第五章において確認したように、ベルは、「ポスト・マルクス主義者」として、マルクス主義なきあとのユートピアを、戦後一貫して模索してきた。マルクス主義の遺産である「平等の理念」を再定式化した立場が、この

「経済における社会主義」である。

「経済における社会主義」には、もう一つの含意がある。それは、「富が経済領域とは別の不適切な領域において、不当な特権へと転嫁させられるべきでない」というものである。

例えば先にみた「医療へのアクセス」の問題を例にとれば、医療へのアクセスが、「万人に利用可能であるべき社会権」であるならば、富が医療における不当な優先権を行使できるということは、正当でない（CCC, p. xiv）。この認識は、当時のウォルツァーの議論に依拠している。ウォルツァーによれば、「有意味な原則は、貨幣の領域以外における貨幣の力の廃止である」と述べ、「富の急進的な再配分」なしには不当な影響力の行使をとめることは困難である、と主張する（CCC, p. 268. Walzer 1973）。ベルの「経済における社会主義」はもとより、三領域区分論は、ウォルツァーの議論に着想を得たものである。この関係は、ニューヨーク知識社会論の文脈において重要である。ウォルツァーは、ハウ、コーザーが創刊した『ディセント』の編集長を務めており、ニューヨーク知識社会において活躍している。彼の一九七三年のこの論考は、『ＮＹ知識人リーダーズ』（Jumonville 2007）にも収録されており、ベルによる参照が示すように、ＮＹ知識社会の知的ストックを成した論考である。

後にこの議論は、ウォルツァーの『正義の領分』（Walzer 1983）において展開されている。同様の議論は、フランスの哲学者コント＝スポンヴィルによってもなされている。コント＝スポンヴィルは、「経済―技術―科学」の秩序、「法―政治」の秩序、「道徳」の秩序、「倫理」あるいは「愛」の秩序、という四つの領域において異なる原理が働いていると論じている（Comte-Sponville 2004）。ウォルツァー、コント＝スポンヴィルの議論は、どちらもパスカルの『パンセ』に着想を得ているが、ベルの議論の中にそうした言及はない(1)。ただしここまでみてきたベルの議論の内実は、こうした系譜の議論に与するという射程をもったものである点を確認しておきたい。

次に「政治におけるリベラル」という立場は、経済との関係を問題にしている。第一に、企業、家族、教会、エスニック・グループなどの集団ではなく、個人が第一義的な参加者である。第二に、公私の領域の区別を維持しなければならない。つまり共産主義諸国のようにすべての行為が政治化されるのでなく、伝統的な資本主義社会にみられるように制限なしに個人の活動が放任されるのでもない。この考えは、すでに「イデオロギーの終焉」論で明らかにしたところである。「経済領域」における立場が、そのまま「政治領域」と連動するわけではなく、「経済領域」と「政治領域」とが区別され、それぞれの領域において異なる立場が設定されている。この視点の萌芽は、第一章で考察したようにマルクス主義の経済一元論的認識に対する批判にみられる。もし「経済における社会主義」が、「政治領域」にまで及ぶならば、人々の生活は、全体主義的に画一化され、思想・信条の自由もなく、個人の様々な活動も制限される。こうした危惧のゆえに、ベルは、経済領域と政治領域を区別した上で、各領域において異なる立場を設定する。

私的領域から区別される公的領域においては、すべての個人に平等に法の支配が適用され、その法の支配は、手続き的である。それゆえ「もし普遍主義が社会的競争において拡大するならば、業績の基準は、個人の業績に報酬を与えるための適切な原則であると信じる」。それゆえベルは、「法が個人を平等にすべき」という「結果の平等」を求める見解を、「平等というより、数の割り当てによる代表制に他ならない」と述べ、公的領域における個人主義的な機会の平等を堅持すべきである、と主張する（CCC, pp. xiv-xv）。以上の叙述からも明らかなように、ベルのリベラルという立場は、具体的にアファーマティヴ・アクションの問題を考察の対象にしようとしている。前章で述べたとおり、経済における「機能的合理性」と政治における「結果の平等」という原則とは、しばしば相対立し、具体的にはアファーマティヴ・アクションという問題として顕在化する。メリトクラシーの原則を信頼し、エスニック集団ではなく個人を基準とするというベルの主張は、明らかにアファーマティヴ・アクション批判である。さらにベルは、明確に「数の割り当てによる代表制」すなわちクォータ制を批判している。しかしアファーマティヴ・アクションは、エスニシティ間の不平等を是正しようとする政策であり、白人マイノリティであるユダヤ系ベルの掲げる「社会主義」に合致する側面もある。ベルの「リベラル」と「社会主義」という立場は、一九六〇年代から現在まで論争の絶えないアファーマティヴ・アクションに示される自由と平等との相克を、乗り越えようとするものである。このベルの見解の内容と有効性を明らかにするために、アファーマティヴ・アクションの実態を概観しながら、ベルの記述をより詳細に追っていこう。

第三節　アファーマティヴ・アクションの展開

ベルの「経済における社会主義」、「政治におけるリベラル」の内実を明らかにするために、アファーマティヴ・アクション論の中にみられる二つの関連を考察していく。その際、一九六〇年代以降のアファーマティヴ・アクションの変遷を概観する必要がある。ただしアファーマティヴ・アクションと一口にいっても、教育、雇用、住宅、政治など多様な領域に及ぶ問題であり、それを概観した通史は、存在しない状況にある (Anderson 2004)。さらに問題の重要性にもかかわらず、アファーマティヴ・アクションの社会学的分析も十分になされていない(岩間 2007, p. 147)。こうした状況に照らして、ベルの議論の位置づけを考察する上で、アファーマティヴ・アクションの変遷を本論に関する限りで確認することが必要である。

アファーマティヴ・アクションの前史として、まず公民権法の成立からみていこう。一九六四年に成立した公民権法の第七編において、二五人以上の被雇用者をかかえるすべての企業に対して差別の禁止が謳われ、「雇用機会均等委員会Equal Employment Opportunity Commission」（以下ＥＥＯＣと略記）が設置された。一九六五年にジョンソン大統領の下、行政命令一一二四六号が出され、統治機構と契約を結ぶ企業は、「人種、肌の色、国籍に関係なく」雇用されなければならない、と規定され、適切な期間に適切な改善をおこなわなければ、契約を解除し、将来的に統治機構と契約を結ぶ資格を失うとされた。ここまでの動きは、マイノリティを優先的に雇用すべきという積極的な措置が規定されたことを意味するわけではなく、あくまでも人種、肌の色、国籍による差別の禁止を意味していた。

しかし一九六六年になると、ＥＥＯＣが、一〇〇人以上の被雇用者をかかえる六万以上の雇用者に、被雇用者の性別と人種の内訳を報告するように義務付けた。その際、「マイノリティ」として規定されたのは、「黒人Negro」、「東洋系Oriental」、「インディアンAmerican Indian」、「スペイン系Spanish」である。一九六七年には、労働省の「連邦雇用機会均等局Office of Federal Opportunity Commission」（一九六五年設立）が、試験的に、セントルイス、サンフランシスコ、クリーブランド、フィラデルフィアに地域を限定し、建設業者に一定のマイノリティを雇用させる試みを行った。この過程でフィラデルフィアから「フィラデルフィア・プラン」が提起された。その内容は、入札を希望する業者に一定数のマイノリティの雇用を要求するものであった。こうした試みが進展するなか、翌年には、労働長官シュルツから、先にみた行政命令一一二四六号を執行するために労働長官命令四号が発せられた。これは、五万ドル以上の契約を結び、五〇人以上の被雇用者をかかえる企業は、その都市に住むマイノリティ労働力の割合を「基礎」にして、差別解消の「目標と予定表goals and timetables」を提出すべきという命令である。この命令は、「フィラデルフィア・プラン」を基に作成され、地域を限定することなく、連邦政府とのすべての契約者にアファーマティヴ・アクション・プランを義務付けるものであった（岩間 2007, p. 160）。このときの「マイノリティ」の規定は、ほぼ一九六六年のＥＥＯＣの規定と同様であるが、「スペイン系アメリカ人」が「スペイン系の姓をもつアメリカ人」と改められた（Anderson 2004, p. 125）。労働長官命令四号は、単に「目標と予定表」の作成を義務づけているようにも解釈できるが、「目標と予定表」作成は、実質的に被雇用者の人種ごとの割当 quota につながるのではないかという解釈も可能である。それゆえこの労働長官命令の解釈をめぐって、一九七一年に連邦裁判所において争われた。結論としては、割当とは、「固定された、厳格な数や割合のマイノリティの雇用を制限、あるいは必要とする制度」とみなされ、それゆえ右記の労働長官命令は、割当制ではない、という判断が示された（Anderson 2004, p. 126）。

ＥＥＯＣは、設立以来、訴訟の権限をもたず、「歯抜けの虎」とも揶揄されてきたが、一九七二年に訴訟権限を得ることとなり、その後、アファーマティヴ・アクション関連の訴訟が急増する。その中でもとりわけ有名な訴訟が、バッキー判決である。カリフォルニア大学デイヴィス校医学部において、一〇〇人の入学者中、一六人をマイノリティ学生から選抜する方式が採用されていたことに対して、「逆差別」として、ユダヤ系の学生アラン・バッキーが大学を相手どり訴訟を起こした。最高裁判決は、厳格な割当制を違憲とし、一〇〇分の一六という固定された学生数の割当をおこなっていたカリフォルニア大学デイヴィス校医学部の入試の仕組みは、違憲とされた。ただしパウエル判事の意見として、「人種は、多くの考慮すべき要素の一つとしてみなされる」と述べられ、人種を入学試験の基準として一切排除すべきという意見とは異なることが明らかにされた。バッキー判決は、当時大変な注目を集め、その後のアファーマティヴ・アクションの展開に大きな影響を与えた。バッキー判決以降、多くの大学では、パウエル判事の意見に依拠してアファーマティヴ・アクションが策定された（安西2004, p. 227）。

近年みられるアファーマティヴ・アクションに関する最高裁判決は、バッキー判決のパウエル判事の意見から変化しているのか否か、を最後に確認しておこう。ここでは二つの判決を取り上げておく。一つは、ミシガン大学ロー・スクールの入学者選抜方法をめぐって争われたグラッター対ボーリンガー判決である。ミシガン大学ロー・スクールは、その他の多くの大学にみられたようにパウエル判事の意見に依拠して入学者選抜方法を策定していた。

ミシガン大学ロー・スクールの入学者選抜方法は、次のようなものであった。まずＧＰＡとＬＳＡＴ（ロー・スクールの適正試験）を基礎とする。ただしこれら以外の点数も考慮に入れられた。それは、「推薦者の熱心さ」、「志願者の書いたエッセイ」、「特別の才能」などである。さらに学生の多様性に資するような項目、すなわちオリンピックの金メダリスト、物理学博士号、海外での居住経験、外国語能力、人種・エスニシティを基に、担当者の裁量で合格者が決められていた。一九九六年、ミシガン州住民であった白人のバーバラ・グラッター Barbara Grutter は、人種ゆえに差別されたとして、訴訟をおこした。二〇〇三年に出された最高裁判決は、この選抜方法を「合憲」と判断した。判決の中では、割当制は、認められないこと、人種は、「決定的な要素」としてではなく、考慮すべき要素の一つとしてのみ扱うことが確認された。その上で本件の選抜方法は、人種の他に、学生の多様性に資する様々な要素を考慮に入れており、割当制に該当しないことが認められた（安西2004, pp. 227-228. Anderson 2004, p. 271）。

同じく二〇〇三年ミシガン大学のＬＳＡの入学者選抜方法をめぐって、最高裁判決が出された。この選抜方法は、一五〇点満点の選抜試験であり、そのうち一一〇点は、学習の達成度、残りの四〇点は、それ以外の要素によって決定される。後者は、州の住民であれば一〇点、卒業生の子どもに五点、際立った業績に四点などを含んでいた。その他に運動選手、マイノリティが多数を占める高校、または不利な状況にある高校に通学していた志願者、人種的・民族的マイノリティである志願者など、「様々な要素」といわれる項目に該当する者に二〇点が与えられた。こうした配点基準のなかで、一〇〇点以上獲得すれば、自動的に合格とされた。白人のミシガン州住民ジェニファー・グラッツ Jennifer Gratz は、この選抜方法によって不合格とされ、訴訟をおこした。最高裁判決は、マイノリティであることが自動的に二〇点の獲得を許すこの選抜方法を「違憲」とした。合格に必要な一〇〇点のうちの五分の一が自動的にマイノリティの志願者に割り振られ、この二〇点は、入試結果に「決定的な」影響を与える、と判断された（安西 2004, pp. 227-228. Anderson 2004, pp. 267-270）。グラッター判決の場合は、他の要素も考慮されており、割当制とはいえないが、他方でグラッツ判決の場合は、マイノリティに属することが選抜基準の五分の一という比重を占め、「決定的な」意味をもつとみなされた。

この両判決をみると、バッキー判決の影響下にありながら、より踏み込んだアファーマティヴ・アクションの合憲・違憲性が判断されるようになってきている。特にグラッツ判決をみると、割当制か否かという区別に加えて、割当制でなくても、それに近いマイノリティ属性の考慮の仕方、すなわちマイノリティを機械的に優遇する選抜方法が、アファーマティヴ・アクションとしては不適切である、とみなされている。

ここまで極めて簡単にではあるが、アファーマティヴ・アクションの政策・判決について概観してきた。次節においては、こうした展開のなかでベルの議論は、いかなる位置づけを与えられ得るのか、考察していこう。

第四節　ベルのアファーマティヴ・アクション論――「保守」対「リベラル」を越えて

まずベルは、明確に割当制に反対している。なぜなら割当制は、「競争することなしに、質の向上を望むべくもない、マイノリティ」を生み出してしまうからである。ベルは、割当制でマイノリティ学生を大学に入学させれば、『二級市民』であるという理由で採用されたそのマイノリティの自己尊厳にどのような結果を及ぼし、大学の教育の水準、士気の高揚にどのような影響を及ぼすであろうか」、と疑問を呈している。この指摘は、現在でもアフリカ系アメリカ人の間からもアファーマティヴ・アクション反対論として聞かれる批判であり、その意味で割当制がマイノリティに与えるラベリング機能を先んじて警告している。

しかもベルは、割当制の運用自体に付随する問題点をも指摘している。前節でみたように、アファーマティヴ・アクションで救済の対象となるマイノリティは、エスニシティという点からみれば、アフリカ系、アジア系、ヒスパニック系である。しかし白人でありながら、マイノリティの地位に置かれてきた「イタリア系」や「アイルランド系」は、なぜその救済対象とされないのか、といった問題が提起されている。その問題をクリアしたとしても、割当の基礎となるマイノリティ人口比は、大学が立地する周辺コミュニティにおける人口を基にするのか、州全体の人口比が目安となるのか、恣意的な判断にならざるを得ない（1972, p. 37）。

以上のような批判は、アファーマティヴ・アクション採用当初からなされており、現時点でみれば取り立てて提示する必要はないが、一九七二年の時点でベルは、割当制がはらむ主要な争点を検討し、割当制の制度的・論理的欠陥とその影響を懸念し、批判的な立場を鮮明にしている。こうした恣意的ともとれる制度についてベルは、アファーマティヴ・アクションという「権利に関する全く新しい原理が、何の公の議論もなしに行政のなかに導入された」と述べている（*PIS*, p. 417. 五五二頁）。アファーマティヴ・アクションは、制度の効果や運用の合理性が深慮されたうえで導入されたものではないがゆえに、様々な矛盾を抱えることとなった。

もう一点、ベルが白人マイノリティであるユダヤ人であるがゆえに、敏感にならざるを得ない論点にふれておこう。もし割当制が導入されれば、人口比に対して過剰に大学内に在籍しているユダヤ系学生・教員は、他のマイノリティに入学者・教員数が割り当てられる分だけ、結果的に削減されなければならない。この点をベルは、危惧している。というのもかつて合衆国においては、過剰な人数の学生が大学に入学してくることを恐れて、人種間の平等の名の下に割当制が敷かれ、実際にユダヤ系学生の入学が制限されたという歴史的事実が存在するからである（北 1999）。アファーマティヴ・アクションが対象にしているマイノリティを優遇すれば、それに対して不利益を受ける者を生み、以前の差別的な扱いにつながってしまう点をベルは、憂慮していた。この論点については、『アファーマティヴ・ディスクリミネーション』の著者であるグレイザーも、かなり攻撃的な批判を展開している。ただしそういった反アファーマティヴ・アクション、反割当制の議論とは、ベルの論理は、意味合いが異なることも指摘しておきたい。グレイザーは、特定のマイノリティがアファーマティヴ・アクションの対象とされている点を批判している。ベルも指摘したようなイタリア系、アイルランド系、ユダヤ系は、「政府の恩恵なしに、偏見にも負けず、懸命に働き、愛国心を示してきた」にも関わらず、「白人として、奴隷制や差別の責任を負わなければならなくなる」（Glazer 1975, pp. 177, 194）。アファーマティヴ・アクションは、アフリカ系などが受けた過去の差別に対する代償としての暫定的差別是正措置であるので、なぜ自らも差別を受けてきた白人マイノリティが、その責めを負わされるのかというある種の理不尽さを感じてしまう。グレイザーは、こう主張し、対象マイノリティの選定の不合理さを批判する。

ベルは、この点について、ユダヤ人の記憶を論じた論考において、グレイザーのように白人マイノリティとしての立場よりも、白人としての立場から、いくつかの問題にふれている。ベルは、次のようにユダヤ人としての自らの責任について述べる。「私は、ユダヤ人の過去に、それゆえ未来に対して、どんな責任をもてばいいのか」、「私は、私の父祖たちの罪を受けいれなければならないのか」、「私の子どもは、私の罪を受けいれなければならないのか」。ベルのこうした考慮は、グレイザーがおこなったような、白人マイノリティには過去の差別への責任がないという主張とは異なって、何らかの責任を背負わなければならないのではないか、という微妙な心情が読み取れる。ベルも、グレイザーと同様に「現存の白人は、復讐されてもそれが不道徳とはいえない、最初の罪を犯した人々ではなかった」、と述べ、確かに「そこから利益を受け続けたが、彼／女らは罪を犯した人々の代わりに責任を負うべきなのか」と疑問を呈している。ただしこれは、過去の白人がおこなった罪に対して、現在の白人が罪を償う必要はない、と言い切っているわけではない。実際ベルは、前章でみた「記憶」との関連で次のように述べている。「人は一人で立てないことや、過去が今なお現前していることに気づいたとき、そして自分が一員となっている共同体が、記憶という細い糸によって織り成された共同体であって、参加には責任が伴うことに気づいたときにさえ、そのような疑問が生じる」（*WP*, p. 313. 六二二頁）。

前章では、「過去」や「記憶」は、ユダヤ系コミュニティに引き付けて理解されていたが、この文脈においては、アメリカ社会の成員としてのユダヤ人としての責任について議論が展開されている。「贖いの宗教」を通じてアメリカ社会の「記憶」との結びつきを果たしてもなお、白人のアメリカ人としての責任をどの範囲まで負うのか、という悩ましい問題は、解消不能なまま残存する。

以上みてきたようなベルが指摘している論点は、六〇年代以降のアメリカ社会におけるエスニック・アイデンティティの高まりを促進した。というのも特定のエスニック・マイノリティを優遇することは、すなわち特定のマイノリティを排除することであり、それゆえ結果的にアファーマティヴ・アクションの対象マイノリティへの所属を示すことが、自分の経済的・社会的地位を高めることにつながる。ベルの次の叙述は、このことを意味し、アファーマティヴ・アクションの矛盾がもたらす影響を指摘している。エスニシティは、「文化的多様性に対して改めて関心が高まったのではなくて」、「同質的な消費文化からの分け前に与ろうとする政治的戦略・手段である」（*WP*, p. 260. 五一〇頁）。もちろんベルは、エスニック・アイデンティティがもつ表出的要素をも強調しているが、アファーマティヴ・アクションの導入そのものが、エスニック・アイデンティティの高揚を促進し、さらにアファーマティヴ・アクションがエスニック・マイノリティ間の摩擦を激化させるという循環的な関係を指摘している。

ここまで特に割当制がはらむ問題点をみてきたが、そのなかでベルは、反割当制を主張していることを確認した。しかし反割当制が、反アファーマティヴ・アクションとイコールとなるとは限らない。実際ベルは、アファーマティヴ・アクションの運用に関して、より詳細な議論を展開し、アファーマティヴ・アクションのある種の実施に対しては積極的評価を与えている。

ベルは、学力のみで大学の入学者を選抜することを主張しているわけではない。実際に多くの大学で、アイヴィー・リーグの伝統を保持するために卒業生の子弟には入学の優先権が与えられ、多様な地域から入学者を募るために割当がおこなわれている。優秀なスポーツ選手には特別の奨学金が与えられることもある。ベルは、これらの学力以外の要素が考慮にいれられることを否定してはいない。ただしベルは、これらの配慮がある程度の学力が前提にされている点を強調する。卒業生の子弟であり、ある特定の地域に居住しているからといって、無条件に入学が許可されているわけではなく、あくまでも入学の第一の基準は、学力である。さらにその学力という基準は、学部入学時よりも、大学院、プロフェッショナル・スクール入学時に、より大きな比重を占めるようになる。その他の要素を考慮する余地は、縮小されていく。こうした議論は、エスニシティごとの入学試験合格者の割合を一定に保つという意味において、一般に「結果の平等」に関わる問題として議論されるが、ベルは、この議論を「機会の平等」の範疇に属する、と判断している。大学や大学院への入学それ自体は、最終的な個人の経済的・社会的地位を決定するものではない。それゆえ明確な社会的理由があって、黒人医師や黒人弁護士を増加させようとする場合、一定の限度内でマイノリティ学生に入学の優先権を与えるための論拠はある。しかしもちろん当時ペンシルヴァニア州で起こったような、黒人の司法試験合格者が少ないことを理由に、黒人のための特別試験を実施せよ、という要求に応える必要はない。なぜなら専門的地位への選抜は、「その地位に相応しい能力」以外の何ものも考慮されるべきでないからである。ここではマイノリティを優遇する余地はなく、この点において「結果の平等」を認めることはできない（*CCC*, pp. 264-265. 一六〇―一六二頁）。これが、ベルのアファーマティヴ・アクションに対する認識である。

このベルの認識には、バッキー判決で出されたパウエル判事の意見との類似点が見出される。まず学力が入学者選抜の第一の基準である、という点で、マイノリティであることを理由に自動的に入学を許可される割当制は、拒否される。しかしマイノリティへの帰属を、選抜要件の一つとして柔軟に判断することは、推奨される。その上でベルの見解は、バッキー判決より一歩踏み込んだ解釈を試みている。大学院やプロフェッショナル・スクールと学部とで、エスニシティという要素の取り扱いを異にしている点が注目される。二〇〇三年に出されたミシガン大学の二つの判決では、ロー・スクールの方が柔軟な運用をしており、学部の方が固定的な運用をしていたので、ベルが指摘したこの論点は、判決に影響を与えていないが、LSAは、ロー・スクールよりも採点基準内のエスニシティが占める比重を重くしても、問題はないという可能性をはらんでいる。ベルの立場を、『イデオロギーの終焉』の旧来のイメージから、保守、現状維持とラベリングする傾向が見受けられるがゆえに、ベルが最高裁の立場を単に踏襲しているとみえる。しかしベルの叙述を年代順に追っていくと、最高裁判決の変遷が、ベルのいうところに着地点を見出しているといったほうが適切である。ベルのアファーマティヴ・アクション理解は、二〇〇三年の二つの判決を前にしてもなお、古めかしい解釈とはなっていない。

ここまでベルのアファーマティヴ・アクション論を確認してきたが、果たしてベルは、アファーマティヴ・アクションがアフリカ系の地位にいかほどの影響を与えると、一九七〇年の時点で考えていたのであろうか。例えば、グレイザーは、割当制を批判するさいに、アフリカ系の地位の上昇傾向をその理由の一つとしている。しかもその上昇傾向は、公民権法施行以降、顕著であり、アファーマティヴ・アクション導入以前から生じている、というのが、グレイザーの立論である（Glazer 1975, pp. 42-43, 225）。あるいはパーソンズは、一九七九年に他界しており、そういった意味で時代制約的な面が大きいが、彼もアフリカ系の地位の改善に着目していた（高城 1988, 第四章）。ベルも、彼らと同様にアフリカ系の地位の上昇は認めている（1996, p. 321）。「エスニシティの順序」を析出したベルからみても、公民権法により人種差別の禁止が明確になされたのであれば、下層に押し込められていたアフリカ系が、次第に中産階級へと上昇してくると想定したとしても、不思議ではない。しかしベルは、イタリア系、アイルランド系と異なって、アフリカ系が階層上昇していかない、と認識していた。実際、ウィルソンが指摘したように、七〇年代に改善したことが強調されたアフリカ系中産階級の状況と乖離したアンダークラスの実態が、注目されるようになった（Wilson 1987）。グレイザーは、『アファーマティヴ・ディスクリミネーション』において反割当制を主張したが、少なくとも一九八三年には、アファーマティヴ・アクションの運用の仕方次第では、ある種のアファーマティヴ・アクションを認めるべきである、と述べている（Glazer 1983, p. xxii）。バッキー判決をどう評価すべきか、グレイザーは、語っていないが、『アファーマティヴ・ディスクリミネーション』という著作によって、反アファーマティヴ・アクションの急先鋒と目されていたグレイザーでさえ、アフリカ系の実態を再考し、アファーマティヴ・アクションの運用の仕方に目を向け、アフリカ系の経済・社会状況の向上の方策が必要であることを認識するに至った。この点が、グレイザーは、アファーマティヴ・アクションを認める立場に転向したといわれる所以である（桑山 1999）。

ベルは、アファーマティヴ・アクションの問題と同時に、アフリカ系の「アンダークラス」問題に対して、AFDCの重要性を再三、強調する。AFDCとは、一九三五年に制定された「要扶養児童扶助」を改正して、一九六二年に成立した制度である。この制度において、一八歳未満の要扶養児童とその家族に対する福祉給付がなされる。当時からAFDCの多くは、実質的に母子家庭扶助にあてられ、しかも受給者には、アフリカ系の割合が極めて多かった（根岸 2001, pp. 63-64, 74）。AFDC受給者は、長期福祉依存に陥る傾向が指摘されていた。その原因として、メディケイド、児童ケアの受給資格もAFDCと連動しているので、独身の母親は、医療保険もない低賃金の仕事に就いてAFDCから離脱した場合に、医療保険料を支払うことができず、福祉受給に戻るケースが多いという背景があった（新井 2002, p. 201. 根岸 2001, p. 74）。しかしこうした背景にもかかわらず、ベルがいうように「福祉は――実際にはAFDCプログラムであるが――、特に保守派にとって、黒人コミュニティに害をなすものすべての象徴」とみなされてきた（1996, p. 322）。これもまた多くの議論をよんだ、クリントン政権でなされた一九九六年福祉改革に対して、ベルは、強く反対していた。福祉改革法は、ＡＦＤＣを廃止し、「貧困家族一時扶助 Temporary Assistance for Needy Family (TANF)」を新たに規定した。このプログラムでは、受給開始後二年以内に職業教育・訓練プログラムへの参加義務が定められ、受給期間は、生涯で五年以内と制限された（西崎 1998, pp. 118-119）。この改革は、福祉を「付与された権利」とする考え方を捨て、ワークフェアへの転換が示されたものであった。ベルは、この福祉改革法を批判して次のように述べる。福祉改革は、婚外子出産・母子家庭・貧困世帯の割合が多いという「黒人家族の窮状」を、福祉に依存し、勤労精神を失っているという「文化問題」と捉えている。しかもその文化問題を解決しようとして、給付を打ち切るという「経済的サンクション」を用いている。「給付の中止は、貧困女性に婚外子出産をやめさせることを教えはしないだろう」(1996, p. 322)。ベルの諸領域間の矛盾という分析視角は、諸領域間の区別を明確にし、より適当な領域内において問題を解決すべきことを示している。ベルの三領域の矛盾論からみて、福祉改革法は、アフリカ系の「アンダークラス」に負の影響を与えることが指摘されている。この主張は、ベルの「経済における社会主義」を基礎にして提示されており、アファーマティヴ・アクションと共に、ＡＦＤＣを支持する立場は、ベルのトライユニティにおいて貫かれている。

ここまで「経済における社会主義」、「政治におけるリベラル」という立場を、アファーマティヴ・アクション、アフリカ系の実態と照らし合わせながら考察してきた。新保守主義は、一般的にアファーマティヴ・アクションに批判的である、とみなされる。クリストルも第三の論点として「機会の平等」の保障と「結果の平等」への批判とを提示した。しかしこうした論点の提起の仕方では、ベルが論じているような微妙なニュアンスは、見逃されてしまい、アファーマティヴ・アクション賛成・反対論の二項対立図式に絡め取られてしまう。クリストルは、

「機会の平等」／「結果の平等」という論点提起をおこなう以上、前述した社会保障政策を越えるようなアファーマティヴ・アクションの一切を否定するであろう。しかしベルは、「機会の平等」／「結果の平等」図式を乗り越え、より実践的に問題を取り扱おうとしている。アファーマティヴ・アクション論争を通してベルの立場をみると、一概にベルを新保守主義者と規定することはできない。あらゆる形態のアファーマティヴ・アクションに全面的に賛成しなければ、新保守主義者である、と定義すれば、ベルは、新保守主義者となるが、これでは、ほとんどのアメリカ知識人は、新保守主義者ということになる。アファーマティヴ・アクションに関連していえば、ベルの経済・政治の立場の均衡は、ネオコンにもクリストルの新保守主義にも、どちらにも重ならない。本節では、このようなベルの新保守主義らしくなさを確認しつつ、次節では「文化における保守主義」の内実を明らかにしていきたい。

第五節 「文化における保守主義」――ベルとバーガーの社会学

「文化における保守主義」とは、前章で論じたポスト・モダニズムに対する批判を含意している。「芸術作品の質にかんする善し悪しの理性的判断を信じる」、という立場である。ベルからみれば、ポスト・モダニズム的文化は、あらゆるものを意味ありと判断するような無差別な評価に基づいている。「文化における保守主義」は、こうした文化潮流への批判を意味した。セザンヌを個人的に好み、大変高く評価するベルは、その後の現代アートの展開に好意的でない（Beilharz 2006）。現在までの現代アートの変遷の一切を切り捨てるという批判の仕方は、元ＳＤＳ議長ギトリンが批判するように文化理解として単純すぎるように思う。

「文化における保守主義」には、芸術論に関連した問題とは別にもう一つの含意がある。ベルがいう「文化」とは、「人類が生きていく途上において直面する実存的苦境への一貫した答えを供給する努力」である。そう捉えると、「伝統」が「文化」において重要な位置を占める。なぜなら「伝統は、過去の人々が同じ実存的苦境にどう直面したかを教え、記憶の持続を与えるので、文化の活力にとって不可欠」だからである。特に「宗教」は、「世代から世代への連続性という概念を回復させ」、「実存的苦境を思い起こさせ、謙虚さと他者へのいたわりの心の基盤となる」(CCC, p. 30. 上七三頁)。

ベルは、『イデオロギーの終焉』において、マルクス主義を救済までをも約束しようとする「世俗的宗教」とみなした。ポスト・マルクス主義という立場は、「実存的苦境」への応答を文化領域における宗教に委ねる他はない、ことを意味している。さらにこれもまた『イデオロギーの終焉』において論じられたように、ニーバーの思想から導きだされた有限性や自我の限界は、自己を超越した「破壊できないものに対する感覚」の重要性を指摘することに繋がっている (CCC, p. 338. Dorman 2000, p. 92)。それゆえこの保守主義は、政治における終末論的革命によらず、責任倫理に基づく漸進的社会改革を推進する際の基盤である。

そうはいっても「文化」や「伝統」に関するベルの右記の記述は、ベルが新保守主義者であることを示すものとして、しばしば参照されてきた。しかし前章でみたように、カルトや原理主義など、あらゆる宗教復興を礼賛する姿勢をベルはとっていない。彼は、あくまで「贖いの宗教」という限定された形態の宗教に積極的意義を見いだしている。というのも「道徳的宗教」は、原理主義的に世俗の事柄を判断し、他の宗教との共存を拒否したり、非信仰者を排除したりする。それゆえ「政治おけるリベラル」という立場と根本的に矛盾する。「道徳的宗教」と区別された意味における「贖いの宗教」が提示された意味は、ここにある。したがって「文化における保守主義」の内実を明確にするためには、「贖いの宗教」の内容を析出することが必要となる。そこでまず分析の手がかりとなるのが、ベルによるバーガーへの言及である。

ベルは、「贖いの宗教の直接的な社会学的起源」をバーガーが「媒介構造」とよんだものの伸張にある、と述べている（WP, p. 350. 六六九頁）。それゆえベルの「贖いの宗教」の内実をより詳細に考察するために、バーガー社会学と比較して論じたい。バーガーは、ニューヨーク知識社会との接点はなく、ベルらとは知的系譜が異なるが、言わずと知れた新保守主義者である。それゆえ本書がテーマとする新保守主義を考察するうえで、バーガーは、重要な分析対象であることは間違いない。ここでの記述をみるとベルとバーガーは、共に新保守主義者であるかのようにみえるが、両者の実像がどのように重なり合うのか、以下で詳述する。「贖いの宗教」の「社会学的起源」を考察するにあたって、ベルの議論の文脈、そして「媒介構造」論の現在性をも意識しつつ、「媒介構造」が登場する理論的背景を、バーガーの認識との関連で考察していく。[2]

「媒介構造」論の前提として、「安住の地の喪失 homeless mind」というバーガーが掲げる主題がある。バーガーによれば「近代化」にともなって、工業生産と官僚制とが、人々の「認知スタイル」を形成する。工業生産は、「寄木細工性 componentiality」という支配的「認知スタイル」を広める。この認知スタイルは、次のように説明される。工業機械は、歯車のような部品一つ一つの「構成単位」にまで分解される。諸構成単位は、分離・結合されながら、相互依存的に編成される。それと同様に、生産工程も、機能的に編成され、各労働者個人の生産活動は、この工程に組み込まれている。このように編成されたそれぞれの「構成要素」は、機械にせよ、生産工程にせよ、「代替可能」である。この「認知スタイル」は、労働者間の人間関係、および自己アイデンティティといった「内面的な主観の領域にまで波及する」。労働者は、個性をもった個別的な個人というよりも、生産工程において代替可能な「匿名の機能者」として自己を認識し、また他者からもそう認識される。（Berger *et al.* 1973, pp. 8-9, 26-40. 七―八、二七―四三頁）。バーガーが「近代の第一次的担い手」と位置づける官僚制も、工業生産と同様に人々の「匿名化」を進める。官僚制からサービスを受ける市民の個別的な性質は、官僚的手続きからは排除される（Berger *et al.* 1973, pp. 41-62. 四六―六九頁）。しかし他方で「人は今や自己を、個性豊かなかけがえのない個人として」も経験する。「匿名的」自己と「個別的」自己との二重性は、個別的自己からの匿名的自己の「疎外」を生み出し、「個別的な私的アイデンティティ」の「避難所」としての「私的領域」が希求される（Berger *et al.* 1973, pp. 185-186. 二一五―二一六頁）。この自己の二重性は、ベルの文脈に即していうならば、経済における「機能的」自己と文化における「表出的」自己との二重性である。

　他方でバーガーによれば、この近代化に伴って世俗化が進行する。「聖なる天蓋」としての宗教は、「社会の意味の統一のための、すべてのシンボルを覆う」。しかし近代化に伴う「多元化」・「私化」によって、「聖なる天蓋」の覆いは、破壊され、公的世界から宗教は撤退していく（Berger *et al.* 1973, pp. 79-82. 八八―九二頁。Berger 1967, pp. 133-138. 二〇五―二一二頁）。近代社会は、このように「聖なる天蓋」に導かれた「宗教的神義論の信憑性をおびやかしておきながら、神義論を必要とするような人間の不幸な体験を完全に取り除いたわけではなかった」。この事態こそまさにバーガーが「安住の地の喪失」として析出したものである。しかも官僚制は、「社会そのもののテーマ化」、すなわち社会の操作可能性を前提に存立し、この操作は、すでに述べたように個人の匿名化を帰結する。この近代への不満は、「『抑圧されていた』非合理的衝動」の表出への要求を惹起し、「匿名化の脅威」に対抗して、個別的アイデンティティや「数の限られた意味のある人間関係」への希求をもたらす。この「安住の地」の「防波堤」として残されているのは、もはや「私的領域」のみである（Berger *et al.* 1973, pp. 81-82, 113-114, 184-186. 九一、一二九、二二四—二二六頁)。

しかし「私的領域」は、当然ながら「公的領域」よりも移ろいやすい。バーガーが指摘する「人間学的理由」によれば、「人間というものは、存在の不確定性（あるいは自由）に、制度的支えなしに長期間耐えることができない」ので、「新しい制度的組織」が生みだれる。この制度こそ、「安住の地」を喪失した「私的生活における個人」と、官僚制に代表される「公的生活における巨大組織」とのあいだに立つ「媒介構造」である。具体的には、これは、「近隣住民、家族、教会、自発的結社」を指している（Berger and Neuhaus 1973, pp. 158-159）。ベルも、バーガーと同様に、「媒介構造」を「中央政府、大規模官僚制、巨大組織構造に対する反作用」から生じるとみなし、「私的領域——家族、教会、近隣関係、自発的結社——を復活させたい」という要求の現れとして理解している（*WP*, p. 350. 六六九頁)。

第六節　クリントン政権の福祉制度改革と ブッシュ政権の「信仰に基づくイニシアティヴ」政策

本節では、前節までを踏まえ、ベル、バーガーの議論と新保守主義との関係を考察していく。そのさいブッシュ政権のスローガンである「思いやりのある保守主義」を具体化させた政策、「信仰に基づくイニシアティヴ、およびコミュニティ・イニシアティヴ Faith-Based and Community Initiatives (FBCI)」を取り上げる。というのも経験的な公共政策に関わる両者の評価を考察することが、新保守主義との関連を問う上で決定的に重要であると考えるからである。しかもベル、もしくはここではバーガーをも含まれるが、「政策社会学」という側面

をもつ彼らの知的特徴からして、経験的な経済・政治問題との関連において、彼らの思想を検討することが重要である。(3)

「媒介構造」と「信仰に基づくイニシアティヴ」政策との結びつきを考えるさいに、ブッシュ政権の大統領上席顧問を務めたカール・ローヴの発言が目をひく。彼は、二〇〇一年一二月に「思いやりのある保守主義」とは、「統治機構を受けいれはするが、媒介構造のための道を見出す必要もある」、という考え方である、と解説している（新田 2004, p. 72. American Enterprise Institute 2001）。この発言は、当時すでに実施されていた「信仰に基づくイニシアティヴ」政策を念頭においたものである。この政策は、「媒介構造」という概念に結び付けられており、バーガー、ベルの現代社会論と同様の認識に基づいていることが見受けられる。

この政策が展開される以前まで、合衆国憲法の政教分離条項により、教会などの宗教組織への直接の公的援助は、禁止されていた。そこで各宗教組織は、内国歳入法第五〇一項(c)三に該当する非営利組織を別組織として設立し、その組織が競争的な公的資金を受給するという形をとっていた。その組織は、公的資金を宗教活動に充当してはならず、あくまでも世俗的な目的のためにしか使用してはならない、と定められていた。「信仰に基づくイニシアティヴ」政策は、宗教組織が社会サービスを提供することを妨げている法律上の障壁を取り除き、一定の条件下で宗教組織も社会サービス提供のための公的資金を受給できるようにすることを目指していた。それゆえ「信仰に基づくイニシアティヴ」政策は、統治機構と「信仰に基づく組織」との新たな「パートナーシップ」構築を目指す政策であるということができる（Wuthnow 2004, p. 14）。この政策の背景には、官僚機構が提供する世俗的な社会サービスは、貧困者の福祉依存をもたらすという貧困救済にとって逆効果をもたらし、信仰に基づいた「思いやりのある compassionate」サービス提供こそ、重要であるという道徳主義的認識がある

(Olasky 1996, p. 104. Himmelfarb 1999, p. 35)。ベルは、「媒介構造」が担ってきた「ケアリング」が求められている、と指摘しており、この点でＦＢＣＩには、「媒介構造」に通底するものを見いだすことができる。

「信仰に基づくイニシアティヴ」政策の原型は、すでにブッシュ大統領のテキサス州知事時代に実行されている。一九九七年、ブッシュは、テキサス州刑務所における「ＩＦＩプログラム（InnerChange Freedom Initiative)」を強力に支援していた。このプログラムは、「生まれ変わり」のキリスト者チャールズ・コルソンが始めたものであり、その内容は、「服役囚の更正と再犯防止プログラム」であった。具体的には、服役囚に朝五時半から夜一〇時まで、聖書を読ませ、責任ある生活を送るために聖書に書かれた聖句を学ばせたり、職業訓練、コミュニティへの奉仕活動、犯罪被害者への謝罪、犯罪の損害賠償について考える時間を設けたりするというものである。このプログラムの「最大目標」は、「正統なキリスト教福音派に基づいた宗教的回心体験」を生じさせ、服役囚の再犯を防止することであった（Black *et al.* 2004, pp. 23-24. Formicola *et al.* 2003, p. 27)。彼は、大統領に就任するや否や、二〇〇一年一月に行政命令を発し、「信仰に基づくイニシアティヴ、およびコミュニティ・イニシアティヴ Faith Based and Community Initiatives（FBCI）」を実行に移し、これが、政権の最重要課題の一つであることを示した。

　しかしこのＦＢＣＩに対しては、多くの問題点が指摘されている。一つは、政教分離条項に抵触するという批判である。合衆国では、一九七〇年代に一貫して私立宗教学校への公的助成を認めないという最高裁判決が立て続けに出されてきた。しかし七七年のウォルマン判決は、厳格な政教分離理解を離れ、公的助成の使用が、標準的教科書の購入のような世俗的目的であれば認められる、という見解を示した。この問題領域において画期的であったのが、八八年のボーウェン判決であった。この判決では、十代の若者や未婚の母親に対して避妊・妊娠などについてカウンセリングや支援をおこなう宗教組織が、公的資金受給資格をもつことが合憲とされた。この判決が画期的であったのは、公的資金の使用範囲を拡大した点にとどまらず、私立学校への公的補助金の問題から社会サービスの提供への公的資金援助問題へと問題領域を拡大したところにある。ただしこの判決においても、あくまで世俗的活動についてのみ公的資金使用が認められ、布教などの宗教活動への資金使用は、認められていなかった（Black *et al.* 2004, pp. 43-44, 226, 233）。

第七節　ベル、バーガーのＦＢＣＩ政策評価

本節では、ＦＢＣＩ政策について、ベル、バーガーがどのような評価をおこなっているかを考察する。それを通して、本節は、ベル、バーガーの見解がいかに「新保守主義」思想と重なっているか、あるいは重なっていないかを明らかにしたい。

バーガーは、「媒介構造」論を提示した七七年時点において、宗教学校への公的資金援助を明確に支持した。しかしバーガーは、九六年に「媒介構造が政府資金を得ることによって、統治機構と同様の組織になってしまう」という問題を十分に扱わなかったという点を自省している。彼は、右に述べたような世俗・宗教的目的を区別し、前者にのみ使途を限定することを「馬鹿げた光景」である、と厳しく批判する。バーガーは、宗教学校においては、その宗派の教えに基づいて教育がおこなわれるべきである、と考え、「媒介構造」の要である自律性を減じるような公共政策を危惧している。宗教組織が公的資金を得る場合でも、宗教組織の信仰・活動の自由に介入しない方策を模索することとなる(4)（Berger and Neuhaus 1996, pp. 150-152）。このバーガーの論理は、『思い

やりのある保守主義』の著者であるオラスキーと同様のものとなっている。オラスキーは、州知事時代のブッシュに宗教組織の社会サービス援助政策について助言を与えたこともある。「媒介構造」の一つである宗教組織がおこなう社会サービスに公的資金を与えることは重要であるが、このことが、宗教組織の目的や活動に制限を加えたり、その信仰を侵害したりしてはならない（Olasky 1996, p. 104）。これが、オラスキーのとる立場である。バーガーの議論は、「思いやりのある保守主義」の主導者であるオラスキーの議論と重なっている。

憲法修正第一条は、このような統治機構の特定宗派への支持・支援という問題、すなわち国教樹立禁止条項と、他方で個人の信仰の自由保護規定とを含んでいる。後者についても同じように深刻な問題が指摘されている。それは、特定の信仰に基づいてサービスが提供されるとしたら、その信仰をもっていない、あるいはその信仰に否定的ですらある受給者は、排除されてしまうのではないか、という疑念である。福音派の提供するスープキッチンから無神論者のホームレスが、排除されたり、あるいはイスラム教徒の服役囚が、強制的に福音派の更正プログラムを受けさせられ、宗教的回心を求められることにもなったりしかねないという危惧がある（Wuthnow 2004, p. 43）。

簡単には解消できそうもない争点が指摘されながらも、実際にはゴア元副大統領は、大統領選当時、ブッシュ大統領よりも先にこの政策構想を提言した。したがってこの政策は、アメリカ社会の「媒介構造」への要求を汲み取ろうとした政策であると考えることができる（新田 2004, p. 90）。こうした動向をみると、バーガーがいうように、七〇年代当時よりも「現在の政治状況」のほうが、「媒介構造」という概念の「実践的含意を実現するためにより適合的である」（Berger and Neuhaus 1996, p. 145）。

ベルは、このような背景と内実をもつブッシュ政権のＦＢＣＩに対して肯定的な態度を示している。ベルは、確かに「『信仰に基づく』という言葉が、教会と国家との分離に関わる問題を生じさせる」点を危惧している。しかしFBCIは、アフリカ系教会支援に対する「実質的な動き」であって、アフリカ系コミュニティにとって有益な政策であるとみなしている。ベルのみるところ、アフリカ系コミュニティにおいて、中産階級と貧困層が「分裂」している。前者は、郊外へ移動する一方で、後者は、都心部のゲットーで、「若者の犯罪率、安定した家族の欠如、高い失業率に苛まれている」。六〇年代以降、貧困救済策が展開されてきたが、問題の根本的解決には至っていない。一人親、特に母子家庭の割合とその貧困率は、アフリカ系の間で極端に高く、六〇年代から状況は、悪化している。こうしたなかベルは、「教会」がアフリカ系コミュニティと家族に「安定を供給できる数少ない制度の一つ」である、と考えている。このアフリカ系の教会を支援するという点で、「我々は、ブッシュ政権の提案を支持するなかで、この争点に取り組み、答えを見つけていかなければならない」、と主張される(5) (2001, p. 496)。

しかしアフリカ系救済策としてあえてFBCIに執着する論理的必然性はないし、最低所得保障、雇用対策などの政策も選択可能である。しかも一般的にベルの出自であるユダヤ系の側から、アメリカの「キリスト教化」を招くというFBCI批判が提出されている (2001, p. 496. Friedman 2002)。こうした問題がありつつもベルがFBCIに積極的意義を見出さざるを得なかった背景には、第六節において論じたクリントン政権下で実施された福祉改革がある。福祉改革が実行された現状では、FBCIにAFDCの補完機能を担うという可能性を期待するほかはない、というのがベルの判断であろう。実際に福祉改革法には、「慈善の選択 charitable choice」条項が付されており、政府による社会サービス提供のさいに、宗教組織と契約を結ぶことが可能と規定された。それゆえFBCIの考え方は、すでにこの福祉改革法に示されており、ブッシュ政権は、それを実行に移しただけである、という見方も可能である。

以下でベルのトライユニティを、ＦＢＣＩに関連させて考察する。ただしベル自身は、ＦＢＣＩと直接に関連させて三つの立場を表明しているわけではないので、ここでは筆者なりにベルの主張の含意を析出したい。

「文化における保守主義」は、すでに論じた文化批判や宗教論に見出せる。「政治におけるリベラル」とは、古典的なリベラリズムに基づき、法・道徳の区別、公私の区別を主張する（CCC, pp. 274-276. 下一七九－一八二頁）。公的領域おいては、個人的信仰の内容は、問題とされず、手続き的正統性が求められる。この立場は、ＦＢＣＩの文脈でいえば、受給者の信仰の自由の保護を尊重し、特定の信仰を統治機構が優遇あるいは侵害しない点を強調する。すでに論じたように「経済における社会主義」は、ＡＦＤＣのような社会保障政策への支持にみられ、ＦＢＣＩを支持する理由も、最低限の生活保障を与える役割にある。ベルの叙述からみえてくるのは、ＦＢＣＩの問題点を十分認識しながらも、ＡＦＤＣが廃止された今となっては、最後の拠り所としてのアフリカ系教会を支援する道に、貧困救済の現実的可能性を探ろうとする姿勢である。

他方でこの貧困救済という社会問題について、「道徳主義者」と称されるヒンメルファーブは、「福祉の危機」といわれている事態を、本質的に「道徳的危機」と捉えている。ヒンメルファーブによれば、福祉改革法で実施されたような「福祉給付期限の制限」、次の子どもを産むと給付が制限されるというファミリーキャップ制度という方策は、「経済的動機づけ」というよりも、「社会的道徳的にこうした行為を許容しないという『道徳的』動機づけ」として重要である（Himmelfarb 1999, pp. 70-72）。ベルが批判したようなこうした道徳主義的文化批判は、「思いやりのある保守主義」を提唱したオラスキーが「媒介構造」論を支持する文脈で論じたように、福祉受給者に、「彼／女ら自身の原罪」と「責任」とを意識させることが重要であり、貧困を生んだ「不道徳的行い」

を乗り越えるために「個人の回心」が必要である、という主張に帰結する（Olasky 1996, p. 102. Formicola *et al.* 2004, pp. 173-174. Hacker 1999）。ＡＦＤＣやＦＢＣＩをめぐってベルと他の新保守主義者（とみなされている知識人）との間には、こうした乗り越えがたい認識の違いがある。

第八節　ＦＢＣＩにおける「社会関係資本」論の位置
――ベルのトライユニティ論の理論的可能性

ＦＢＣＩの実効性に関する若干の研究があるが、そのうちの一つで、地域的に限定されていた先行研究を乗り越えているのが、社会学者ワスノウの研究（2004）である。ワスノウは、パットナムの「社会関係資本」論を応用しながら、ＦＢＣＩの実効性を計測・予測しようと試みている。こうした方向は、ＦＢＣＩに伴う利点として、強調されている（Formicola *et al.* 2003, pp. 15, 54, 168）。他方でパットナムの[6]『ボーリング・アローン』の第四章「宗教組織」は、ワスノウの研究にかなりの程度、依拠している。両者の研究は、理論的にかなりの程度、重なりあっているので、本節では、パットナムの「社会関係資本」論を踏まえて、ワスノウの研究を検討し、ＦＢＣＩの実効性について考察していきたい。それを通じてベルの立論の可能性を検討したい。

まずＦＢＣＩにおいて社会サービスの担い手として期待される「信仰に基づく組織 Faith Based Organization」とは、アメリカ社会のなかでどのような位置を占めるのか、その実態を考察していく。ワスノウは、パットナムの「社会関係資本」論に依拠して、まず同質的集団内で形成される「結束型 bonding」と異質な集団内において形成される「橋渡し型 bridge」とを区別している。教会、シナゴーグ、モスクなどの宗教組織へ頻繁に通う人は、教会内の友人を多くもち、それゆえ「結束型」社会関係資本が形成されやすいが、宗教組織外とのネットワークが必ずしも形成されるのではないことを明らかにしている（Wuthnow 2004, pp. 79-88, 92-94）。ＦＢＣＩが目指しているように、宗教組織を基礎にした社会関係資本が促進されるとしても、それはあくまで「結束型」社会関係資本である。パットナムも、「慈善の選択」条項が議論されている文脈において、この点をすでに指摘していた。「改宗を強く勧めるような宗教は、橋渡し型社会関係資本よりも結束型社会関係資本を作りだすことに長けており、不信心者に対する寛容は、原理主義に明確に結びついた徳とはなっていない」。これこそパットナムが懸念した「社会関係資本」の「ダークサイド」であった（Putnam 2000, p. 410. 五〇八頁）。さらに彼は、「何らかのセーフティ・ネットによって福祉システムを置き換える場合、どれにすべきかを決定するという問題に対しては、最も広範で橋渡し的な種類の社会関係資本が、公共の議論の質を最大限高めることになるのは確実である」、とこの文脈における「橋渡し型」の意義を強調している（Putnam 2000, pp. 362-363. 四四七―四四八頁）。

パットナムがいうような「結束型」でなく「橋渡し型」社会関係資本に基づいた福祉システムとは、どのようなものが想定されるであろうか。パットナムは、これ以上説明していないが、再びワスノウの実証研究にもどり、「橋渡し型」の可能性を検討しておこう。ワスノウは、社会サービスの担い手たり得る宗教組織を二つに類型化している。一つは、教会、シナゴーグ、モスク、寺院などを含む「信仰集団 congregations」であり、もう一つは、「信仰に基づく組織 faith based organizations」である。後者において、設立の趣旨や支援者の動機付けは、宗教的であっても、実際の活動は、世俗的サービス提供に限定されている。これら組織は、ＦＢＣＩ開始以前から、公的資金を受給しながら、活動してきたサービス提供組織であり、サービス提供にさいして、特定の信仰を強要したり、布教をしたりすることなく、壁にかけられた宗教画すら取り除くというように、宗教色を完全に排除している（堀内 2005, pp. 203-206. Wuthnow 2004, pp. 144, 149）。このようなサービス提供組織の代表例として、「カソリック・チャリティ」、「ルター派社会サービス」「救世軍 salvation army」など、全米に多数の支部をもつ組織があげられる。これら組織の構成員は、自分たちの目標を一般的なヒューマニスティックな言葉で表現し、宗教的に表現しようとはしない。「救世軍」は、中絶、同性愛に対して厳格に反対の姿勢を表明しているが、受給者が中絶経験者、同性愛者であったとしても、排除しないことを謳っている（Wuthnow 2004, pp. 151, 155-157）。ワスノウの結論は、世俗的サービスを提供してきた「信仰に基づく組織」にとって、ＦＢＣＩは、再び信仰の表出を促す政策であり、継続的活動を阻害しかねない、というものである。ただしサービスの内容によっては、信仰のもつ効果やその必要性は、異なってくる。たとえば、若者の薬物中毒に対する治療・サービスでは、宗教組織内の「長期的で濃密な人間関係」に基づいてクライアントにかかわったほうが、治療の成功率は高くなる。ブッシュ大統領は、テキサス州知事時代、服役囚へのプログラム以前に、若者の薬物中毒更正プログラム「ティーン・チャレンジ」を支援している。この事例においては、特定の信仰が効果的に作用する可能性が認められる。しかしＦＢＣＩの問題点は、信仰に基づく社会サービスを、子どもをもつ母親へのデイケアサービスのようなものへも拡充しようとする点にある（Wuthnow 2004, pp. 159-161）。パットナムによれば「橋渡し型と結束型の社会関係資本は、それぞれ別のことに対して役立つ」。「集合的視点からは、我々が必要とする社会関係資本の範囲は、直面している問題の規模に依存している」。したがって「少量の橋渡し型社会関係資本を作り出す政策と、大量の結束型社会関係資本を作り出す政策と」を区別して論じる必要があるにもかかわらず、ＦＢＣＩは、その分析的区別を曖昧にし、社会政策上・憲法上の問題を生じさせている（Putnam 2000, pp. 362-363. 四四七－四四八頁)。ベルの立論に戻れば、彼の展望は、政教分離問題をすでにクリアしているアフリカ系教会のより世俗的なサービス提供への支援策を推進しながら、「少量の橋渡し型社会関係資本」の促進策の道をたどろうとするものである。

第九節　ベル、バーガーは「新保守主義者」か?

「思いやりのある保守主義」を提唱したオラスキーは、信仰組織の信仰の自由を擁護する点で、バーガーと同様の認識を示している。ただしこの立場は、自発的結社の活動ゆえに、受給者を自らの信仰との関連で排他的に取り扱うという危惧を生じさせる。オラスキー＝バーガーは、ともすればベルが提起した「道徳的宗教」に貧困救済問題を単に委ねるという結果にもなりかねない。この問題を回避すべく、ベルは、「政治におけるリベラル」という立場を表明する。ベルの議論の全体像からみれば、「道徳的宗教」と「贖いの宗教」とを区別する理由はここにあるように思われる。自発的な信仰集団を重視しつつも、そのリベラルなあり方を模索する姿勢は、「道徳的宗教」とはあえて区別された「贖いの宗教」に内包されている。

ここまでみてくると、文化批判、福祉国家批判、「宗教意識の復活」を論じる点では、ベル、バーガーは一致しているが、ＦＢＣＩという政策実践の水準では、このように相当程度、異なった認識を示している。しかもバーガーは、政府が信仰集団の活動に介入すべきでないことを強調し、信仰集団の活動を積極的に評価する。しかし他方でベルは、貧困救済という点を強調し、本来であればＡＦＤＣを継続すべきであるところを、クリントン政権の福祉改革以降、抗いがたい反福祉国家の流れを受けて、消極的にＦＢＣＩによる貧困救済に可能性を見いだそうとしている。さらにこのＡＦＤＣの廃止をめぐる時論的言説において、「保守」対「リベラル」の区別でいえば、ベルは、明らかに典型的にリベラルな姿勢を示した。「典型的な新保守主義者ベル」という像は、本章が示したように妥当ではない。新保守主義者ベルという批判は、ベルの「文化における保守主義」という要素を拡大解釈したものである。ハーバーマスが示すように「宗教意識の復活」を積極的に評価することが「新保守主義」のメルクマールであるならば、ベルには「新保守主義」的要素が確かに含まれている。しかし「リベラル」、「社会主義」というベルが掲げる別の理念との関係を問えば、新保守主義というベル像は、ただちに崩れていく。

本節では、ＦＢＣＩ評価をとおしてベル、バーガーの異同について論じた。最後に総論的に両者の異同と、両者と新保守主義との関連にふれておく。一九八六年の論考においてバーガーは、ベルと異なり、新保守主義者をはっきりと自認している。ただしいくつかの限定を付しながら一般的な新保守主義との相違を強調している。バーガーのいう新保守主義の核心は、新保守主義とよばれる「信念」をもつというよりも、ユートピア主義への「懐疑」である（Berger 1986, p. 65）。ここでも「新保守主義」は、消極的に規定されている。バーガーの論述をみるとユートピア主義として念頭におかれているのは、「ソ連の全体主義」である。ユートピア主義批判を展開する際に、バーガーは、有力な反ユートピア主義者としてルターとウェーバーとに依拠する。バーガーは、まずルターの二王国論から「神の国」と世俗の権威との区別を引き出し、世俗の権威については、ウェーバーが強調する「責任倫理」の重要性を指摘している。ルターとウェーバーの思想的関連については本書の範囲を大きく超えるが(7)、バーガーがこの両者から導き出した立場は、社会問題に対する解決策を「試行錯誤しながら」導き出す「漸進的」アプローチである（Berger 1986, pp. 65-66）。こうした立場をとるという意味においてバーガーは、自らを新保守主義者と規定している。この立場は、「伝統的保守主義」とは明確に異なる。バーガーは、反資本主義を標榜し田舎町に代表されるようなコミュニティを防衛するような「伝統的保守主義」を批判しながら、「新保守主義」の意義を論じている。バーガーは、「伝統的保守主義」から区別された意味における「新保守主義者」である。

この点についていえば、バーガーの立論は、ベルの歩んできた思想遍歴と一致する。本書二章で取り上げたベルのマルクス主義批判の文脈において、ベルは、ウェーバーの「責任倫理」の重要性を認識するところから思想的な転換をおこなう。ベルは、アメリカ共産党を「心情倫理」に依拠する世俗外的政党、すなわち「世俗的宗教」組織であるとみなす。他方でアメリカ社会党を世俗の権威に関わろうとしながらそれを達成できなかったという点から、「世俗にありながらその一部となることができなかった」というアンビバレントな対応に終始した、とみなしている（*MS*, pp. 6-9）。それゆえベルは、バーガーが有するユートピア主義への懐疑も共有する。もちろんバーガーが批判する伝統的保守主義にもベルは、与することはない。

ベルがクリストルと共に創刊・編集した『パブリック・インタレスト』に集った知識人たちは、ジョンソン政権下における急進的な社会改革とカウンター・カルチャーにみられるラディカリズムとに危うさを感じ、より漸進的な政策を提言するという創刊の方向性については一致していた。ベルが受けたウェーバーやニーバーの思想的影響をかんがみれば、この意味における「保守主義」を彼らの思想に見いだすことはできる。

このようにベルとバーガーの思想的背景は、非常に類似しているとみえる。それゆえ一層、ＦＢＣＩ評価にみられたような両者の差異は、見えにくくなる。本章は、このような両者の近さゆえにその相違をＦＢＣＩという経験的問題を通じて強調しておきたい。

注

（1）『パンセ』の該当箇所については、塩川（2001, pp. 128-137）を参照。

（2）バーガー社会学の全体像を取り扱うことは、本稿の範囲を越える。山嵜（1991）は、バーガーの研究対象を、「宗教社会学ないしは神学」、「ヒューマニスティック社会学の宣揚」、「社会学理論ないし広義の知識社会学」、「現代社会論」、「小説」の五領域に整理している。本章は、この領域区分に従えば、主に「現代社会論」に焦点をあわせている。

　近代化・世俗化の進展によって生起する「故郷喪失」というバーガーの主題については、山嵜（1985）、那須（1987）、吉田（2002）を参照。本章は、これら先行研究に依拠しているが、本章の論旨にそって、バーガーの現代社会論を再構成している。

（3）ＦＢＣＩの実態や効果は、ブッシュ政権期には解明されるに至っていなかった（堀内 2005, p. 231. 橋本 2007, p. 249）。ブッシュ政権の二期八年間における政策の効果を測定するという課題が残されている。さらにオバマ政権がこの政策をどのように継続しているのか見極めることは、アメリカ社会の今後を見通すうえで重要な課題となる。

（4）この点は、すでに「媒介構造」の過度の制度化の問題として、『故郷喪失者たち』において論じられた点であった（Berger *et al.* 1973, pp. 187-188. 二一七−二一八頁）。

（5）アフリカ系コミュニティにおける教会の意義については、以下の文献で同様の見解が示されている（Berger and Neuhaus 1977, p. 200. Black *et al.* 2004, p. 281. Putnam 2000, pp. 68-69. 七六頁）。

（6）パットナムは、実際にＦＢＣＩの発案時点からの支持者であり、ブッシュ政権は、彼にアドヴァイスを求めていた（Formicola *et al.* 2003, pp. 15, 54, 168. 新田 2004, p. 92）。ただしパットナムは、「彼［ブッシュ大統領］は、レトリックをみる限り、この論点について正しい立場にたってきた」、と評価する一方で、しかし「思いやりは、かなりのレトリック上の争いに勝利したが、予算配分をみるとき、その予算は、少しも思いやりを示していない」、とその実効性に批判的である（Milbank 2002）。

（7）ルターとウェーバーとの思想的関連については、雀部（1993）参照。

終章　ダニエル・ベルの思想的意義――テロリズムに揺れる世界のなかで

第一節　冷戦の終焉と「イデオロギーの終焉」

ベルは、一九七〇年代から「新保守主義」とラベリングされることを批判してきた。このラベリングは、リベラル批判＝新保守主義という形で消極的に規定されるものであった。前章でみたように実際にベルの主張は、いわゆる新保守主義とかなりの程度、異なっていた。終章ではベルのトライユニティという立場の意義を明らかにするために、より広い文脈においてこれを考察していきたいと思う。

第一節において「冷戦の終焉」に対するベルの視座を析出し、その意義を確認する。「冷戦の終焉」は、「イデオロギーの終焉」論と密接に関わる世界史的事件であり、一九六〇年に「イデオロギーの終焉」論を提示したベルは、一九九〇年代の「冷戦の終焉」を受けて、その主張に変更を迫られたのか否か、考察しておきたい。さらにベルのトライユニティと「冷戦の終焉」との関連についても考察し、その意義をより明確にしていく。

ベルが一九六〇年代に提唱した「イデオロギーの終焉」は、「冷戦の終焉」とどのように関連するのであろうか。ベルは、「冷戦の終焉」を「予言」していた、とまで持ち上げる言説も東欧革命後に見受けられた。ベルのトライユニティ、特に「経済における社会主義」に関わる論点を中心に、本節において考察することとしたい。

ベルは、ソ連の経済を、よく言われたような「計画経済」ではなく、「指令経済」である、と捉えている。国家計画委員会（Gosplan）は、資源とエネルギー、労働力との相互関係を同時に総合的に判断して、計画的に経済を運営することは不可能であった。ロシアの経済学者たちによれば、計画された目標の半分から三分の一しか、実際には生産されていなかった。こうした経済問題への「唯一の合理的解決方は、市場メカニズムを用いることである」。そうすれば「購買者と販売者とが、価格という情報によって需要・供給という彼／彼女らの要求を合致させることができる」（1991a, p. 48）。しかしこのベルの言説は、「資本主義の勝利」を宣言するといった類のものではない（1990, p. 185）。市場経済が存続しうるには、不平等に偏った所得配分ではなく、社会的正義や公正が必要である。ベルのいう「経済における社会主義」は、市場メカニズムを採用しつつも、その結果生じる財の不均等な配分を矯正し、すべての「市民」を社会に包摂しようとする理念であった。「社会主義」は、一般に想起されるような「官僚制的専制」や「指令経済」を意味するわけではない。それゆえソ連という「社会主義」国家が消滅したとしても、ベルの「経済における社会主義」という理念が変更を迫られるわけではない。「社会主義」は、「心情倫理のように、ひとつの理念として、潜在力と可能性の尺度として現実に対抗し続ける。それは、ユートピアの働きをするものである」（1990, p. 188）。したがって「権力と収入格差に基づいている現存の経済」が、「社会主義」というユートピアからいかに遠いかをみることによって、現存の経済に対する評価を下すことができる（1991b, p. 54）。

第二節　冷戦の終焉から「第三の道」へ

冷戦の終焉を受けて、新たな思想的基軸「第三の道」を提示したのは、ギデンズである。ギデンズは、冷戦時代にみられた「右派・左派」「保守・リベラル」の二項対立を超えて、ポスト冷戦に対応しようと試みた。この点において本書がとる視点から、ギデンズ「第三の道」論は、ベルの思想的方向に重なってくる。「第三の道」論は、一九九〇年代以後、大きな注目をあびた。それに比べてベルの議論は、全く別の文脈にあるとみなされ、顧みられることはなかった。本節においては、ベルとギデンズとを比較し、両者の思想的類似を指摘することを通じて、ベルのトライユニティがもつ意義を明らかにする。

まずギデンズとベルとの思想的重なりを指摘した先行研究をいくつかあげておこう。たとえばイギリスのジャーナリスト、ドウォーキンは、両者の思想的重なりを指摘し、ベルの思想が「第三の道」論に極めて接近している点を指摘している（Dworkin 2000）。しかしドウォーキンは、ベルの描く展望について極めて悲観的である。本節では、ベルの思想のよりポジティヴな側面にも光を当てていきたい。

橋本は、新保守主義思想と「第三の道」論との類似点を指摘している。橋本は、ベルに直接、言及しているわけではないが、ヒンメルファーブを卓越した新保守主義者として取り上げ、彼女と「第三の道」論との重なりを明らかにしている（橋本 2007）。橋本の問題関心は、無闇にリベラル左派がもちあげられ、無闇に保守的な思想が蔑まれるという日本の思想状況に向けられている。この問題関心は、本書も共有するところである。

前章でみたようにヒンメルファーブとベルとは、福祉国家の再編、市民社会の活性化という思想を共有しているとはいえ、その内実は、かなりの程度、異なっている。ベルのトライユニティは、ギデンズ「第三の道」とどのような関係にあるのか、この点を本節において考察し、両者の意義を析出することとしたい。

ギデンズは、「第三の道」論に対する様々な批判を受けて、『第三の道——その批判』において「第三の道」の内容をより明確にしようと努めている。本節では、ギデンズが主張する「第三の道」論の内実を確認し、そのうえでベルのトライユニティ論と比較することを通じて、両者の異同と意義とを析出する。

まずは、「第三の道」の方向性について、ギデンズは次のように述べている。「一九八九年以降」、「もはや社会民主主義者は資本主義と市場を、近代社会を悩ませているほとんどの諸問題の根本原因とみなすことはできない」。他方において、旧来型の福祉国家は、「官僚主義的」となっている（Giddens 2000, p. 5. 五頁）。とはいえ、「市場は、社会的、そして倫理的枠組みがなければ、円滑に機能することができない。市場自体は、そうした枠組みを提供することができない」（Giddens 2000, p. 33. 三七頁）。必要なものは、「適切に機能する市場システム」であって、しかも「市民社会」がこの市場システムと「民主的政府」とにとって不可欠である。（Giddens 2000, pp. 28-29. 三二—三三頁）。ギデンズが指摘する一九八九年以後の課題は、すでにベルが提示する枠組みの中に含まれていたものである。

より具体的な政策についてみていくと、「第三の道と道徳的保守主義との関連」という節において、ギデンズは、次のような議論を展開している。「伝統的な家族を擁護する保守主義者と家族の多様性を称賛する左派の人々との間の論争は不毛なものであった」。前者は、「経済的無政府性と強力な道徳的統制」、後者は、「経済的規制と道徳的無政府性」という立場に当たる。「どちらの組み合わせもほとんど道理にかなっていない」（Giddens 2000, pp. 45-46. 五二—五三頁）。

これら右派左派の対立を乗り越えるさいに試金石となる課題は、主にシングルマザーを対象とする家族政策である。この問題を取り上げるギデンズは、「家族にやさしい労働環境を創造し、可能なかぎり多様な形態の有給家族休暇を創設し、質の高い子どものケアを創造あるいは維持する場合に、営利企業やサード・セクターの集団は重要な役割を果たすことができる」、と主張する。アメリカの文脈においてこの言説を敷衍すれば、ギデンズの主張は、クリントン＝ブッシュ政権の一連の福祉改革とＦＢＣＩ政策に対応していることがわかる。すなわち政府が労働環境を整備しつつ、サード・セクターや市民社会の活性化を基盤に、質の高い子どものケアを創造するという道である。

第二の論点として、ギデンズのいう「新しい社会契約」説があげられる。ギデンズは、「権利にはつねに責任が伴う」という命題に基づいた、新しい社会契約の構築を提案している。「公共財から利益を得る人々は、責任をもって公共財を利用するとともに、そのお返しとして、より広い社会共同体へ何かを贈与すべきである」(Giddens 2000, p. 52. 六〇頁)。このようなギデンズの主張は、まさにベルの「贖いの宗教」と軌を一にする。コミュニティを基盤にした「義務」を意識することの重要性をベルは説いていたはずである。「贖いの宗教」は、それを宗教組織との関連において用いた表現である。これは、「責任」を見いだすためのアメリカ型の一つの道である。

第三に、「平等」をめぐる議論を取り上げよう。ギデンズは、「第三の道」がどのような「平等」を達成するかについて、次のように述べている。

［第三の道は、］平等主義的原理に基づいた多様性のある社会を育成する。しかしそれは、厳密な意味での

結果の平等主義とは相容れない。機会の平等をできるかぎり拡大することを目指している。しかしそうであるとはいえ、第三の道政治は、不平等を縮小することにも継続的に関与すべきである。その主な理由は、機会の平等が富と所得の不平等を生み出す可能性があるからであり、それゆえ次世代の機会を制限してしまうからである。(Giddens 2000, p. 53. 六一－六二頁)

ギデンズの主張が「結果の平等」ではなく「機会の平等」が重要である、というものであるならば、それは、前章でみたニューヨーク知識人たちの主張と何ら変わりはない。しかも前章で考察したアメリカの文脈に照らして、「機会/結果の平等」という二分法だけでは、どのような形態のアファーマティヴ・アクションであれば認められるのか、という点は明らかにならない。この論点に関していえば、ベルは、より詳細に大学・大学院入試を機会の平等拡大と捉え、可能な限り、門戸を広げようと考えていた。その上で彼は、AFDCやFBCIに関連して、富と所得の不平等を縮小すべきという主張をおこなっていた。それに比べればギデンズは、より一般的な議論に終始している。両者の「平等」論の抽象度の水準はやや異なるが、ベルとギデンズが主張する方向性には重なる部分が多く見受けられる。

このようにいくつかの重要な論点について、両者の思想的重なりを指摘することができる。ベル自身、ギデンズの議論を「大変優れている」と評価しつつも、「ちょうど三十年遅れているが」とコメントしている(Dworkin 2000, p. 66)。ベルの眼からみても、ギデンズの「第三の道」論における主張は、ベルの議論と同じ文脈にある。

ベルは、これまで新保守主義者といわれ、ギデンズは、「第三の道」の提唱者とみなされている。一見すると両者は、全く異なる立場にたつように思われるが、本節における比較が示すように、両者に対する一般的な評価よりも、両者の距離は離れていない。旧来の右派・左派、保守・リベラルの固定された軸を基点にみれば、両者の立場は、異なっているようにみえるが、その枠を取り払い、両者の議論の内実を検討すれば、同様の課題と解決策とが指摘されていることがわかる。この意味において、新保守主義者とみなされたがゆえにあまり顧みられることがなかったベルは、九〇年代に議論をよんだ「第三の道」論のアメリカにおける提唱者という評価が可能となる。

しかも第二の論点としてあげた新しい「社会契約」説についていえば、ギデンズがいう「責任」を我々は何を根拠にどのように担えばよいのか、明示されていない。この問題に対するベルの回答は、「贖いの過程」を経る他はない、というものであった。ギデンズよりも早く「第三の道」論を展開したというよりも、ギデンズがそれでもまだ提起しえなかった、現代社会を転回させる鍵を文化領域において析出したところに、ベルのトライユニティ論の意義を本書は見いだしている。ギデンズの「第三の道」は、ポスト・マルクス主義の時代における新たな思想軸を創出しようとする試みであったが、ポスト・マルクス主義者ベルの「トライユニティ」論は、この「第三の道」論をも超越しようとしている。両者ともポスト・マルクス主義における理念を模索しているが、ベルとギデンズとを隔てる点は、「世俗的宗教」として全社会領域を包摂しようとするマルクス主義から「聖なるもの」をすくいとろうとするところにあった。

第三節　ニューヨーク知識社会における新保守主義思想

本書において、ベルとニューヨーク知識人との知的交流過程、彼／彼女らの間にみられる思想的異同を析出してきた。本節においては、主要なニューヨーク知識人とベルとを思想的に比較し、それを通じてベルの思想的特徴を析出する。ベルを含むニューヨーク知識人の思想を考察するためには、もちろん新保守主義思想との関連が問われなければならない。

ニューヨーク知識人と新保守主義との関連を考察するにあたって、外交・安全保障論は、非常に大きな比重を占める論点である。しかし前章までにおいては、外交・安全保障論について全く言及してこなかった。その理由の一つには、ベル自身がアメリカの外交・安全保障政策に関する言説を多く残していない、という事情がある。ベルは、クリストルと共に『パブリック・インタレスト』を創刊し、多くの論考を誌上で発表してきたが、『パブリック・インタレスト』は、国内問題を論じるための知的ジャーナルとして編集された。というのもベル、クリストルを含め、多くの編集者・寄稿者の間で、外交・安全保障に関する違いや対立があったからである（会田 2008）。それゆえ『パブリック・インタレスト』誌上では、外交・安全保障論よりも、「偉大な社会」をめぐる当時の福祉国家論やアファーマティヴ・アクションなどの争点が中心に論じられていた。したがって勢い、ベルの叙述は、アメリカ国内の社会問題が中心となってきた。その一方においてクリストルは、外交・安全保障政策を中心的に論じるために、一九八五年に『ナショナル・インタレスト』を創刊している。

このような事情により、ベルの包括的な外交・安全保障論を析出することは、きわめて困難であるが、ベルが示している若干の記述から、ニューヨーク知識人と新保守主義思想との関連を可能な限り明らかにしておきたい。ベルは、ポドレッツ、カークパトリック、クリストルを新保守主義とみなし、彼らがある程度、見解を共有しており、彼らに通底するイメージが「ネオコン」の特徴を決定づけていると指摘している(1)(2001, pp. 501-502)。ポドレッツは、イスラエルにおける右派リクード派を支援すべきという理由から、外交・安全保障上、保守的な態度をとっていた。他方でグレイザーは、ポドレッツとは見解を共有していなかったし、モイニハンは、民主党であり続け、イラク戦争にも反対した（山本 2006, 第二章）。このようにニューヨーク知識人の中でも外交・安全保障上の見解は多様であった。ベルは、クリストル、ポドレッツ、レーガン政権における国連大使であったカークパトリックらの目立った言論・政治活動が「ネオコン」のイメージを規定し、広めていった点を批判的に解説している。

より包括的にニューヨーク知識人の政治的立場を明確にするために、彼らの大統領選における投票行動をみておこう。彼らが新保守化したとされる一九七〇年代からみると、一九七二年の大統領選挙において、ベルは、民主党のマクガヴァンを支持し、クリストルは、共和党のニクソンを支持した。『パブリック・インタレスト』を共同で創刊した盟友の二人が、なぜ異なる大統領候補を支持したのかという点について、『ニューヨークタイムズ』に論考を求められたほどに、興味深い政治的対立であった。この論考は、結局、公刊されなかったが、一九七二年の大統領選挙は、ニューヨーク知識人の政治的立場を分かつ、重要な転換点であった。ベルの後任として『パブリック・インタレスト』の編集を務めるグレイザーは、ベルと同様にマクガヴァンを支持しており、グレイザー＝クリストルが、常に共通の政治的立場を表明していたわけではない。明らかになっている範囲でその後の大統領選における投票行動をみると、クリストルは、一九八〇年にはレーガンを支持し、ベルとグレイザーは、一九八四年にモンデールを支持し、グレイザーは、一九九二年にはクリントンを支持している（Lipset 1996, p. 198. 三〇〇頁）。「新保守主義」というイデオロギーによって想起される典型的な政治的態度表明をしているのは、三人のなかでクリストルのみであり、ベル、グレイザーは、民主党あるいはリベラルな候補者を一貫して支持し続けている。クリストルとベルとが袂を分かち、クリストルとグレイザーとが『パブリック・インタレスト』を共同編集するようになるという経緯と、大統領選における投票行動とは、必ずしも重なっているわけではなく、三者の関係は、思想的ねじれを伴った関係にある。この三者を「新保守主義」という呼称で括ることは、あまりにも単純化のしすぎであり、三者の間に共通性よりも差異を見いだす方がはるかに容易である。

第四節　コミュニタリアニズムとダニエル・ベル

本書は、新保守主義者とみなされてきたダニエル・ベルの新保守主義らしくなさを析出してきた。それではベルは、新保守主義者でないとしたら、いったい何主義者で、その主張の内実は、どのように規定されるのか。新保守主義でもなく、旧来のリベラルを乗り越えようとしていたという姿勢は、コミュニタリアニズムの思想的背景に合致するかもしれない。実際、コミュニタリアンとして知られるサンデルは、リベラルが影響力を保持した時代に道徳的基盤が抜け落ち、その間隙を突いて、新保守主義が道徳的基盤を提供する形で台頭してきた、と述べている（Sandel 1996, Conclusion）。ニューヨーク知識人の一人であるセルズニックは、ポスト・リベラルな思想状況の中でコミュニタリアン・リベラリズムを提唱している。彼の思想の内実に踏み込む余裕は、本書にはないが、コミュニタリアン・リベラリズムは、クリストルをはじめとする「青年期の同志たち」が保守化したことへの「対抗」として、打ち出された理念である（Selznick 1992, pp. x-xi）。コミュニタリアンの主張は、ポストリベラルの時代に、「新保守主義」とは異なる形態の理念を打ち立てようとする試みとして理解することができ、この点においてコミュニタリアンもベルも方向性を共有している。たとえばコミュニタリアン的な思考を、「我」とは「誰々の子」である、というように「時間的にも空間的にも制限された個人として『個』は存在する」（西部・中島 2008, p. 24）と理解するならば、前章で確認したような「我は父の子である」というベルの「贖いの宗教」概念は、コミュニタリアン的概念とみなすことができる。

しかしここで留意しなければならないことは、新保守主義とコミュニタリアニズムとに共通の要素を指摘する見解が存在してきた、ということである。菊池は、道徳的価値を政治的な争点にするという点において、新保守主義とコミュニタリアニズムとを重ねて捉える見解をとっている（菊池 2007, pp. 14-32）。佐々木は、両者とも国家よりもコミュニティを重視し、人々の紐帯や道徳的秩序の再建を目指している、としている（佐々木 1993, pp. 178-180）。坂口は、コミュニタリアニズムの意義を述べる立場から、こうした見解を批判し、新保守主義とコミュニタリアニズムとの相違を、両者の「コミュニティ」概念、および「包摂」のあり方にみている。両者ともコミュニティを重要視する点では共通しているが、新保守主義の主張は、ヒンメルファーブの思想にみられるように、「卓越性」を含む中産階級の「思いやり」という単一の思想・信条に基づいたコミュニティの再建を目指している。他方においてコミュニタリアンは、「コミュニティ」の境界が曖昧になるという懸念を伴いながらも、多様な人々を「包摂」し、「われわれ」の範囲を拡大していくようなコミュニティを構想しようとする（坂口 2007）。この「包摂」が両者を分かつ基準であるならば、ベルが提示した「贖いの宗教」は、努めて多様性に寛容であるコミュニティを想定しているという点において、ベルをコミュニタリアンとして特徴づけることができる。しかしながら「経済における社会主義、政治におけるリベラル、文化における保守主義」というトライユニティを提示したベルを、コミュニタリアンと名付けるには、あまりにも単純化のしすぎである。

そこでFBCIの問題に立ち返り、この政策をめぐる現在のリベラル・保守論争をみすえるなかで、ベルの思想の意義と位置づけを確認しておきたい。リベラルの側は、新保守主義の台頭に直面し、八年間のブッシュ政権期を経て、過剰な世俗主義、非宗教的態度を反省し、リベラルな形での宗教性に回帰しつつある（中山 2009）。これは、リベラル＝世俗主義、保守主義＝宗教という二項対立を超えようとする議論である。翻ってみればベルのトライユニティは、宗教性へ接近しながらも多様性への寛容に配慮し、機会の平等概念の最大限の拡張を目指していることから、こうした状況においてこそ活きてくる理念である。彼の思想は、保守（新保守）・リベラル・コミュニタリアンといった平板なイデオロギー対立を超えていこうとするものであった。この意味においてアメリカは、ベルが半世紀前に見越していた「イデオロギーの終焉」を経て、ポスト・イデオロギーの時代を迎えたのかもしれない。我々は、ようやくベルのトライユニティという理念を理解可能な地点に立っている。

第五節　公共社会学者から公共知識人へ

本書を通じて明らかにしてきたダニエル・ベルの思想的歩みは、専門社会学・政策社会学・批判社会学・公共社会学という四つの側面をすべて包摂している。『脱工業社会の到来』や『資本主義の文化的矛盾』は、社会学史上の古典であるマルクス、ウェーバーの理論を基に構想されていたし、『資本主義の文化的矛盾』は、ベルにとっての同時代人パーソンズの社会学への理論的批判を意図したものであった。本書においては、バーガーの現代社会論やベラーの「市民宗教」論との理論的関連をも見いだせることを指摘した。社会学史の観点からみて、本書は、ベルの専門社会学者という特徴を析出してきた。専門社会学における理論的認識を基礎にして、ベルは、社会政策についても明確に自らの立場を表明してきた。AFDCやFBCIに関する論述がそれである。ここに学術的に理論的体系性・一貫性を追求するというスタイルではなく、より実践的な課題に対応しようとした政策社会学者の姿をみることができる。さらにベルのトライユニティは、新保守ともリベラルともコミュニタリアンとも呼称されない政治思想を意味していた。我々の前提としている既成の価値観を越えようとする姿勢こそ、批判社会学に求められるものである。アメリカ社会、ひいては現代社会を分析するさいに、単一のイデオロギーによって対象を捉えることはもはやできない。そうはいっても個別の争点に拘泥するのみでは、社会を分析することにはならない。ベルのトライユニティは、三領域の諸価値の複合的な組み合わせを表現しており、それを基点に現代（アメリカ）社会についての批判的分析が可能となった。こうした三つの特徴を、学術誌上ではなく、ジャーナリスティックな姿勢で公刊してきた。しかも『イデオロギーの終焉』や『資本主義の文化的矛盾』などの単著には、年を経るごとに次々と前書き・後書きを追加し、時論的主張を「公衆」に向けておこなうという姿勢を一貫して貫いてきた。このような公共社会学者の存在は、現代社会の知性の発展にとって、きわめて重要である。しかし公共「社会学」という限り、あくまで「社会学」という個別領域の専門性を前提にしている。本書を通じてみたダニエル・ベルの遍歴をみる限り、専門性よりもベルが「総合化」といった学際性の方が「公共」「社会学」には重要であるように思われる。そうであるならば、ベルは、「公共社会学者」というより「公共知識人」と呼称した方が、その内実を的確に表現できる。

第六節　結語――公共知識人、ダニエル・ベル

本書が追ってきたベルの思想上の軌跡は、およそ次のとおりである。マルクス主義者として知的キャリアを開始したベルは、一般的に理解されたようにマルクス主義を捨てた「アンチ・マルクス主義者」というよりも、マルクス主義を批判的に継承した「ポスト・マルクス主義者」となった。この立場は、現在まで一貫してベルの思想を規定している。ベルは、ニューディール以降、進展した福祉国家を肯定的に評価し、アメリカ・リベラルの立場をとった。一九七〇年代に福祉国家の行き詰まりを受けて、クリストルたちが新保守主義化するなかで、それと対立しながら福祉国家を墨守するだけでなく、その再編を企図した。しかも典型的なアメリカのリベラルとは一線を画し、「文化における保守主義」を掲げ、「聖なるもの」の意義を析出しようとした。こうしたベルの思想的変遷は、ラディカリズムからリベラル、そして新保守主義へという新保守主義者たちの典型的な軌跡と同じようにみえる。しかもベルは、新保守主義者と軌を一にしているとみえるほどに「接近戦」を展開してきた。

第九章でみたようにFBCIへのある意味での肯定的態度をもって新保守主義を定義づけるなら、ベルは、新保守主義者である。しかしベルをそのようにラベリングできない、というのが本書の主張である。このベルの立場は、きわめて実践的で、プラグマティズムに貫かれている。それゆえラディカルな陣営からみれば、現実的であることは、現状維持・肯定的にみえる。確かにギデンズが述べているように、「第三の道」も保守派への妥協であるという批判を受けてきたことを考えれば、ベルの「イデオロギーの終焉」論やトライユニティは、現状維持であるとか、保守化したと受け取られるのはやむを得ないであろう。クリストルがいうようにベルは、かつて

アメリカ社会党にコミットしていた頃、トロツキストやアメリカ共産党員など、いわゆる「左」から攻撃を受け、七〇年代以降には、新保守主義者と対立しており、結局、全方位的な攻撃を受けた知識人である（Kristol 1977, p. 44)。ベルの立場は、ラディカリズムの側からみれば、保守的に映り、他方で保守の側とも相容れない。ベルは、常にそのどちらにも属さないような形で、思考を積み重ねてきた。この彼の思想を中道とか、バイタル・センターとか、あるいは中道左派、あるいは中道右派という位置づけをすることは、ある程度、妥当であろう。しかしそうしたラベリングをした瞬間に、ベルのトライユニティの均衡のニュアンスは、すくい取れない。

新保守主義に抗うために、リベラルやラディカルという立場を堅持するという姿勢は、知識人の一つの立場の取り方であろう。しかしベルの「公共知識人」としての性格は、そうした道を歩ませなかったと思われる。自らの理念を確固として持ち続け、決して新保守主義化の流れに身を任せず、しかしその流れの中でぎりぎりの実践的可能性を追求したというのが、彼の一貫した立場であった。これが、本書がたどり着いたダニエル・ベル像である。この知識人は、数々の汚名を着せられながら、他の社会学的巨人に比して、その内実を取り上げられることが少なかった。それは、社会学理論的というよりは、思想的な意義をもっていたことが、社会学理論の領域からは政治思想の領域であるがゆえに見えにくく、政治思想の領域からも社会学者であるがゆえに、映りにくかった。こうした境界領域に立ち続けたダニエル・ベルの理論・思想の内実を、本書は、明らかにしてきた。社会学者を思想史的に解析するという特殊な方法をとらなければならなかったのは、ひとえにダニエル・ベルという社会学者の特異なあり方、「公共知識人」というあり方に起因した。このあり方こそ、単に特異というだけでなく、現在に求められている一つの知のあり方であると思う。

最後にダニエル・ベルが九・一一直後に発表した論考を紹介して、終章を閉じることとしたい。ベルの思想的基盤である「イデオロギーの終焉」論の中心的命題がここに表れていると思われるからである。ベルは、ワールド・トレード・センターへのテロがクロンシュタットを思い起こさせる事件であった、と述べている。クロンシュタットの水兵を弾圧したトロツキーは、「歴史法則」という目的のためにテロルという「手段」を正当化することによって、「手段」（テロル）それ自体を目的にする。したがってアルカイダは、クロンシュタットにおける弾圧と同じ過ちを犯している。ウサマ・ビン・ラディンの教義は、ベルがいう意味における「イデオロギー」となった（2002）。テロという手段の目的は、アメリカによるアフガニスタン・イラク攻撃を導くことであったのだろうか。目的が、千年王国であれ、テロによる魂の救済であれ、その行為をベルは、「イデオロギー」として一貫して批判してきた。「ポスト・イデオロギー」という一般的にいわれる言説とは異なって、我々は、新たなイデオロギーの時代を迎えている。アフガニスタン・イラクを攻撃し、さらにアフガニスタンに増派しようとするアメリカは、このイデオロギーに翻弄されているようにみえる。「イデオロギーの終焉」というサウンドバイトは、九・一一を経てもなお古びた主題とならず、繰り返し顧みられるべきものである。

注

（1）　ポドレッツとクリストルの外交・安全保障上の見解は、より詳細に分析すると異なっている、という指摘もある（山本 2006）。ベルの視点からみれば、ポドレッツ＝クリストルは、共通見解をもっているようにみえるが、いわゆる「ネオコン」と呼ばれている知識人たちも、一枚岩ではない点をここでは指摘しておきたい。

あとがき

本書は、二〇〇二年度東北大学大学院文学研究科に提出した課程博士論文に大幅に加筆修正し、さらにその後に公刊された論文を組み込んだうえで、新たに一部を書き下ろした形で構成されている。本書のもとになっている公刊論文は、左記のとおりである。


二〇〇一「第二次大戦期におけるダニエル・ベルの戦時体制分析」『社会学研究』六九号、一－二四頁。

二〇〇一「ダニエル・ベルのアメリカ社会主義批判」『社会学年報』三〇号、一四九－一七二頁。

二〇〇二「ダニエル・ベルと合州国の民主主義――マッカーシズム論をてがかりとして」『社会学研究』七〇号、一〇一－一二六頁。

二〇〇六「ダニエル・ベル『資本主義の文化的矛盾』と現代アメリカ社会――パーソンズ社会学との比較を通して」『社会学史研究』二八号、五七－七二頁。

二〇〇八「新保守主義とアメリカ社会学――D・ベル、P・L・バーガーの現代社会論に着目して」『社会学史研究』三〇号、一七一－一八五頁。

本書がおこなった研究は、レーガン政権期のアメリカ思想研究として始めたものである。しかし筆者が大学院で研究を進めている最中に、ブッシュ政権が誕生し、二〇〇一年のアメリカ同時多発テロ事件が起こり、新保守主義（ネオコン）への注目は一気に高まった。こちらの意図しないところで、現代史研究と自覚していた研究は、いきなり「現在性」をもつに至った。しかしオバマ政権の誕生により、新保守主義は、全くマスコミに報じられなくなり、消失してしまったかのような状況にある。そうなると本研究は、またしても現代史研究という性格を帯びてくる。

本書は、新保守主義とみなされてきたダニエル・ベルという誰もが知っている知識人との関連を通して、新保守主義思想の様々な側面を考察してきた。しかしベルという知識人を研究対象とした途端、彼の奥深さ、幅広さ、博覧強記などが相まって、知識人論の文脈、アメリカ社会論の文脈、あるいは社会学の文脈において、様々な論点に言及することとなった。

オバマ政権は、反ブッシュ政権＝反ネオコンという性格をもって誕生した。それゆえオバマ大統領は、消極的な意味においてリベラルと位置づけられるかもしれない。しかしより積極的にオバマ政権の思想的特徴を析出しようとすれば、リベラルに収まりきらない要素を多分にもっていることに気づく。経済や政治、文化、あるいは外交といった諸領域における価値の複合性という点からみた方が、オバマ政権の特徴を描けるのではないか。ベルのトライユニティの意義は、一九七〇年代よりも現在の政治状況においてこそ、問い直されるべきである、と考えている。

新保守主義は、ほんの数年前まで世界を席巻していた思想・勢力であったが、本書は、少し冷静に新保守主義を捉え返そうという試みであった。しかしその試みは、新保守主義とは何か、という問題設定の時点で行き詰まる。ベルが「接近戦」を演じたクリストルの新保守主義は、ブッシュ政権の高官にみられた「ネオコン」とは大きく異なっている。しかもヒンメルファーブやバーガーは、いずれも同じような問題を扱いながら、異なる立場にたっていた。長らく「新保守主義者」の代表のようにみなされてきた社会学者ダニエル・ベルは、そのいずれとも大きな隔たりがある。

とはいえクリストルとベルとには、共通点もある。その第一は、『パブリック・インタレスト』創刊の意図に表された、急進的改革に対する「懐疑」である。当時の文脈でいえば、この「懐疑」は、カウンター・カルチャー、アファーマティヴ・アクションの性急な導入などに対するものである。クリストルは、これらに新保守主義的立場から反対したが、その一方でベルは、これらに全面的に反対するというよりは、改革の積極的な側面にも目を向けながら、改革の結果として生じる諸問題を考慮していた。世界にアメリカン・デモクラシーを拡大させるという革命にせよ、日本の「構造改革」にせよ、さも改革が瞬時に成し遂げられるかのような錯覚を与えてきた。こうした状況に対して、両者の「懐疑」は、重要な視点を与えてくれている。

両者の第二の共通項は、主知主義である。クリストルの新保守主義は、アメリカの伝統的保守主義の反主知主義への対抗という意味合いをもっている。クリストルは、それまでのアメリカの保守主義にはない主知主義という性質をもちこんだ。ここにアメリカ史のうえで重要な「新しい」保守主義、すなわち主知主義的保守主義が誕生することとなる。『パブリック・インタレスト』が目指したように、社会科学的知見を政策に反映させるという政策科学志向として、この理念は表明されていく。特に科学と伝統との相克が根深い対立を生んできた合衆国において、両者をある意味において架橋しようとする新保守主義は、アメリカ思想史上において特異な存在である。その一方で、ベルは、クリストルのような新保守主義という方向で主知主義を表現したのではなく、「政策社会学」という形で展開させようとした、と位置づけることができる。クリストルとベルは、これら共通項のゆえに『パブリック・インタレスト』を共同で創刊・編集することができたのであり、それゆえに両者の思想的相違がみえにくくなっていた。

今後の課題と積み残した論点には以下のようなものがある。

第一により包括的な新保守主義研究が必要である。本書ではダニエル・ベルを主な分析対象とし、その他の知識人については、ベルとの思想的関連がある部分しか取り扱うことができなかった。クリストル、グレイザー、リプセットなど戦後アメリカ社会に多大なる影響を与えた知識人の個別の思想と彼らの知的連関をより重層的に描くことができれば、新保守主義の内実やアメリカ公共知識人のあり方がより明確になると考えている。新保守主義を分析するにあたって、ニスベットなどの思想家も考察の対象に含める必要がある。さらにベルの思想においても重要な側面であるユダヤ性についても、知識人の思想の比較研究を通じて、描き出すことができるであろう。

第二に新保守主義思想のゆくえについてである。オバマ政権の誕生により、というよりブッシュ政権の末期には、ネオコンとみられていた政府高官は、政権から離れていった。しかし彼/彼女らは、ネオコンという考えを捨てたわけではない。ネオコンを前面に掲げる雑誌も廃刊になったわけではない。新保守主義思想の今後の動向を見極めることも必要である。

第三にアメリカの公共政策についてである。終章において指摘したように、リベラル＝非宗教的、保守＝宗教的という単純な区別がなくなっている状況において、ＦＢＣＩ政策の展開は、アメリカ型福祉国家の展望をみすえるうえで非常に重要である、と考えている。

本書が完成するまでに多くの方々に助言や励ましをいただいてきた。

広島大学法学部で法律の専門家を志していた筆者の関心は、当時、政治学を担当されていた恩師の高城和義先生の講義を受講したときから、「政治学」に向けられるようになった。その関心は、東北大学に異動された恩師を追って、東北大学大学院文学研究科・社会学専攻分野に進学したときには、「社会学」に向けられた。筆者の関心は、恩師につられる形で意図しなくとも拡大していったが、そのことは、本書のテーマを研究するうえできわめて有益であった。高城先生は、学部・大学院の期間を通じて常に丁寧で熱意ある指導を続けてくださり、本書を執筆する段階でも、原稿を細かくチェックしていただいた。ご批判すべてに応えるものとなっていないが、本書を完成させることができたのも、恩師との出会いとその後の御指導のおかげである。

広島大学に学部・修士課程の六年間在籍するなかで、指導教員を務めていただいた牧野雅彦先生は、不出来な筆者をねばり強く指導してくださった。修士論文の審査のさいには、野原光先生（現長野大学）、山田園子先生に貴重なコメントをいただいた。木本浩一先生（現広島女学院大学）と村上智章先生（現広島国際大学）、また高城ゼミ、野原ゼミに所属していた院生の皆さんにも、研究会や読書会を通じて研究の基礎を厳しく教えていただいた。

東北大学には、博士課程から数えて一〇年間在籍したが、その間に社会学研究室の吉原直樹先生、正村俊之先生、長谷川公一先生、永井彰先生、下夷美幸先生に大変お世話になった。博士論文の審査のおりにはもちろんであるが、学会や研究室内の報告会など折にふれて貴重なコメントや励ましをいただいてきた。特に最後の二年間は、助手・助教を務めさせていただいたこともあり、いろいろな面で至らない私を常に温かく見守っていただいた。同じゼミの先輩である上田耕介さんをはじめ、研究室の院生にも常に温かく受けいれてもらい、切磋琢磨しながら研究に励むことができた。また事務補佐員の石上恵子さんの助けや励ましがなかったならば、本書の刊行にたどり着くほどの研究環境は望めなかったと思う。

社会学研究室に在籍していながら、お隣の行動科学研究室の原純輔先生（現放送大学）、佐藤嘉倫先生、木村邦博先生、浜田宏先生にもお世話になった。特に佐藤先生には、博士論文の審査をしていただいたことにとどまらず、二一世紀COEプログラムにフェローとして参加させていただいたさいに、狭い分野内にとどまっていた筆者の研究に対して、根本的な批判やコメントをもって指導していただいた。世界で活躍できる研究者になるという高い目標を持ち続けられているのも佐藤先生やCOEプログラムで出会ったフェローや院生との交流のおかげである。

矢澤修次郎先生（成城大学）と千石好郎先生（松山大学名誉教授）には、学会発表をしたおりには、いくども質問やコメントをいただき、励ましていただいた。筆者の思いとしては、本書は、矢澤先生が開拓されたテーマと、千石先生のベルに関する理論的研究業績とを（批判的に）継承しようとするものであった。

二〇一〇年六月から赴任することとなった盛岡大学の先生方にもお礼を述べておきたい。熊谷常正社会文化学科長をはじめ、同科の先生方には、新任の筆者に何かと気遣いをいただき、本書を執筆できる環境を与えていただいた。

筆者は、二〇〇五年に研究対象であるダニエル・ベル氏と直接、会うことができた。何のつてもなく、不躾にもいきなりFAXと電話で連絡をとり、ハーヴァード大学から徒歩圏内にある自宅にうかがった。「これも知的コミュニティへの贖いだ」という思いで、一時間以上にもわたって、見ず知らずの筆者の質問にも丁寧に答えていただいた。インタビューは、本書で直接、引用はしていないが、本書のテーマを追究するうえで大いに刺激を与えてくれ、彼の理論的・思想的背景を知るうえで大変貴重な機会であった。

本書の出版を引き受けていただいた勁草書房編集部の徳田慎一郎さんと長谷川佳子さんにも御礼を申し上げたい。徳田さんは、博士論文を本書の形に練り上げるまでに内容上の指摘をたくさんしてくださった。形になっていなかった筆者の関心をすくいとっていただき、また本書のテーマを追究するうえでも励ましの言葉を何度もいただいた。

ここに記すことができなかった方も含めて、本当に多くの方々から助言や批判をいただいた。内容に関する責任は、すべて筆者にあることはいうまでもないが、それらのコメントは、直接的にまた間接的に本書のなかで活かされている。改めて恵まれた研究環境のなかで過ごしてこられた幸せを感じている。

なお文部科学省科学研究費補助金・若手研究B（課題番号二〇七三〇三二三）によって十分な研究環境を整えることができた。本書は、その成果の一部である。

最後に、筆者が大学教員になった姿も家庭をもった姿もみることなく、三年前に他界した母と、還暦を迎えた父に、そしてお金も将来展望もなかった筆者を常に支えてくれた理恵に、言い尽くせない感謝の気持ちを記しておきたい。

＊　　＊

本書の最終校正を行っていた一月末、ベル氏の訃報が入った。本書刊行の報告もかねて、またインタビューに伺えればなどと悠長にかまえていたが、九〇歳を過ぎた高齢であることを考えれば、このような知らせに接することをある程度、予期していなければならなかったと思う。お会いしたのは、一度だけであったが、彼を研究対象として選んだときから一〇年余り、私は、一人の「公共知識人」の胸を借りながら、多くを学んできた。もはやその思いを伝えることはできないが、心からご冥福をお祈りしたい。そして本書がベル氏の理論的・思想的意義を、現在の視点から振り返る一助となることを願っている。

二〇一一年二月

清水晋作

豊永郁子　新保守主義の作用　中曽根・ブレア・ブッシュと政治の変容　A5判　三八五〇円

中金　聡　政治の生理学　必要悪のアートと論理　四六判　四二九〇円

J・ウルフ　森村進他訳　ノージック　所有・正義・最小国家　四六判　四一八〇円

菊池理夫　小林正弥　編著　コミュニタリアニズムの世界　A5判　四四〇〇円

青木裕子　アダム・ファーガスンの国家と市民社会　共和主義・愛国心・保守主義　A5判　四二九〇円

＊表示価格は二〇二二年四月現在。消費税10%が含まれております。

勁草書房

著者略歴

1975 年　福岡県に生まれる
2003 年　東北大学大学院文学研究科博士後期課程修了
現　在　盛岡大学文学部教授．社会学史，社会学理論専攻．
共　著　『みらいを拓く社会学』（ミネルヴァ書房，2004 年）
論　文　「新保守主義とアメリカ社会学――D. ベル，P. L. バーガーの現代社会論に着目して」『社会学史研究』30 号（2008 年）ほか

公共知識人ダニエル・ベル
新保守主義とアメリカ社会学

2011 年 3 月 30 日　第 1 版第 1 刷発行
2022 年 4 月 20 日　第 1 版第 2 刷発行

著　者　清《し》　水《みず》　晋《しん》　作《さく》

発行者　井　村　寿　人

発行所　株式会社　勁《けい》　草《そう》　書　房

112-0005 東京都文京区水道 2-1-1　振替 00150-2-175253
（編集）電話 03-3815-5277／FAX 03-3814-6968
（営業）電話 03-3814-6861／FAX 03-3814-6854
大日本法令印刷・牧製本

ISBN978-4-326-30197-3　Printed in Japan

人名索引

あ 行

アナスタシア Tony Anastasia　136
ウィルソン William J. Wilson　12, 248
ウェーバー Max Weber　69-70, 145, 155, 160, 207-210, 267
ウォルツァー Michael Walzer　16, 18, 236
エバンズ George H. Evans　57-60
オラスキー Marvin Olasky　259, 265

か 行

ギデンズ Anthony Giddens　271-275
ギトリン Todd Gitlin　211
クリストル Irving Kristol　4-7, 14, 18, 25, 30, 32-33, 117-118, 229, 231-232, 277-278, 282
クリストル William Kristol　2, 5
クリントン Bill Clinton　i, 249-250, 273
グラッター Barbara Grutter　241
グラッツ Jennifer Gratz　242
グールドナー Alvin W. Gouldner　12
グレイザー Nathan Glazer　ii, 3, 14, 18, 22, 25, 32, 54, 93, 141-142, 229, 244, 248-249, 277-278
コグリン Charles E. Coughlin　79, 103
コーザー Lewis Coser　14, 18-19, 54
コールマン James S. Coleman　12-13
ゴンパース Samuel Gompers　61-62

さ 行

佐伯啓思　226-227
佐々木毅　5
雀部幸隆　159, 268
サッチャー Margaret H. Thatcher　i
島薗進　223, 227
シュタインフェルズ Peter Steinfels　4, 229
庄司興吉　219
シルズ Edward Shils　14, 18, 148-150, 203,
ジェファソン Thomas Jefferson　104
ジョージ Henry George　57, 62-63
セルズニック Philip Selznick　14, 16, 32, 278
千石好郎　226
ゾンバルト Werner Sombart　55, 208-210

た 行

高城和義 210, 215-216, 226, 248
ターナー Bryan Turner 210
デブス Eugene Debs 65, 67, 70, 72, 78, 80, 102
デ・レオン Daniel De Leon 63, 67, 73,
トーマス Norman Thomas 30, 74-75, 83
トリリング Diana Trilling 203
トリリング Lionel Trilling 19, 200

な 行

中曽根康弘 i
ニーバー Reinhold Niebuhr 21, 148, 160-162

は 行

ハイエク Friedrich A. Hayek 149
ハウ Irving Howe 14, 18, 30, 32, 54
橋本努 271
ハーバーマス Jürgen Habermas 3-6, 205, 214, 218, 229
ハリントン Michael Harrington 233
バーガー Peter L. Berger ii, 3, 26, 253, 258, 265-267
バーガー Victor Berger 65
バーンズ Charles B. Barnes 126
パーソンズ Talcott Parsons 12, 24, 202, 206-207, 210, 215, 218, 224-225, 248
パットナム Robert Putnam 262-264
ヒルキット Morris Hillquit 64, 67, 83
ヒルファーディング Rudolf Hilferding 42-44
ヒンメルファーブ Gertrude Himmelfarb 5, 14, 18, 26, 261, 279
ビュラウォイ Michael Burawoy 11
ブッシュ（ジュニア）George W. Bush i, 1, 25-26, 273
ブライアン William J. Bryan 57
ブリック Howard Brick 51
ベラー Robert N. Bellah 11, 215-217, 221-222, 224
ベラミー Edward Bellamy 71, 73
ホフシュタッター Richard Hofstadter 18-19, 86, 116, 203, 225,
ホプキンズ Charles H. Hopkins 74
堀邦維 18
ポドレッツ Norman Podhoretz 277
ポパー Karl Popper 155

ま 行

マートン Robert K. Merton 139, 141
マルクス Karl Marx 30, 63, 67, 168
ミルズ C. Wright Mills 11-13, 19, 24, 156,
モイニハン Daniel P. Moynihan 18, 22, 93, 141-142, 277

や 行

矢澤修次郎 18, 51

ら 行

ライアン Joseph P. Ryan 132-134
ラ・ガーディア Firello H. La Gurdia 134
リッツァー George Ritzer 208
リプセット Seymour M. Lipset ii,

3, 14, 21, 32, 54, 84, 87, 116, 148-150, 233-234
ルクセンブルク Rosa Luxemburg 69
レヴィン Donald N. Levin 210
レーガン Ronald Regan i, 233
レムケ William Lemke 79, 102-103
ロンドン Meyer London 65

わ 行

ワスノウ Robert Wuthnow 262-263
ワトソン Tom Watson 80, 102

事項索引

あ　行

か　行

さ 行

た 行

な 行

は 行

ま 行

や・ら 行

参考文献

Daniel Bell の編著

MS: Marxian Socialism in the United States, Princeton: Princeton University Press, 1952. With a New Introduction by Michael Kazin and a New Afterword by Daniel Bell, Ithaka: Cornel University Press, 1996.

NAR: Daniel Bell ed., *The New American Right*, New York: Criterion Books, 1955.（＝1958, 斉藤真・泉昌一訳『保守と反動——現代アメリカの右翼』みすず書房）.

RR: Daniel Bell ed., *The Radical Right: The New American Right Expanded and Updated*, New York: Doubleday & Company, 1963. New York: Anchor Books, 1964.

EI: The End of Ideology, New York: Free Press, 1960. With a New Preface, Cambridge: Harvard University Press, 2000.（＝1969, 岡田直之訳『イデオロギーの終焉』東京創元社）.

RGE: The Reforming of General Education, New York: Columbia University Press, 1966.

TY: Toward the Year 2000: Work in Progress, co-edided with Stephen R. Graubard, Boston: Houghton Mifflin Co., 1967. Cambridge: MIT Press, 1997.（＝1967, 日本生産性本部訳『西暦 2000 年の世界と人類』日本生産性本部）.

CON: Confrontation, co-edited with Irving Kristol, New York: Basic Books, 1969.

CT: Capitalism Today, co-edited by Irving Kristol, New York: Basic Books.（＝1973, 平垣次訳『今日の資本主義文化——すべての美徳が価値を失うとき』ダイヤモンド現代選書）.

PIS: The Coming of Post-Industrial Society: A Venture in Social Forecasting, New York: Basic Books, 1973. With a New Foreword, 1999.（＝1975, 内田忠夫他訳『脱工業社会の到来』上・下, ダイヤモンド社）.

CCC: The Cultural Contradictions of Capitalism, New York: Basic Books, 1976. With a New Afterword, 1996.（＝1976-77, 林雄二郎訳『資本主義の文化的矛盾』上・中・下, 講談社学術文庫）.

WP: The Winding Passage, Cambridge: Abt Books, 1980. With a New Foreword by Irving Louis Horowitz, New Brunswick: Transaction Publishers, 1991.（＝1990, 正慶孝訳『二十世紀文化の散歩道』ダイヤモンド社）.

SS: The Social Sciences Since the Second World War, New Brunswick: Transaction Publishers, 1982.（＝1984, 蝋山昌一訳『社会科学の現在』TBS ブリタニカ）.

DEF: The Deficits: How Big? How Long? How Dangerous? co-authored with Lester Thurow, New York: New York University Press, 1985.（＝1987, 中谷巌訳『財政赤字――レーガノミクスの失敗』TBS ブリタニカ）.

O21: The Outline of the 21st Century, 1991.（＝1991, 正慶孝訳『21 世紀への予感』ダイヤモンド社）.

1936, "Social Democratic Federation, Statement of Principles," *The New Leader*, May 30: 1.

1939, "Trotzkyism Echoes Stalinite Hypocrisy," *The New Leader*, Sep. 9: 8.

1941a, "Nazis Seek to Hide Reich Control of U. S. Magunesium Supply," *The New Leader*, Feb. 22: 1.

1941b, "U. S. Seeks to Fix Prices to Halt Inflation," *The New Leader*, Mar. 29: 3.

1941c, "Business Plans to Defy Gov't Efforts to Control War Industries," *The New Leader*, June 28: 1.

1941d, "Monopoly Can Lead to Fascism: Business as Usual, Unchecked, Will Mean the Usual Business," *Common Sense*, Vol. 10, Sep. : 267-269, 280.

1941e, "Compus Liberals Organize to Fight ASU Anti-British Drive," *The New Leader*, Jan. 11: 2, 7.

1942a, "Labor in 1941: Gains and Setback," *The New Leader*, Jan. 2: 2.

1942b, "Standard Oil, Nazi Firm Tie-up Halted Rubber Production: I. G. Farben Patents Held by Jasco Balked U. S. Efforts, Full Story Told," *The New Leader*, Jan. 31: 1, 7.

1942c, "Urge Probe of Int'l Cartels Balking Production, Foreign Ties of U. S. Firms: Farben Patents Worth Millions Sold to Standard for Song," *The New Leader*, Apr. 4: 1, 7.

1942d, "Labor Wants Win the War Congress Tory Drives Hit Production Moral: Survey of Union Press Shows Rising Anger at Connally-Smith Tactics,"

The New Leader, Apr. 25: 1, 7.

1942e, "Monopolies Move Quietly to Suspend Anti-Trust Law; Secret House Rider Ends Arnold Veto on Sherman Act Suits," *The New Leader*, June 6: 1, 6.

1942f, "Senate to Probe Hi-Octane Sales to Axis: Standard Deals to Face Scrutiny, Drug Combine Under Fire," *The New Leader*, June 26: 1, 7.

1942g, "Standard Oil Tactics May Ground 40% of U.S. Air Force: Monopoly Practices Balked Output of Vital Aviation Octane Fuel," *The New Leader*, Aug. 1: 1, 7.

1942h, "Sterling: A Story the Senate Fears to Hear," *The New Leader*, Aug. 8: 1, 6.

1942i, "Nazi Contract Set Remigton's Price on Sale of Arms to U.S. Gov't," *The New Leader*, Aug. 22: 2.

1942j, "Clipping and Comment," *The New Leader*, Aug. 29: 2.

1942k, "Reveal Oil International Behind Allied Aviation Fuel Shortage," *The New Leader*, Oct. 3: 1, 6.

1942l, "Anti-Facists Assail Radio Propaganda to Italy; 30 Leaders Protested Shortwave Broadcasts, New Leader Learns," *The New Leader*, Oct. 17: 1, 6.

1942m, "Clippings and Comment," *The New Leader*, Oct. 24: 2.

1942n, "Anti-Nazi Germans Score Radio Propaganda to Reich," *The New Leader*, Oct. 24: 1.

1942o, "Pro-Fascists Seek to Control Polish Exile Gov't Report Potocki-Ciano Negotiations for Beck Puppet Government," *The New Leader*, Oct. 31: 1, 7.

1942p, "Clippings and Comment," *The New Leader*, Oct. 31: 2.

1942q, "War, Politics and Confusion," *The New Leader*, Nov. 14: 2.

1942r, "The Strange Case of Stuart Chase," *The New Leader*, Dec. 5: 2.

1942s, "Clippings and Comment," *The New Leader*, Dec. 12: 2.

1943a, "Air Empire Battle for Skyways Hits Post-War Unity: U.S. Plays Down Loose Talk, Luce Bill Killed in House," *The New Leader*, Mar. 6: 1, 7.

1943b, "Planning By Whom-for What?: Business Menaces FDR Schemes, Vested Interests Plan Own Boards for Economic Control," *The New leader*, Mar. 20: 5, 7.

1943c, "Byners Halts Teapot Dome Deal Moves to Probe Elk Hills Oil Scandal: OWM Action Follows Voorhis' Speech, New Leader Expose," *The New Leader*, June 12: 1.

1943d, "On the Eve of New Europe," *The New Leader*, July 24: 2.
1943e, "Clippings and Comment," *The New Leader*, Sep. 25: 2, 7.
1943f, "Notes on the Monopoly State," *The New Leader*, Oct. 30: 2, 7.
1943g, "The Mood of Power Politics," *The New Leader*, Dec. 18: 5, 7.
1943h, "A Note on Arthur Koestler," *The New Leader*, Nov. 20: 2.
1943i, "Monopoly Groups Seek to Smash Anti-Trust Laws After the War," *The New Leader*, Dec. 25: 1.
1943j, "Business Plans for Business, CED: Free Enterprise in a Controlled Economy," *Common Sense*, 12, Dec.: 427-431.
1943k, "Business and Politics," *Partisan Review*, 10, Jul.-Aug.: 377-380.
1944a, "Washington'44-Preludeto the Monopoly State?" *The New Leader*, Jan. 29: 4.
1944b, "Two Steps Toward Monopoly State," *The New Leader*, Feb. 25: 5.
1944c, "Bruce Bliven-Don Quixote of Liberalism," *The New Leader*, Mar. 4: 4.
1944d, "Politics for Power," *The New Leader*, June 24: 5, 7.
1944e, "The Balance Sheet of the War: The Record on the Political Front," *The New Leader*, Oct. 21: 8.
1944f, "Cartels, Facism and Peace," *The New Leader*, Nov. 18: 7.
1944g, "Daniel Bell to Leave," *The New Leader*, Dec. 16: 11.
1944h, "A Note From Bell on New Leader," *The New Leader*, Dec. 23: 11.
1944i, "The Monopoly State: A Note on Hilferding and the Theory of Statism," *Socialist Review*, July. *The Call*, July 17: 1, 3.
1944j, "The Face of Tomorrow," *Jewish Frontier*, June: 15-20.
1945a, Murray Everett (pen name), "The Future of Monopoly in America: ALCOA Decision Affects Entire Postwar Economy," *The New Leader*, Apr. 7: 4.
1945b, "The Political Lag of Commonwealth," *Politics*, May: 139-143.
1945c, "Economic Heresy and Capitalism," *The New Leader*, Aug. 25: 11.
1946a, "The Changing Class Structure of the United States," *The New Leader*, June 15: 3.
1946b, "Notes on Our Economic Prospects," *The New Leader*, Nov. 9: 6.
1946c, "A Parable of Alienation," *Jewish Frontier*, Nov.: 12-19.
1947a, "Inflation in Soviet Planned Economy," *The New Leader*, Feb. 8: 5.
1947b, "The Militarization of Industrial Life," *The New Leader*, Mar. 1: 6.
1947c, "The American Dream, 1947 Model: The Omissions of Walter Lippman," *The New Leader*, Mar. 29: 6.
1947d, "Arvin and Dinuba: A Case Study of Two Towns," *The New Leader*,

May 31: 3.
1947e, "Topsy-Turvy and the UWA," *The New Leader*, Oct. 18: 6.
1947f, "Global Dislocation as the Focus: Random Spokes on the Economic Wheel," *The New Leader*, Nov. : 7.
1948a, "Magazine Market Report: What Do the Masses Read?" *The New Leader*, May 22: 8.
1949a, "Utopia Nigtmare," *The New Leader*, June 25: 8
1949b, "America's Un-Marxist Revolution: Mr. Truman Embarks on a Politically Managed Economy," *Commentary*, 7(3): 207-215.
1951a, "Last of the Business Lackets," *Fortune*, June: 89-91, 191, 194, 196, 198, 200, 203.
1951b, "The Language of Labor," *Fortune*, Sep. : 86-88, 202, 204, 206, 209-211.
1951c, "Labor's Coming of Middle Age," *Fortune*, Oct. : 114-115, 137-138, 140, 142, 144, 149, 150.
1952, "The Background and Development of Marxian Socialism in the United States," Donald Drew Egbert and Stow Parsons eds., *Socialism and American Life*, vol. 1, Princeton: Princeton University Press.
1955, "Interpretations of American Politics," Daniel Bell ed., *The New American Right*, New York: Criterion Books, 3-32. (=1958, 斎藤真・泉昌一訳『保守と反動——現代アメリカの右翼』みすず書房, 10-30).
1963, "The Dispossessed," Daniel Bell ed., *The Radical Right*, New York: Anchor Books, 1-45.
1964, "Ideology: a Debate," co-authored with Henry David Aiken, Chaim I. Waxman ed., *The End of Ideology Debate*, New York: Funk & Wagnalls, 1968, 259-280.
1969, "The Governance of the Universities II," *Deadalus*, 98(4): 1033-1091.
1970, "Quo Warranto?: Notes on the Governance of Universities in the 1970's," *The Public Interest*, 19: 53-68.
1971, "Religion in 60's," *Social Research*, 38(3): 447-497.
1972, "On Melitocracy and Equality," *The Public Interest*, 29: 29-68.
1973, "The Moral Vision of 'The New Leader'," *The New Leader*, Dec. 24: 9-12.
1974, "Reply," John H. M. Lalett and Seymour Martin Lipset eds., *Failure of a Dream?* New York: Anchor Press, 128-133.
1981, "First Love and Early Sorrows," *Partisan Review*, xlx(4): 532-551.
1989, "'American Exceptionalism' Revisited: the Role of Civil Society," *The Public Interest*, 95: 38-56.

1990, "As We Go into the Nineties," *Dissent*, 37(2): 171-176.
1991a, "Behind the Soviet Economic Crisis," *Dissent*, 38(1): 46-49.
1991b, "Socialism and Planning," *Dissent*, 38(1): 50-54.
1992, "The Cultural Wars: American Intellectual Life, 1965-1992," *Wilson Quarterly*, 16(3): 74-107.
1996, "Afterword," *The Cultural Contradictions of Capitalism*, New York: Basic Books.
2000, Letter From Bell to Shimizu, July 28. (引用の許可を得ている).
2001, "Afterword: From Class to Culture," D. Bell ed., *The Radical Right*, 3rd ed., New Brunswick: Transaction Publishers, 447-503.
2002, "Revolutionary Terrorism: Three Justifications," *Correspondence: An International Review of Culture & Society*, 9, (Retrieved November 28, 2007, http://iranscope.ghandchi.com/Anthology/Bell-Terrorism.htm).

その他の文献

Adams, Dickinson W. ed., 1983, *Jefferson's Extracts from the Gospels: 'The Philosophy of Jesus' and 'The Life and Morals of Jesus,'* Princeton: Princeton University Press.
会田弘継, 2008,『追跡・アメリカの思想家たち』新潮社.
Aiken, Henry David, 1964, "The Revolt Against Ideology," Chaim I. Waxman ed., *The End of Ideology Debate*, New York: Funk & Wagnalls, 1968, 229-258.
American Enterprise Institute, 2001, "A Discussion with Karl Rove," (Retrived Dec. 11, 2002, http://www.aei.org/pat_event/conf011211.htm Oct. 11, 2002).
Anderson, Terry H., 2004, *The Pursuit of Fairness: A History of Affirmative Action*, New York: Oxford University Press.
安西文雄, 2004,「ミシガン大学におけるアファーマティヴ・アクション」『ジュリスト』1260: 227-230.
新井光吉, 2002,『アメリカの福祉国家政策――福祉切捨て政策と高齢社会日本への教訓』九州大学出版会.
有賀貞他, 1994,『世界歴史大系　アメリカ史 1』山川出版社.
――――, 1993,『世界歴史大系　アメリカ史 2』山川出版社.
Barle, Adolf A. and Gardiner C. Means, 1932, *The Modern Corporation and Private Property*, London: Macmillan, 1982. (=1958, 北島忠男訳『近代株式会社と私有財産』文雅堂).

Barnes, Charles B., 1915, *The Longshoremen*, New York: Arno Press, 1977.

Bauman, Zygmunt, 1998, *Work, Consumerism and the New Poor*, Buckingham: Open University Press.（=2008, 伊藤茂訳『新しい貧困——労働, 消費主義, ニュープア』青土社.

Beilharz, Peter, 2006, "Ends and Rebirths: An Interview with Daniel Bell," *Thesis Eleven*, 85: 93-103.

Bellah, Robert N., 1965, "Civil Religion in America," *Beyond Belief: Essays on a Religion in a Post-Traditional World*, New York: Harper & Row, 1970.（=1973, 河合秀和訳『社会変革と宗教倫理』未来社).

————, 1975, *The Broken Covenant: American Civil Religion in Time of Trial*, Chicago: University of Chicago Press, 1992.（=1998, 松本滋・中川徹子訳『破られた契約——アメリカ宗教思想の伝統と試練』未来社).

————, Richard Madsen, William M. Sullivan, Ann Swidler & Steven M. Tipton, 1985, *Habits of the Heart: Individualism and Commitment in American Life*, New York: Harper & Row.（=1991, 島薗進・中村圭志訳『心の習慣——アメリカ個人主義のゆくえ』みすず書房).

Bellamy, Edward, 1888, *Looking Backward, 2000-1887*, with a foreword by Erich Fromm, New York: New American Library, 1960.（=1975, 中里明彦訳『アメリカ古典文庫 7 エドワード・ベラミー』研究社出版).

Berger, Brigitte and Peter L. Berger, 1986, "Our Conservatism and Theirs," *Commentary*, 82(4): 62-67.

Berger, Peter L., 1967, *The Sacred Canopy: Elements of Sociological Theory of Religion*, New York: Anchor Books, 1990.（=1979, 薗田稔訳『聖なる天蓋』新曜社).

————, 1999, "The Desecularization of the World: A Global Overview," P. L. Berger ed., *The Desecularization of the World*, Washington D. C.: The Ethics and Public Policy Center, 1-18.

————, 2000, "Foreword," Charles L. Glenn, *The Ambiguous Embrace: Government and Faith-Based Schools and Social Agencies*, Princeton: Princeton University Press.

———— and Brigitte Berger, 1986, "Our Conservatism and Theirs," Commentary, Oct.: 62-67.

————, Brigitte Berger and Hansfried Kellner, 1973, *The Homeless Mind: Modernization and Consciousness*, New York: Vintage Books, 1974.（=1977, 高山真知子他訳『故郷喪失者たち——近代化と日常意識』新曜社).

———— and Richard J. Nehhaus, 1977, *To Empower People*, Twentieth Anniversary Edition, edited by Michael Novak, Washington D. C.: AEI Press,

1996.

——— and Richard J. Neuhaus, 1996, "Peter L. Berger and Richard John Neuhaus Respond," P. L. Berger and R. J. Neuhaus eds., *To Empower People: From State to Civil Society*, Washington D. C. : AEI Press, 145-154.

Bergesen, Albert J., 2002, "The Columbia Social Essay," *American Behavoral Scientist*, 45(7): 1159-1169.

Black, Amy E., Douglas L. Koopman and David K. Ryden, 2004, *Of Little Faith: The Politics of George W. Bush's Faith-Based Initiatives*, Washington D. C. : Georgetown University Press.

Blum, John Morton , 1976, *V was for Victory*, New York: Harcourt Brace Jovanovich.

Brick, Howard, 1986, *Daniel Bell and the Decline of Intellectual Radicalism*, Madison: University of Wisconsin Press.

Brooks, David, 2000, *Bobos in Paredise: The New Upper Class and How They Got There*, New York: Simon & Schuster.（＝2002, 楓セビル訳『アメリカ新上流階級ボボス――ニューリッチたちの優雅な生き方』光文社）.

Burawoy, Michael, 2005, "For Public Sociology," Dan Clawson *et al.* eds., *Public Sociology: Fifteen Eminent Sociologists Debate Politics and the Profession in the Twenty-first Century*, Berkeley: University of California Press, 2007, 23-64.

Burridge, Kenelm, 1973, "Levels of Being," Gene Otuka and Jhon P. Reeder Jr. eds., *Religion and Morality*, New York: Anchor Books, 78-107.

Calhoun, John Caldwell, 1851, "A Disquisition on Government," C. Gordon Post ed., *John C. Calhoun: A Disquisition on Government and Selections from the Discourse*, New York: Liberal Arts Press, 1953.（＝1977, 中谷義和訳『政治論』未来社）.

Careless, J. M., 1963, *Canada: A Story of Challenge*, Cambridge: Cambridge University Press.（＝1978, 清水博他訳『カナダの歴史――大地・民族・国家』山川出版社）.

Casanova, Jose, 1994, *Public Religions in the Modern World*, Chicago: University of Chicago Press.（＝1997, 津島寛文訳『近代世界の公共宗教』玉川大学出版部）.

Castells, Manuel, 1989, *The Informational City*, Oxford: Basil Blackwell.

Clark, Colin, 1940, *The Conditions of Economic Progress*, Garland Publication, 1983.（＝1953, 1955, 大川一司他訳『経済進歩の諸条件』上・下, 勁草書房）.

Collins, Robert M., 1978, "Positive Business Responses to the New Deal: The Roots of the Committee for Economic Development, 1933-1942," *Business*

History Review, 52(3), Autumn 1978.

Comte-Sponville, Andre, 2004, *Le Capitalisme Est-Il Moral?: Sur Quelques Ridicules Et Tyrannies De Notre Temps*, Paris: Albin Michel. (=2006, 小須田健・C. カンタン訳『資本主義に徳はあるか』紀伊国屋書店).

Currie, Harold W., 1976, *Eugene V. Debs*, Boston: Twayne Publishers.

Deflem, Mathieu, 2006, "Public Sociology," (Retrieved December 4, 2010, www. savesociology. org).

Dittberner, Job L., 1976, *The End of Ideology and American Social Thought: 1930-1960*, Ann Arbor: UMI Research Press.

Dorman, Joseph, 2000, *Arguing the World: The New York Intellectuals in Their Own Words*, New York: Free Press.

Dworkin, Anthony, 2000, "Portrait: Daniel Bell," *Prospect*, October: 64-67.

Esping-Andersen, Gøsta, 1999, *Social Foundations of Postindustrial Economies*, New York: Oxford University Press. (=2000, 渡辺雅男・渡辺景子訳『ポスト工業経済の社会的基礎』桜井書店).

The Fact-Finding Cox Commisssion, 1968, *Crisis at Columbia*, New York: Random House Inc. (=1970, 喜多村和之訳『コロンビア大学の危機——コックス・レポート』東京大学出版社).

Formicola, Jo Renee, Mary C. Segers and Paul Weber, 2003, *Faith Based Initiatives and the Bush Administration*, Lanham: Rowman & Littlefield Publishers.

Friedman, Murray, 2002, "Jews and Compassionate Conservatism," *First Things: A Monthly Journal of Religion and Public Life*, Jan. 1.

藤本哲也編, 1991,『現代アメリカ犯罪学事典』剄草書房.

Giddens, Anthony, 2000, *Third Way and Its Critics*, Cambridge: Polity Press. (=2003, 今枝法之・干川剛史訳『第三の道とその批判』晃洋書房).

Gitlin, Todd, 1987, *The Sixties: Years of Hope, Days of Rage*, New York: Bantam Books. (=1993, 疋田三良・向井俊二訳『60年代アメリカ——希望と怒りの日々』彩流社).

Glazer, Nathan, 1975, *Affirmative Discrimination: Ethnic Inequality and Public Policy*, Cambridge, Mass.: Harvard University Press, 1987.

————, 1983, *Ethnic Dilemma*, Cambridge Mass.: Harvard University Press.

———— and Daniel P. Moynihan, 1963, *Beyond the Melting Pot: The Negroes, Puerto Ricans, Jews, Italians and Irish of New York City*, Cambridge: M. I. T. Press. (=1989, 阿部斉・飯野正子訳『人種のるつぼを越えて——多民族社会アメリカ』南雲堂).

Haber, Robert A., 1968, "The End of Ideology as Ideology," Chaim I. Waxman

ed., *The End of Ideology Debate*, New York: Funk & Wagnalls, 1968, 182-205.

Habermas, Jürgen, 1981, "Die Moderne: ein unvollendetes Projekt," J. Habermas, *Kleine Politische Schriften I-IV*, Frankfurt am Main: Shurkamp, 444-464.（＝2000，三島憲一訳「近代——未完のプロジェクト」『近代未完のプロジェクト』岩波現代文庫，3-45）.

———, 1985, *Die neue Unubersichtlichkeit*, Frankfurt am Main: Suhrkamp.（＝1995，河上倫逸監訳『新たなる不透明性』松籟社）.

———, 1996, *Die Einbeziehung des Anderen: Studien zur Politischen Theorie*, Frankfurt am Main: Suhrkamp Verlag.（＝2004，高野昌行訳『他者の受容——多文化社会の政治理論に関する研究』法政大学出版局）.

Hacker, Jacob, 1999, "Faith Healers," *The New Republic*, June 28.

Hamilton, Alexander, John Jay and James Madison, 1788, *The Federalist*, Jacob E. Cooke ed., Middletown: Wesleyan University, 1961.（＝1991，斉藤真・武則忠見訳『ザ・フェデラリスト』福村出版）.

長谷川公一，2004，「『公共社会学』と社会運動研究」『社会学研究』76: 1-4.

橋本努，2007，『帝国の条件——自由を育む秩序の原理』弘文堂.

Hilferding, Rudolf, 1910, *Das Finanzkapital: eine Studie uber die jungste Entwicklung des Kapitalismus*, Berlin: Dietz, 1947.（＝1964，林要訳『金融資本論』上・下，大月書店）.

Himmelfarb, Gertrude, 1999, *One Nation, Two Culture: A Searching Examination of American Society in the Aftermath of Our Cultural Revolution*, New York: Vintage Books, 2001.

平田美和子，1982，「アメリカにおける都市政党マシーンの形成と展開」『国際関係学研究』9.

———，2001，『アメリカ都市政治の展開——マシーンからリフォームへ』勁草書房.

Hochschild, Arlie Russell, 1983, *Managed Heart: Commercialization of Human Feeling*, Berkley: University of California Press.（＝2000，石川准・室伏亜希訳『管理される心——感情が商品になるとき』世界思想社）.

Hofstadter, Richard, 1955a, "The Pseudo-Conservative Revolt," Daniel Bell ed., *The New American Right*, New York: Criterion Books, 33-55.（＝1958，斎藤真・泉昌一訳『保守と反動——現代アメリカの右翼』みすず書房，31-46）.

———1955b, *The Age of Reform: From Bryan to FDR*, New York: Alfred A. Knopf, 1972.

———1968, *The Progressive Historians: Turner, Beard, Parrington*, New York: Alfred A. Knopf.

Hopkins, Charles Howard, 1940, *The Rise of the Social Gospel in American Protestantism 1865-1915*, New Haven: Yale University Press. (=1979, 宇賀博訳『社会福音運動の研究』恒星社厚生閣).
堀一郎, 1995,『パックス・アメリカーナの形成』東洋経済新報社.
堀邦維, 2000,『ニューヨーク知識人——ユダヤ的知性とアメリカ文化』彩流社.
堀内一史, 2005,「アメリカの市民宗教とG. W. ブッシュ大統領」『思想』975: 44-65.
————, 2005,『分裂するアメリカ社会——その宗教と国民的統合をめぐって』麗澤大学出版会.
Howe, Irving and Lewis Coser, 1957, *The American Communist Party*, New York: Da Capo Press, 1974. (=1979, 西田勲・井上乾一訳『アメリカ共産主義運動史』国書刊行会).
飯田秀夫, 1973a,「米国海運の労働慣行(19)」『海外海事研究』36: 46-56.
————, 1973b,「米国海運の労働慣行(20)」『海外海事研究』37: 73-79.
井上正名, 1979,「ピーター・バーガーの宗教論——神義論の問題」京都工芸繊維大学工芸学部研究報告『人文』28: 1-18.
岩間徹, 1955,『ロシア史』山川出版社.
岩間暁子, 2007,「アメリカにはなぜ多様なマイノリティが存在するのか」岩間暁子・ユ・ヒョジョン編著『マイノリティとは何か——概念と政策の比較社会学』ミネルヴァ書房, 第5章.
岩永健吉郎, 1959,「中西部革新主義の老熟と新党問題」斉藤真編『現代アメリカの内政と外交』東京大学出版会, 111-143.
Jensen, Vernon H., 1964, *Hiring of Dock Workers*, Harvard University Press.
————, 1974, *Strife on the Waterfront*, New York: Cornell University Press.
Johnson, Malcolm, 1950, *Crime on the Labor Front*, New York: McGRAW Hill Book Company.
Jumonville, Neil, 1991, *Critical Crossings: The New York Intellectuals in Post-war America*, Berkley: University of California Press.
————ed., 2007, *The New York Intellectuals Reader*, New York: Routledge.
Kadushin, Charles, 1972, "Who are the Elite Intellectuals?" *Public Interest*, 29: 109-125.
川村仁也, 1990,『ポパー』清水書院.
河村哲二, 1994,「第二次世界大戦と戦後アメリカ産業の基盤」春田素夫編『現代アメリカ経済論』ミネルヴァ書房, 第4章.
————, 1995,『パックス・アメリカーナの形成——「アメリカ戦時経済システム」の分析』東洋経済新報社.
菊池理夫, 2007,『日本を甦らせる政治思想——現代コミュニタリアニズム入門』講談社現代新書.

木村和男，1999，『新版　世界各国史 23 カナダ史』山川出版社.
北美幸，1999，「ユダヤ系アメリ人と高等教育におけるアファーマティヴ・アクション——「割当」をめぐって」『アメリカ教育学会紀要』10: 46-56.
喜多村昌次郎，1973，『欧米の港湾労働』港湾総合研究所.
Kristol, Irving, 1952, "'Civil Liberties,' 1952——A Study in Confusion," Neil Jumonville ed., *The New York Intellectual Reader*, New York: Routledge, 2007, 259-272.
————, 1976, "What is a 'Neo-Conservative'?" *Newsweek*, Jan. 19: 17.
————, 1977, "Memoirs of a Trotskyist," Neil Jumonville ed., *The New York Intellectuals Reader*, New York: Routledge, 2007, 37-47.
————, 1987, "The Missing Social Agenda," *The Wall Street Journal*, Jan. 26: 20.
————, 1995, *Neoconservatism: ths Autobiography of an Idea*, Chicago: Ivan R. Dee, 1999.
工藤章，1999，『現代ドイツ化学企業史——I. G. ファルベンの成立・展開・解体』ミネルヴァ書房.
Kumar, Kurishan, 1978, *Prophecy and Progress: the Sociology of Industrial and Post-Industrial Society*, New York: Penguin Books.（＝1996，杉村芳美他訳『予言と進歩——産業社会と脱産業社会の社会学』文眞堂）.
桑山敬己，1999，「相対主義と普遍主義のはざまで——人権を通して見た文化人類学的世界」中野毅編『比較文化とは何か——研究方法と課題』第三文明社.
Larrowe, Charles P., 1955, *Shape-up and Hiring Hall: A Comparison of Hiring Methods and Labor Relations on the New York and Seattle Waterfronts*, Berkeley: University of California Press.
Lasch, Christopher, 1969, "The Cultural Cold War: A Short History of The Congress for Cultural Freedom," Barton J. Bernstein ed., *Towards A New Past*, New York: Random House.
————, 1979, *The Culture of Narcissism: American Life in an Age of Diminishing Expectations*, New York: Norton, 1991.（＝1981，石川弘美訳『ナルシシズムの時代』ナツメ社）.
Laslett, John H. M. and Seymour Martin Lipset eds., 1974, *Feilure of a Dream?*, New York: Doubleday.
Lee, Jennifer, 2006, "Cultural Assets or Structual Advantages in Numbers Gambling?" *American Sociological Review*, 71: 157-161.
Lepenies, Wolf, 2006, "Dialogue between Daniel Bell and Wolf Lepenies: On Society & Sociology Past & Present," translated by Howard Eiland, *Daedalus*, 135(1): 120-123.

Levin, Donald N., 2005, "Modernity and Its Endless Discontents," Renee Fox *et al.* eds., *After Parsons: A Theory of Social Action for the 21st Century*, New York: Russel Sage Foundation.

Lipset, Seymour Martin, 1935, *Agrarian Socialism: The Cooperative Commonwealth Federation in Saskatchewan: A Study in Political Sociology*, Berkeley: University of California Press, 1950.

———, 1960, "The End of Ideology?" Chaim I. Waxman ed., *The End of Ideology Debate*, New York: Funk & Wagnalls, 1968, 69-86.

———, 1962, "My View From Our Left," Chaim I. Waxman ed., *The End of Ideology Debate*, New York: Funk & Wagnalls, 1968, 152-165.

———, 1996, *American Exceptionalism: A Double-Edged Sword*, New York: W. W. Norton & Company. (=1999, 上坂昇・金重紘訳『アメリカ例外論——日欧とも異質な超大国の論理とは』明石書店).

——— and Gary Marks, 2000, *It didn't Happen Here: Why Socialism Failed in the United States*, New York : W. W. Norton & Company.

Mannheim, Karl, 1929, *Ideologie und Utopie*, Vittorio Klostermann. (=1986, 鈴木二郎訳『イデオロギーとユートピア』未来社).

Marx, Karl, 1881, "Letter of Marx to Sorge, June 30," *Marx-Engels, Correspondence 1846-1895*, New York: International Publishers, New Edition, 1936.

———, 1894, *Das Kapital: Kritik der Politischen Okonomie, Der Gessamtprozess der Kapitalistischen Produktion*, Berlin: Dietz, 1929. (=1972, 岡崎次郎訳『資本論』6-8, 国民文庫).

——— and Friedrich Engels, 1848, *Das Kommunistische Manifest*, Mit einem Editionsbericht von Thomas Kuczynski, Trier: Karl-Marx-Haus, 1995. (=1971, 大内兵衛・向坂逸郎訳『共産党宣言』岩波文庫).

松田道雄, 1970,『ロシアの革命』河出書房新社.

松橋幸一, 1969,『港湾荷役実務』海文堂.

Meadows, H. Donella, 1972, *The Limits to Growth*, Washington D. C.: A Potomac Associates Book. (=1972, 大来左武郎訳『成長の限界』ダイヤモンド社).

Merton, Robert K., 1968, *Social Theory and Social Structure*, New York: Free Press, Enlarged Edition. (=1961, 森東吾他訳『社会理論と社会構造』みすず書房).

Milbank, Dana, 2002, "President's Compassionate Agenda Lags: Bush's Legislative Record for Disadvantaged Wanting," *Washingtonpost*, Dec. 26: A1.

Mill, John Stuart, 1861, *Considerations on Representative Government*, South

Bend, Indiana: Gateway Editions, 1961.（＝1997, 水田洋訳『代議制統治論』岩波文庫）.
Mills, C. Wright, 1956, *The Power Elite*, New York: Oxford University Press.（＝1969, 鵜飼信成・綿貫譲治訳『パワー・エリート』上・下, 東京大学出版会）.
———, 1960, "Letter to the New Left," Chaim I. Waxman ed., *The End of Ideology Debate*, New York: Funk & Wagnalls, 1968, 126-140.（＝1960,「現代の知的状況」『みすず』21: 8-24）.
Millward, Alan S., 1977, *War, Economy and Society 1939-1945*, California: University of California Press.
見田宗介, 1996,『現代社会の理論』岩波新書.
諸岡了介, 2003,「P・バーガーの宗教論の視座構造」東北大学文学部『文化』66(1-2): 93-112.
永井務, 2006,『アメリカ知識人論』創風社.
長沢不二男, 1967,「IG ファルベン――その歴史と教訓」『化学経済』12 月: 92-96.
中野秀一郎, 1982,『アメリカ保守主義の復権――フーバー研究所をめぐる知識人』有斐閣選書.
中山俊宏, 2009,「変貌をとげる福音派――政治と信仰の新たな関係」森孝一・村田晃嗣編著『アメリカのグローバル戦略とイスラーム世界』明石書店.
奈良和重, 1991,「ダニエル・ベルと（ポスト）モダニズムの終焉」慶応義塾大学法学研究会『法学研究』64(4): 1-44.
那須壽, 1987,「現代社会は『多元化』されているか――私化論について考える」山岸健編著『日常生活と社会理論：社会学の視点』慶応通信, 第 8 章.
National Educational Committee for a New Party, 1946, "Ideas for a New Party: Provisional Declaration of Principles National Educational Committee for a New Party," *The Antioch Review*, VI(3): 449-472.
根岸毅宏, 2001,「アメリカの公的扶助と一九九六年福祉改革」渋谷博史他編『福祉国家システムの構造変化』東京大学出版会, 第 2 章.
Neibuhr, Reinhold, 1932, *Moral Man and Immoral Society: A Study in Ethics and Politics*, New York: C. Scribner.（＝1998, 大木英夫訳『道徳的人間と非道徳的社会』白水社）.
西部邁・中島岳志, 2008,『保守問答』講談社.
西川純子, 1994,「アメリカ航空機産業と戦時生産体制」鶴田満彦編『現代経済システムの位相と展開』大月書店, 第 1 編第 3 章.
西山隆行, 2000,「ニューヨーク市政体制の変容――ラガーディアの改革とタマニー支配体制の崩壊」『国家学会雑誌』113(3-4): 319-378.
西山宝恵, 2005,「後期パーソンズの宗教社会学の視座――伝統宗教から新しい宗教性へ」『社会学研究』77: 81-100.

西崎緑，1998，「我々の知っている福祉の終焉――アメリカ社会福祉改革の行方」山本啓・村上貴美子編『介護と福祉システムの転換』未来社，112-130.

新田紀子，2004，「思いやりのある保守主義――その政治的・政策的意味」久保文明編『G・W・ブッシュ政権とアメリカの保守勢力――共和党の研究』日本国際問題研究所，第3章.

Norton, Mary Beth, 1994, *A People and a Nation*, Boston: Houghton Mifflin Company.（＝1996，本田創造監訳『アメリカの歴史第6巻　冷戦体制から21世紀へ』三省堂）.

岡倉古志朗，1962，『死の商人』新日本出版社，1999.

Olasky, Marvin, 1996, "The Corruption of Religious Charities," P. L. Berger and R. J. Neuhaus eds., *To Empower People: From State to Civil Society*, Washington D. C.: AEI Press, chap. 8.

大杉至，1986，「ダニエル・ベルの現代社会論の展開」『ソシオロジ』5月：69-87.

Parsons, Talcott, 1929, "'Capitalism' in Recent German Literature," Charles Camic ed., *The Early Essays: Talcott Parsons*, Chicago: University of Chicago Press, 1991.

――――, 1937, *The Structure of Social Action: A Study in Social Theory with Special Reference to a Group of Recent Europe Writers*, 1-2, New York: Free Press, paperback ed., 1968.（＝1974-89，稲上毅他訳『社会的行為の構造』1-5，木鐸社）.

――――, 1963, "Christianity and Modern Industrial Society," Edward A. Tiryakian ed., *Sociological Theory, Values and Sociocultural Change: Essays in Honor of Pitirim A. Sorokin*, New York: Free Press, 33-70.

――――, 1978, *Action Theory and the Human Condition*, New York: Free Press.（＝2002，徳安彰他訳『宗教の社会学――行為理論と人間の条件第三部』勁草書房）.

Putnam, Robert, 2000, *Bowling Alone: the Collapse and Revival of American Community*, New York: Simon & Shuster.（＝2006，柴内康文訳『孤独なボウリング――米国コミュニティの崩壊と再生』柏書房）.

Reigadas, Cristina, 1998, "The Public Household and New Citizenship in Daniel Bell's Political Thought," *Citizen Studies*, 2(2): 291-311.

Ritzer, George, 1999, *Enchanting a Disenchanted World: Revolutionizing the Means of Consumption*, Thousand Oaks, California: Pine Forge Press, 2nd ed., 2005.（＝2009，山本徹夫・坂田恵美訳『消費社会の魔術的体系――ディズニーワールドからサイバーモールまで』明石書店）.

Rousseas, Stephen W. and James Farganis, 1963, "Americam Politics and the End of Ideology," Chaim I. Waxman ed., *The End of Ideology Debate*, New

York: Funk & Wagnalls, 1968, 206-228.
Royle, David, 1993, *Target Mafia*, Disc 2, CBS Broadcasting Inc.（=2005,『アメリカン・マフィア 2』テレシス・インターショナル，コムストック）.
Rustow, Dankwart A., 1968, "Days of Crisis," *The New Leader*, 51(11), May 20.
佐伯啓思，1993,『「欲望」と資本主義――終わりなき拡張の論理』講談社現代新書.
斎藤真，1976,『アメリカ現代史』山川出版社.
――――，1995,『アメリカとは何か』平凡社ライブラリー.
Sandel, Michael J., 1996, *Democracy's Discoutent: America in Search of a Public Philosophy*, Cambridge: Harvard University Press.
坂口緑，2007,「コミュニタリアニズムの政策論――エッチオーニとガルストン」有賀誠他編『ポスト・リベラリズムの対抗軸』ナカニシヤ出版，43-65.
雀部幸隆，1993,『知と意味の位相――ウェーバー思想世界への序論』恒星社厚生閣.
佐々木毅，1993,『現代アメリカの保守主義』岩波同時代ライブラリー.
佐藤直由，1990,「ダニエル・ベル――政治による支配と管理の社会学」佐久間孝正『現代の社会学史』創風社，217-231.
Shannon, David A., 1955, *The Socialist Party of America*, New York: The Macmillan Company.
Schlesinger Jr., Arthur M., 1952, "Collective Incoherence on Socialism," *The New Leader*, July 7.
Schor, Juliet B., 1992, *The Overworked American: The Unexpected Decline of Leisure*, New York: Basic Books.（=1993，森岡孝二他訳『働きすぎのアメリカ人――予期せぬ余暇の減少』窓社）.
――――, 1998, *The Overspent American: Why We Want What We Don't Need,* New York: Harper Perennial, 1991.（=2000，森岡孝二監訳『浪費するアメリカ人――なぜ要らないものまで欲しがるか』岩波書店）.
関口尚志・梅津順一，1991,『欧米経済史』放送大学教育振興会，改訂版.
Selznick, Philip, 1992, *The Moral Commonwealth: Social Theory and the Promise of Community*, Berkeley: University of California Press.
千石好郎，2000,「ポストモダン社会理論の先駆者：ダニエル・ベル」鈴木広監修『理論社会学の現在』ミネルヴァ書房，第 13 章.
Shils, Edward, 1955, "The End of Ideology?" Chaim I. Waxman ed., *The End of Ideology Debate*, New York: Funk & Wagnalls, 1968, 48-63.
――――, 1958, "Ideology and Civility: On the Politics of the Intellectual," *The Sewanee Review*, 66(3): 450-480.
島薗進，1996,『精神世界のゆくえ――現代世界と新霊性運動』東京堂出版.
清水晋作，2000,「第二次大戦期におけるダニエル・ベルの戦時体制分析」『社会学研

究』69: 1-24.
————, 2001,「ダニエル・ベルのアメリカ社会主義批判」『社会学年報』30: 149-172.
————, 2002,「ダニエル・ベルと合州国の民主主義——マッカーシズム論をてがかりとして」『社会学研究』70: 101-126.
————, 2006,「ダニエル・ベル『資本主義の文化的矛盾』と現代アメリカ社会——パーソンズ社会学との比較を通して」『社会学史研究』28: 57-71.
————, 2008,「新保守主義とアメリカ社会学——D・ベル，P・L・バーガーの現代社会論に着目して」『社会学史研究』30: 171-185.
志邨晃祐, 1984,『ウィルソン——新世界秩序をかかげて』清水書院.
新川健三郎, 1973,『ニュー・ディール』近藤出版社.
塩川徹也, 2001,『パスカル『パンセ』を読む』岩波書店.
庄司興吉, 1980,「新保守主義と社会学」『経済評論』4月号: 38-51.
Smart, Barry, 1990, "Modernity, Postmodernity and The Present," Bryan Turner ed., *Theories of Modernity and Postmodernity*, London: Sage Publications Ltd.
Smith, Anthony D., 1986, *The Ethnic Origins of Nations*, Malden: Blackwell. (=1999, 巣山靖司・高城和義他訳『ネイションとエスニシティ——歴史社会学的考察』名古屋大学出版会).
Sombart, Werner, 1906, *Warum gibt es in den Vereinigten Staaten keinen Sozialismus?* Tübingen: J. C. B. Mohr. (=1948, 小原敬士訳『近代資本主義の範疇——ゾンバルト「資本主義論」』青木書店).
————, 1912, *Liebe, Luxus und Kapitalismus*, Berlin: Wagenbach, 1992. (=2000, 金森誠也訳『恋愛と贅沢と資本主義』講談社学術文庫).
Special Committee to Investigate Organized Crime in Interstate Commerce, 1951, *The Kefauver Committee Report on Organized Crime*, New York: Didier.
Star, Roger, 1968, "The Case of the Columbia Gym," Daniel Bell and Irving Kristol eds., *Confrontation*, New York: Basic Books, 108-127.
Steffensmeier, Darrell and Jeffery T. Ulmer, 2006, "Black and White Control of Numbers Gambling: A Cultural Assets-Social Capital View," *American Sociological View*, 71: 123-156.
Steinfels, Peter, 1979, *The Neoconservatives: The Men Who Changing America's Politics*, New York: Simon and Schuster.
Stouffer, Samuel A., 1955, *Communism, Conformity, and Civil Liberties: A Cross-section of the Nation Speaks Its Mind*, New York: Doubleday.
田原牧, 2003,『ネオコンとは何か——アメリカ新保守主義派の野望』世界書院.

高城和義，1988，『現代アメリカ社会とパーソンズ』日本評論社.

———，1989，『アメリカの大学とパーソンズ』日本評論社.

———，1992，『パーソンズとアメリカ知識社会』岩波書店.

———，2002，『パーソンズ——医療社会学の構想』岩波書店.

———，2003，『パーソンズとウェーバー』岩波書店.

竹内洋，2005，『丸山眞男の時代——大学・知識人・ジャーナリズム』中公新書.

Tocqueville, Alexis de, 1835, 1840, *De la Democratie en Amerique*, Tom. 1-2, Gallimard, 1951.（=1987，井伊玄太郎訳『アメリカの民主政治』上・中・下，講談社学術文庫）.

富永健一，2001，『社会変動の中の福祉国家』中公新書.

Trilling, Diana, 1977, *We Must March My Darling*, New York: Harcourt.

津田真澂，1972，『アメリカ労働運動史』総合労働研究所.

Turner, Bryau S., 1989, "From Postindustrial Siciety to Postmodern Politics: The Political Sociology of Daniel Bell," John R. Gibbins ed., *Contemporary Politial Culture*, London: Sage, 199-217.

———, 1990, "Periodization and Politics in the Postmodern," Bryan S. Turner ed., *Theories of Modernity and Postmodernity*, London: Sage, 1-13.

内田星美，1966a，「アメリカ石油化学工業の成立（2）」『産業貿易研究』27: 21-88.

———，1966b，「アメリカ石油化学工業の成立（3）」『産業貿易研究』28: 1-27.

———，1966c，「アメリカ石油化学工業の成立（4）」『産業貿易研究』30: 53-79.

上田耕介，2002，「ダール理論における市場と民主的諸制度」『社会学研究』70.

Wald, Alan, 1987, *The New York Intellectuals: The Rise and Decline of the Anti-Stalinist Left From the 1930's to the 1980's*, Chapel Hill: University of North Carolina Press.

Wallerstein, Immanuel, 2007, "The Sociologists and the Public Sphere," Dan Clawson *et al.* eds., *Public Sociology: Fifteen Eminent Sociologists Debate Politics and the Profession in the Twenty-first Century*, Berkeley: University of California Press, 169-175.

Walzer, Michael, 1973, "In Defense of Equality," Neil Jumonville ed., *The New York Intellectuals Reader*, New York: Routledge, 2007, 355-369.

———, 1983, *The Spheres of Justice: A Defense of Pluralism and Equality*, New York: Basic Books.（=1999，山口晃訳『正義の領分——多元性と平等の擁護』而立書房）.

Waters, Malcom, 1996, *Daniel Bell*, New York: Routledge.

Waxman, Chaim I. ed., 1968, *The End of Ideology Debate*, New York: Funk & Wagnalls.

Weber, Max, 1905, *Die Protestantische Ethik und der "Geist" des Kapitalismus*,

Düsseldorf: Verlag Wirtschaft und Finanzen, 1992. (＝1989, 大塚久雄訳『プロテスタンティズムの倫理と資本主義の精神』岩波文庫).
————, 1906, "Die Protestantischen Sekten und der Geist des Kapitalismus," *Gesammelte Aufsatze zur Religionssoziologie*, Tübingen: J. C. B. Mohr, 1920. (＝1988, 中村貞二訳「プロテスタンティズムの教派と資本主義の精神」『宗教社会論集』河出書房新社, 83-114).
————, 1919, "Politik als Beruf," *Max Weber Gesamtausgabe*, Abeteilung Ⅰ, Band 17, Tübingen: J. C. B. Mohr, 1992, 156-252. (＝1980, 脇圭平訳『職業としての政治』岩波文庫).
Webster, Frank, 1995, *Theories of the Information Society*, New York: Routledge. (＝2001, 田畑暁生訳『「情報社会」を読む』青土社).
Wilson, William J., 1987, *The Truly Disadvantaged: The Inner City, the Underclass and Public Policy*, Chicago: University of Chicago Press. (＝1999, 青木秀夫監訳『アメリカのアンダークラス』明石書店).
Wrong, Dennis H., 1960, "Reflections on the End of Ideology," Chaim I. Waxman ed., *The End of Ideology Debate*, New York: Funk & Wagnalls, 1968, 116-125.
Wuthnow, Robert, 1989, *Communities of Discourse: Ideology and Social Structure in the Reformation, the Entitlement and European Socialism*, Cambridge: Harvard University Press.
————, 2004, *Saving Ameirca? Faith-Bases Services and the Future of Civil Society*, Princeton: Princeton University Press.
山本智宏, 2003,「ロバート・ベラーの個人主義論——功利的・表出的個人主義批判を中心に」『社会学研究』74: 105-130.
山本吉宣, 2006,『「帝国」の国際政治学——冷戦後の国際システムとアメリカ』東信堂.
山之内靖, 1996,『システム社会の現代的位相』岩波書店.
山嵜哲哉, 1985,「意識の脱物象化と故郷喪失——P・L・バーガー論への一視角」早稲田大学社会学会編『社会学年誌』26: 123-142.
————, 1991,「バーガー社会学とその社会批判的位相」西原和久編著『現象学的社会学の展開——A・シュッツ継承へ向けて』青土社, 第6章.
山崎正和, 1984,『柔らかい個人主義の誕生』中央公論社.
矢澤修次郎, 1996,『アメリカ知識人の思想——ニューヨーク社会学者の群像』東京大学出版会.
吉田幸治, 2002,「P・L・バーガーの『媒介構造』論について」『立命館産業社会論集』38(3): 113-130.